増補改訂版

看護と介護のための社会学

濱野 健／須藤 廣 編著

明石書店

はじめに

　本書は看護や介護の専門学校等での講義を現在持っている教員が中心となって、看護専門学校・介護専門学校・大学看護学部・社会福祉学部等、看護師・介護福祉士を養成するコースの学生および、すでに看護師・介護福祉士として働いている方の再教育に向けて書いたものである。看護師・介護福祉士の養成コースにおいては、社会学の授業が置かれているコースが多いにもかかわらず、医療・介護現場に直結するような社会学の知識や考え方を紹介するようなテキストはあまりない。また、看護師・介護福祉士が自分たちの専門性をより高めるための研修用教材にも、社会学から看護・介護の領域について考察したものはほとんどない。本書において私たちは、看護師・介護福祉士養成校における今までの教育経験から、学生たちがこれからの職業生活の中で身につけるべき、社会学の基本的知識や考え方と、それを応用した看護・介護職現場の社会学的研究の知見を、看護師・介護福祉士のために厳選し、それぞれの立場から系統的に提示する。

　現在、医療や介護の現場は技術的にも急激に変化しているのみならず、社会的使命という点においても急激に変化している。言うまでもなく、患者や利用者は一人で生きているわけではない。家族・地域社会・職場等の人間関係が患者・利用者を支えている。そして、医療施設・福祉施設は患者・利用者にとっては一つの社会であり、世界である。また、現代社会の中においては、医療施設・福祉施設は非常に重要な位置を占めており、それらのあり方が現代社会の一つの特徴をつくり上げている。したがって、社会学の領域においては、医療や福祉の分野が次第に重要なものとなりつつある。看護師・介護福祉士が身近に接する患者・利用者の現状と現代社会のあり方との関係について、あるいは看護・介護という行為と現代社会のあり方との関係について、社会学の視点か

ら見つめ直してみようというのが、本書のねらいである。

　社会学という学問は、経済学や政治学等と同じように客観科学を体系的に目指す社会科学の一つである。その社会科学のなかでも社会学は特に、私たちの日常的な行為そのものを対象にしている。私たちの日常的な行為は、収入や支出等、数量に表して分析できるものもあるが、「愛」や「憎しみ」等、とうてい数量化できないものも多い。つまり主に数量化できる客観的な条件（客観的条件のなかにも数量化できないものもある）と、主に数量化できない主観的な思い（これも数量化できるものもある）とのぶつかり合いの中で、私たちは通常生きている。この客観と主観のぶつかり合いに「常識」という暗黙のルールが覆い被さり、私たちは何とか平穏に生きている。

　したがって、もし私たちが生きている日常世界がどのように構成されているのか知ろうとしたら、この「常識」も分析の対象にならざるを得ない。「常識」を「常識」で理解することはできない。だから、社会学を学ぶ時には、思考のなかだけであるが、一旦は「常識」の世界から脱け出るという高度な冒険が必要となる。このことこそが社会学の特徴であり、その魅力でもある。

　日常生活の中で、私たちは「常識」という色眼鏡をかけている。この「常識」という共通の色眼鏡をかけていることで、私たちは物事を共通に認知し、共通に評価することができる。「常識」という色眼鏡は守らなければならない貴重なものであることは言うまでもない。およそ教育というものは、この色眼鏡をかけていることさえ忘れるくらい、いつもはずさずにきちんとかけておくことを教えるということである。そのことはさておき、社会学は、長い時間をかけて身につけた、この「常識」眼鏡の再点検を迫る。時に、社会学は「常識」眼鏡を外して、ほかの眼鏡に代えてみるというようにすすめることもある。社会学が皮肉っぽい学問であるように、あるいは暴露癖があるように見えるのはそのためである。

　今まで当たり前であると思ってきたことを反省的に見つめ直したり、今までの「当たり前」を修正して、新しい「当たり前」につくり替えたりする性向のことを、社会学では「再帰性」と呼ぶ。イギリスの社会学者アンソニー・ギデンズ（Anthony Giddens）は、この性向は、人間が近代になってから発展させたものであると言う。もちろん、前近代社会にあっても人は自分の行為を反省

はじめに

的に見つめ直し、行為の方向を修正するというようなことはしていた。反省するのは人間の本性であろう。前近代社会においては、自分の行為を振り返り、修正するときの基準は伝統（あるいは伝統的宗教）という固定的な体系であった。伝統もたまにはこっそりと変えられたり、ひっそりと新しくつくられたりもした。とはいえ、それでも伝統は「不変（あるいは普遍）」だというふりだけはしたはずだし、人々もそう信じていたはずだ。つまり前近代社会においては、伝統がどんなものであれ、人々は伝統を参照して自らを反省しながら、修正もしていた。でも重要なことは、その反省も比較的固定的な伝統に従ってしたはずであり、行為の修正も伝統に沿ったものであったということである。

　伝統という基準が失われた現代においてはどうか。私たちは行為の基準を自ら探すということをしなければならなくなった。もちろん流行・ファッション・マニュアル・友人等参照する枠組みはないわけではないが、伝統ほど固定的・安定的ではないだろう。こうして、安定した参照枠を失った私たち現代人は、常に自己を振り返らなければならないし、自己詮索的な心の習慣を持たなくては生きてゆけない。常識化し疑問に思わず行っていた行為を、我々はつい反省的に意識してしまう。立ち止まって考えてみると、今まで何も疑問を持たずにやっていたことが、可笑しく感じられることもある。テレビ等で見られる「お笑い」もまた、この構造で成り立っている。現代人は、誰もがこの反省的で、自己詮索的な習性を多少なりとも身につけてしまっている。

　そしてまた、現代人は自己に対してのみ反省的になったわけではない。振り返って「変だな」と思った制度についても、現代人は納得できるものにつくり直そうと考える。もし、民主的で透明性のある制度づくりの条件（参加意欲のある市民やネットワークの存在等）があれば、こういった現代人の反省好きの習性を、常に制度を「納得できるもの」につくり変える力へと進化させていくこともできるだろう。こうして、これからも自己に対して詮索的で、制度に対して改革的な現代人の基本的な性格は、時代を経るごとに次第に鮮明になってくる。

　社会学はこのような現代人の反省好きの習性を徹底化させ、さらに論理的に一貫性を持たせたものであると言える。したがって、社会学は「常識化」した行為を疑い、そこから隠されたルールを暴露し、より納得のいく新しい「常

識」をつくり出す手助けをする。社会学の役割は、隠されたルールの暴露の方に重点が置かれるので、皮肉で、露悪的だと見られてしまうことも多いのであるが、社会学の洞察があるからこそ、プロパガンダ（政治的宣伝文句）としての「自由」や「平等」ではない、真の「自由」と「平等」の可能性が開けてくるのである。ここに、きわめて現代的な学問としての社会学の存在意義がある。この本の読者の方々は、こうした社会学の特徴に少しとまどうかもしれない。しかし、社会学の批判的で分析的な見方こそ、真に建設的な専門職としての看護師・介護福祉士になるために、必要であると筆者たちは思う。

　消費社会化・情報社会化・グローバリゼーションの進展と、現代社会は不安定で流動的な様相を呈している。私たちの身近な状況を振り返ってみても、家族規模の縮小（主に子どもの減少と単身の高齢者の増加のために、60年前には5人程度であった平均世帯人数も2014年には半分の2.5人程度である）が進み、都市だけではなく、過疎が深刻さを増す農村においても地域社会の崩壊が懸念されている。また、以前は日本人の人間関係のよりどころであった職場では、終身雇用は揺らぎ、非正規雇用が増加している。気がついてみれば、以前のように相互扶助に基づいた本質的な人間関係が存在する場所はほとんどなくなっている。

　このような流れは、伝統的な人間関係から、個人的な人間関係への変容と言うこともできる。最も基本的な相互扶助の人間集団である家族のつくり方においても、日本の家族が最も安定していたと言われる1955年から1975年までの20年間、男性は27歳で結婚し、女性は24歳で結婚するというパターンが一般的だった。経済の高度成長と終身雇用がそれを支えた。現代でもよく見る結婚披露宴のパターンもこの頃定着したもので、終身雇用の企業社会と家族の連携を前提とした「平和な」結婚生活を物語っている。披露宴のパターンは変わらなくとも、初婚年齢は大きく上昇し、2014年には男性の平均が31.1歳、女性の平均が29.4歳であり、当然30代未婚者の数も増えている。結婚年齢やそこに至る道も、この30年で多様性を増した。1975年以降初婚年齢が上昇しただけではなく、その分散値（ばらつき）も大幅に上昇した。また、第一子の母親が結婚前に妊娠している割合も2014年には25％を超えた。一人の女性が産む子どもの数の推計値である合計特殊出生率も人口維持に必要な2.08を大きく下回り、2014年は1.42である。数年前までは結婚した女性が産む子どもの

数は約2.1程度で安定していたが、この数字も次第に下降している。結婚していないので子どもを産まないという女性も多いのであるが、結婚しても子どもを産まない女性も増えたのである。見合い結婚と恋愛結婚の比率も1960年代後半に反転し、見合い結婚は2010年ではわずか5％程度である。また、かつては先進国の中では異常に少ないと言われていた離婚率も、2000年以降は2.0（人口1,000人あたりの1年間の離婚件数）を超え、他の先進国並みに増加している。その数字も2014年では1.77と、ここ数年下降気味であるが、婚姻率との比では3組に1組の離婚が存在することになる。このようなデータは家族のあり方の個人主義化、多様化、そして不安定化を示している。同様に、地域社会・職場においても人間関係が個人化し、不安定なものになってきている。自殺者も1998年から急に多くなり、11年連続で3万人を超え（2015年には約2万4,000人と減ってきてはいるが依然高いと言える）、自殺率も先進国の中ではきわめて高い。このことも日本人の人間関係の不安定化を如実に示している（もちろん不況が大きな要因ではあるが、人間関係の不安定化も重要な要因であると考えられる）。

　このように、個人化が人間関係の不安定化、そして人間の心の不安定化と同義であることは言うまでもない。しかし、このことはまた、自由の増大と同義であることも忘れてはならない。私たちは、結婚するかどうかも、子どもを産むかどうかも、地域社会の人間関係の中に入るかどうかも、ずっと同じ職場にいるかどうかも、またその人間関係に縛られるかどうかも、もう宿命ではなくなり、自分で選べるようになった。宿命であることを強制されることもつらいが、自由に選択することを強制されることはもっとつらいことかもしれない。このことについて社会学の「道徳的」結論は、現代社会に生きるということは、自由をうまく飼い慣らすことを身につけなければならないということである。

　社会学はこのような選択の幅が拡がった社会にこそ、大いに役立つ学問である。私たちは「自由」になり、自分と自分を取り囲む制度を見つめ直す習慣ができあがった。社会学はそれをシステマティックに、そして論理立てて行う訓練の場である。そして、さらに社会学は人間が社会的存在であることを前提にして、さらにどのような意味で社会的存在なのか考える学問であることを思い出してほしい。私たちは自由になったが、人間関係を失い、社会を失えば、そ

の後は「人間」であることさえ難しくなるだろう。これも重要な社会学の教えである。自由になり、再帰的になった私たちは、再度人間関係のあり方を問い直し、社会がどのようにあるべきかを実践しつつ考えなくてはならない。社会学はこうした人間社会の再帰的な再編成を考えるための学問なのだから。この本をとおして皆さんが考えたこと、内容もさることながら、むしろ考えようとした道筋、その再帰的な過程を大切にしてほしいと筆者たちは考えている。

　以上のような意味において本書は、看護師・介護福祉士のための社会学だけではなく、看護師・介護福祉士自身の社会学をその中に含んでいる。看護師であること、介護福祉士であることにはどんな喜びがあるのか、あるいはそこにはどのような問題点があるのかについても多くのところで触れている。看護師・介護福祉士の（あるいはそれらに向けて勉強をしている）方々が、ときに自分の立場を振り返りながら、自分を見つめ直して生きてゆくためにもこの本が扱っている社会学が大いに役に立つと筆者たちは自負している。私たちはそういう意味において、この本が、看護師・介護福祉士の方々の職業生活の参考になればと願っている。

　また、本文、注等で上げられている参考文献の表記は、（著者名　出版年：ページ）、翻訳書がある場合は（著者名　翻訳書出版年＝原著出版年：翻訳書ページ）とし、各章の最後に参考文献を載せているので、図書館等で手に取って欲しい。

須藤　廣

増補改訂版
看護と介護のための社会学

目次

はじめに　3

第1章　社会学とはどういう学問か

（須藤　廣）

1. 社会的存在としての人間　16
2. 「未熟児」として生まれてくる人間　17
3. 自分を知ることと他者からの定義　18
4. 近代社会と社会学——近代的「社会」のつくり方を考えた社会学　21
5. 近代社会批判としての社会学　25
6. 社会学が高等学校までの教科目の中に見られない理由　30
7. 結びにかえて　32

■Column　PTSDの症状が物語るもの　36

第2章　現代社会とジェンダー

（阪井　俊文）

1. ジェンダーとは何か　40
2. ジェンダーバイアスと固定的性別役割　42
3. 就業とジェンダー　44
4. 「母性」とは何か　47
5. 親密な関係性とジェンダー　49
6. リプロダクティブ・ヘルス／ライツとジェンダー　52
7. 性の多様性を認める社会に　53

■Column　映画が教える現代社会の意味——「再生産労働」とは何かを考える　58

第3章　現代の家族

家族の多様化と結婚・離婚の現在

（阪井　俊文・濱野　健）

1. はじめに——「家族」の曖昧さ　62
2. 家族の歴史的変遷と多様化　63
3. 縮小化する家族!?　65

4. 多様化する家族とそのリスク　70
5. 結婚の現在　72
6. 未婚化——古い結婚観と新しい結婚観の間での葛藤　76
7. 離婚、そしてその後の共同養育　81
8. 結論——家族から見るこれからの社会　84
■ Column　国際結婚の増加と家族の多様化　90

第4章　ソーシャルワーカーと相談援助
社会福祉の専門職とは
（舟木 紳介）

1. ソーシャルワーカーのイメージ　95
2. ソーシャルワーカーとは？　96
3. ソーシャルワークの源流　98
4. 日本のソーシャルワーカーの現状　102
5. ソーシャルワーカーにとっての相談援助——地域包括ケアを事例に　104
6. 当事者のニーズを把握するのは誰か　106
7. 人権を守るソーシャルワーカー　108
■ Column　映画を通して学ぶ「支援者」と「当事者」の援助関係　114

第5章　医療の社会学
「医療化」の概念等に沿った医療社会学概論
（作田 誠一郎）

1. 医療化とは何か　118
2. 社会現象としての「病」　119
3. 医療の社会化と医療保障制度　120
4. 健康意識の変化と健康ブーム　121
5. 医師の専門職化と自律性　122
6. 専門職としての医師と看護師の関係　124
7. 医療スタッフに対する患者という役割　125
8. 医療化が引き起こす「病」　126
9. 医療化の明暗から脱医療化へ　129

10. 医療化から考える医療と看護のあり方とは　131
■ Column　日常生活から見た社会の医療化　136

第6章　キュアからケアへ
　　　　　現代の看護学における専門性の高まりについて

（宮薗 真美）

1. 社会の変化の中の看護教育の変遷　138
2. 専門職としての看護　141
3. 看護の専門性と社会学的視点　152
■ Column　患者さんの社会的背景と役割への理解の大切さ　156
■ Column　新米看護師の日々　158

第7章　看護師・介護職のストレスと支援の社会学
　　　　　介護看護現場における感情労働とバーンアウトの問題と対策

（原田 奈津子）

1. 看護師と介護職が抱えるストレスの背景と要因　162
2. 看護師および介護職におけるバーンアウト　167
3. ストレスおよびバーンアウトへの支援　169
4. 支援としての研修やスーパービジョン　172
5. まとめ　176
■ Column　小規模デイサービスにおける生活相談員の役割機能　179
■ Column　医療ソーシャルワーカーの仕事　181

第8章　グローバリゼーションの時代の看護と介護
　　　　　経済連携協定（EPA）に基づく外国人看護師・
　　　　　介護福祉士候補者の受け入れを事例として

（濱野 健）

1. グローバリゼーションは私たちの社会をどう変えたのか　184
2. 先進国社会と少子高齢化　187
3. 先進国における高齢少子化と外国人による看護・介護　189

4. 経済連携協定（EPA協定）に基づく外国人看護師候補者・
　　介護福祉士候補者の受け入れ　192
　5. 日本における外国人労働者の現在　197
　6. グローバルな職場における「文化対応力」の重要性　200
　7. おわりに　203
　■Column　日本人看護師としてオーストラリアで働く　210

第9章　死の社会学

（鈴木 健之）

　1. はじめに　214
　2. 死の氾濫　215
　3. 生と死の場としての「病院」　219
　4. 死にゆくものと死をみとるものの社会学　222
　5. 結論：死の社会学へ――個人的な覚書　226
　■Column　パーソンズが語る「老い」　230

第10章　研究発表をしてみよう
　　　　　説得力のある研究発表のため円滑な要点整理と
　　　　　報告の場でのテクニック

（古賀 琢磨）

　1. 報告の場と研究発表　234
　2. カードに書き出す　237
　3. 情報を整理する　241
　4. 報告のための形式　244
　5. 報告者と質問　248
　6. 他の参加者と質問　251
　7. おわりに　255
　■Column　多職種連携における日常的な葛藤　257

あとがき　259
執筆者紹介　262

第 1 章

社会学とはどういう学問か

須藤 廣

● **本章のねらい** ●

　社会学は人間がいかに社会的存在であるかに注目する。また同時に、人間が持つ独特の社会性が、近代または現代社会の特徴に支配されていることにも関心を持ってきた。あまり変化のない伝統型の社会においては、人間と人間との関係、人間と諸制度との関係、人間とモノとの関係、人間と自然との関係について、人間はあまり反省する必要がなかった。しかし、変わりゆく現代社会の中で、私たちは今までのさまざまな関係のあり方を常に反省し、それらに関する新しいあり方をつくり上げていかなくてはならない。そのときに、社会学が特徴として持っている「反省好き」な態度が、さまざまな状況で役立つものと思われる。新しい社会づくりに役立つべき、社会学的思考の源流はどこにあるのか、またその特徴はどのようなものなのか、2章以降で具体的な社会問題を扱う前に知っておこう。

 基本的信頼感、アイデンティティ、アノミー、
形式的合理主義

1. 社会的存在としての人間

　人間は誰でも「社会」の中に生きている。どんなに孤独を愛する人でも、自分が一人だけでこの世を生きているのではないことを、おそらく知っている。孤独を愛する人間が、仮に大人になってから一人で生きることができたとしても、大人になるまでの間に、彼／彼女の人格の中にすでに「社会」が入り込んでいるのである。私たちは社会によって、性別・人種から職業に至るまで、「何者かであれ」と否応なく要求され、（たとえそれらに抵抗するにせよ）「何者かである」という感覚を持つことによって「人間」であることができる。「何者かである」こととは、私たちの中に「社会」が住み着いているということである。

　このように、社会はある種の強制力を持って私たちの人格の内に立ち入るのであるが、また同時に、私たちは「社会」の創造に参加し、「社会」を常につくり変えてもいる。私たち一人一人が集まることによって連帯感をつくり出すことができたり、思わぬ力を発揮できたりした経験を持つ者も少なくないだろう。「社会」とは、私たちに「何者かである」ことを強いるような、私たちのコントロールを超えた得体の知れぬものでありながら、よく見れば私たち一人一人の集合でしかないものでもある。この形なきものを一体、私たちはどのようにとらえたらよいのだろうか。社会学の知とはこのような問いに答えようとする反省的姿勢から発したものである。反省的思考が現在とは異なった形で

存在した近代以前においては、実体なき「社会なるもの」に対する問いの対象は「神」そのものであったり、神の「はかりごと」であったり、「しきたり」であったりしただろう。そして、それらに対する反省的な問いはいささか「不遜な」ものとされたかも知れない。現代においては、社会学は、自分たちの創作物でしかないにもかかわらず、自分たちを超えた所にある、この見えない幻想の構築物（＝「社会なるもの」）を解明しようとする「不遜な」誘惑と人間の「反省好き」な特徴こそがつくり上げたものであることに変わりはない。

　以上のように、社会学は社会的存在である人間のありようについて反省的に考察する学問である。しかし、後で詳しく述べるように、社会学が焦点を当てる社会や人間の姿は、心理学等が関心を寄せるような歴史を欠いた一般的な姿であることはない。私たちの内に社会が存在するということは、すでに歴史の中で限定された社会が私たちの内に存在するということであり、前提条件としての普遍的「人間性」については考慮されるものの、一般的に「人間とは？」という問いは、社会学的にはあまり意味をなさない。このことは、社会学が近代社会の成立とともに誕生したこととも関係がある。したがって、大ざっぱに言えば、社会学は、近代・現代社会のあり方と、その中における社会的存在としての人間のあり方について考察する学問である。

　次の節では、主に社会学以外の知見から社会と人間の関係に注目したものを紹介し、人間がいかに社会的存在であるかという、社会学の基本的な視線を導き出す。また、その後で簡単な社会学の歴史を解説しながら、近代、現代と社会学の関係について考える。

2.「未熟児」として生まれてくる人間

　スイスの動物学者アドルフ・ポルトマン（Adolf Portman）が書いた『人間はどこまで動物か』という本がある。第二次世界大戦後すぐに書かれたこの本は、人間と環境との関係について大変多くのことを私たちに教えてくれる。ポルトマンによれば、人間は他の高等哺乳類に比べて、生理的早産であると言う（Portman 1961＝1956：61）。人間が生まれた時点で他の哺乳類なみに発達を見るためには、妊娠期間が21カ月必要なのである。人間は生後1歳になってはじ

めて、他の哺乳類が生まれたときの状態にたどりつくことができる。生まれたての人間は「未成熟で能なし」（Portman 1961=1956：39）であるために、その未成熟さを補うものが必要となる。特に、生まれてくるときに本来あるべき状態までたどりつく1歳までの間に、環境適応のための人為的な学習が必要となる。同時に、このことはポルトマンが強調するように「人間の行動は、世界に開かれ、そして決断の自由を持つ」（Portman1961=1956：95）ということでもある。

　しかし、人間の行為が「世界に開かれている」こと、「決断の自由をもつ」ことは、人間の行為が無秩序であるということではない。人間は「本能」による自然の秩序からは離れても、自らが他者と共同でつくり上げる人為的な秩序である文化や規範を学習し「身」につける。このことによって、それらがあたかも「本能」であるかのように環境に適応することができるようになるのである。特に、他の哺乳類の生まれたときの状態に近づく、生後1年から1年半に、人間が「本能」の代わりに身につけるもの、それが言語であることに注目しなければならない。言語を使う能力は人間共通の能力ではあるが、個々の言語は多様性のある基本的な文化の秩序の体系であり、私たちは言語を習得することによって、他者と共有すべき関係の秩序の体系の中に入っていく。「動物的」な感覚による五感を使った非言語的なコミュニケーションの重要性を否定すべくもないが、成長の過程で誰もが、言語を使いこなすことと他者との関係を使いこなすことは、ほぼ同義であるという経験を持つであろう。人間は、未熟なまま生まれ、その「本能の」未熟さを補うように、言語に代表されるような文化の秩序、あるいはそれを支える社会の秩序の中に入ってゆき、それらの秩序の助けを借りて、やっと環境に適応できるのである。

3.　自分を知ることと他者からの定義

　これまで述べてきたように、人間は誰でも未成熟なままこの世に生まれ落ち、人為的な文化の秩序を習得することによってやっと環境に適応するのであるが、この過程が問題なくスムーズに行われるとは限らない。いやむしろ、この過程においては、誰しも思うようにはいかない経験をするはずである。母親や

その他の家族とのコミュニケーションと本能的な欲求のなかに起こる日常的な苦闘・葛藤、社会的なしきたりと個人的な欲望と感情との間に起こる苦闘・葛藤を経ることによって、初めて人間は身体と精神に一定の秩序が獲得できるのである。

　文化の秩序は人間が創造したものであるが、生まれ落ちた一個の人間にとっては自分自身でつくったものではない。それは自分とは疎遠なところからいきなりやってきたものである。この人為的で疎遠な秩序を「自然」と感じる程度にまで学習することは、一定期間誰にとっても強いられる。したがって、その学習過程は誰しもある種の「苦痛」を伴うものである（もちろん喜びでもあるが）。そして、その過程で最も重要なことは、秩序の確かさをもたらす他者に対する信頼である。生まれたばかりの赤ん坊にとって、環境に秩序をもたらす他者は第一に母親であろう。赤ん坊にとって母親は世界そのものであるから、母親に対する信頼感がその中心となる。人間が文化の秩序を自らの内に組み込む際に最も基本となる、母親を中心とした重要な他者に対する信頼感のことを、アメリカの社会心理学者エリック・エリクソン（Erik Erikson）は「基本的信頼感」と呼んだ（Erikson 1973=1968）。この「基本的信頼感」こそ、未成熟な状態で生まれてくる人間が、自然の秩序ではない人為的な秩序を、あたかも自然の秩序であるかのごとく受け入れてゆく、最も重要な媒介者なのである。

　エリクソンは、自己が世界に受け入れられているという感覚としての「基本的信頼感」が、人間が安定的に自己を認識するための自己像である「アイデンティティ」の感覚を獲得するのに不可欠であると言う。これは、人間が自己像を他者からの定義としてしか獲得できないということによる。すなわち、他者という「鏡」なしには自分とは何かを人は知ることができないのである。未成熟な人間が秩序を獲得する第一歩は、世界の秩序の中に自己を埋め込むこと、すなわち「アイデンティティ」獲得の第一段階に足を踏み入れることである。そして、その際欠かせないのは、その秩序を提供してくれる重要な他者を「無条件」で信じ抜くということである。

　生まれて間もない赤ん坊から幼児期にかけて（1歳半くらいまでが重要な時期であるとエリクソンは言うのであるが）、「基本的信頼感」の獲得に失敗した場合どうなるのかは、児童虐待が原因のPTSDの症例（コラム参照）等からも分か

る。「基本的信頼感」の獲得に著しく失敗した場合、安定した「アイデンティティ」を獲得することが困難になるのである。人間には、自分を取り囲む文化的秩序を「自然」で「当たり前」であると思う（錯覚する）ための、無条件の「信頼」という力がどうしても必要なのである。

　しかし、エリクソンは人間にとってこの「信じる」という能力が完璧でないこともまた見抜いていた。彼はこれを「基本的不信感」と呼ぶ。この「基本的不信感」こそ、人間が宗教を持つ理由であるとも言う（したがって宗教は世界から決してなくならない）。この「基本的不信感」は人間が成長してから後まで持ち続けると言う。「基本的不信感」をどこかに抱えつつ「基本的信頼感」を求め続け、やっとのことで世界とつながっている、というのがエリクソンの考えた人間の姿であろう。

　以上のような人間の姿を知ることは、社会学を学習するうえでは基本的なことである。未成熟なまま生まれてくる人間は、文化を身につけてやっと「人間」になる。そして、文化を支え、たえずつくり変えているのは集合としての人間の姿であり、社会である。そういう意味においては、「人間」であるためには、人間の内と外に社会が存在していることが条件となる。このような意味において、人間とは徹頭徹尾、社会的な存在なのである。社会をつくり、社会によってつくられるものこそ人間的「自然」であり、社会学はそうした人間の姿をさまざまな角度からとらえてきた。

　しかし、繰り返すが私たちの身体の内と外に存在する社会は、すでに歴史を持った社会であり、歴史を持たない一般化された社会ではない。私たちは現代人として常識を身につけ、真・善・美に関する価値観を持ち、社会のこと、自分のことを意識し、（たとえそれに逆らうことがあっても）その枠組みを参照しつつ行為する。社会学はあくまで近代・現代社会のあり方とそこに生きる人間に関心を持つ。社会学が、未開に関心を寄せる場合においても、それは近代化の進んだ社会と比較するためであり、この点において同族の学問であるが、主に未開社会に関心を寄せる、文化人類学とは視点が異なる。次に、社会学がいかに近代・現代社会と関わってきたのかについて述べよう。

4. 近代社会と社会学——近代的「社会」のつくり方を考えた社会学

　社会学が単に「常識」を問い直す「批判的」な学問であるだけでなく、きわめて建設的な性格を持っていることは、社会学の誕生とその確立の過程からも分かる。社会学（英語では sociology、フランス語では sociologie、ドイツ語では Soziologie）という言葉を、現在通用している意味で最初に使った人は、19 世紀前半の哲学者オーギュスト・コント（August Comte）であった。コントは人間の精神および社会の歴史を、神学的段階から、形而上学的段階、実証的段階への進化の過程として描いてみせた。その考えの基本は、秩序が宗教によってもたらされ、迷信が横行する神学的段階から、神に代わってそれを人間が哲学的に秩序立てた形而上学的段階、そしてその後、科学的知識が世界に秩序をもたらす実証的段階へと人間精神は進歩するというものである。その発展法則は、人間知性が本来持っている合理的発展能力の発現の結果であると、彼は考えた。また、コントは実証的段階における諸科学の女王が社会学であるとし、社会学こそが新しい社会に科学的秩序をもたらすものと考えた。コントの人間の合理性に対する絶大な信頼は、19 世紀の啓蒙主義の特徴でもあったのだが、これはコントが合理主義的社会革命家のサン＝シモンの弟子であったことにも起因する。科学教とでも言える合理的な人間の連帯の原理をもって宗教に代替させようとしていたサン＝シモンの考えを引き継いだコントの思想の根底にあったのは、宗教に代わる合理的な人間の連帯を、神ではなく人間が科学的につくり上げることであった。このように社会学は、学の成り立ちからしてきわめて建設的な社会構築という目的を持っていたのである。

　ここで、この社会学の祖であるコントが生まれ育ち、思想を育んだ時期を考えてみよう。彼が生まれたのは 1789 年のフランス大革命勃発の 9 年後であり、ナポレオン・ボナパルトがクーデターによって第一共和制を終結させた年の 1 年前である。そして、コントが思想を完成させた時期は、大革命後、政治がジェットコースターのように揺れ動いた時代である。ナポレオンによる第一帝政とその後の王政復古、1848 年の二月革命とそれに続く第二共和制、そしてまた彼が没する 5 年前、1852 年にはナポレオン 3 世が即位してフランスは

また帝政にもどっている。こうした政治的混乱は、大いなる社会的変革や揺り戻しを伴っていたと考えられる。コントの社会学は、このような混乱の中から、伝統を打ち破り、それに代わる新しい近代的社会秩序をつくっていこうとするものであった。フランス革命が目指した非合理な伝統的秩序の廃棄とそれに代わる個人の自由、そして友愛を基本とした合理的な人間の連帯をどのように構築するのか、コントはそのための方策を社会学が打ち立てることができると確信していた。このように社会学は、伝統に代わる近代的な人間関係がどのようにあるべきか、そのような社会をつくるにはどうしたらよいのか、ということを深く考える役割を最初から持っていた。社会学とはまさに近代がつくり出した近代化のための実践的な学問として出発したのである。

　社会再建の学として生まれた社会学の神髄を引き継いだのは、コントの死とほぼ同時期、ドイツ国境近くのロレーヌ地方でラビ（ユダヤ教律法学者）の子として生まれたエミール・デュルケム（Émile Durkheim）である。彼が学者として活躍したときのフランスは、ルイ・ナポレオンによる第二帝政に続く、フランス革命の総仕上げとも言うべき第三共和制の黎明期にあり、社会近代国家としてのフランスの成熟と、それに伴って顕在化してきた近代社会の諸矛盾とのアンビバレンス（両面価値）の中にあった。第二帝政から第三共和制時代への移行期のフランスはまさに近代社会建設の真最中とでも言える時期だったのである。迷路のように入り組んだ路地だらけで、不衛生な都市であったパリも1860年に大改造され、今あるような放射線状に真っ直ぐな道が張り巡らされた近代的な街（現在、観光でパリに行くと古い街のように見えるが）へと生まれ変わり、またパリでは1855年から1900年までに4回も万国博覧会が開催され、1889年の万博の際には万博会場にエッフェル塔が建設されている。この時期、フランスで近代的なものへと変容したのは街並みばかりではなかった。個人と社会を結ぶ家族・同業組合・地域集団等の「中間集団（国家と個人を媒介する集団）」のあり方が急速に変容していたのである。

　社会の大変動のさなか、デュルケムはコントと同様、個人の自由を原則とする近代の理念に基づいた人間の連帯をいかにつくり出していくべきかに腐心をした。こうした中で書かれたのが、社会学の古典として、いまだ現代社会を説明するのに有効性を持っているとされる「自殺論」である（Durkheim

1985=1897)。「自殺論」は個々の自殺の直接的原因を分析するものではなく、あくまでも「自殺率」のデータから、社会学的あるいは人間学的背景を分析するものである。その中でデュルケムは、カトリック信者よりもプロテスタント信者が、既婚者よりも未婚者が、子どもがいる者よりもいない者が、より自殺率が高いことに注目している。この自殺率の増加をもたらすものは、他者と自己とが共同でつくっている精神的秩序の欠落（方向性を失った個人主義がもたらす共同性の欠如と言ってもよい）、すなわちエゴイズムである。デュルケムはこのようなことから起こる自殺（率の上昇）を「エゴイズム的（または自己本位的）自殺」と呼んだ。他者と自己との共同制作物としての社会の紐帯こそ、人間に生きる意味を与えてくれるものである。他者との紐帯が崩壊すれば、人は「何のために生きるのか」といった、誰でも持つ本質的問いへの答えを安定的に持つことができない。生きる「意味」の基礎となる一定程度体系的な「信念」は一人でも持つことはできるであろう。しかし、それを継続して安定的に持つためには、「意味」を共有する他者が必要なのである（宗教が一人では成立しないこと、また通常教会等、信者が集まるための施設を持つこともこのためである）。デュルケムは、急激な不況ばかりでなく、経済の急激な発展もまた、人間の精神的安定を崩壊させ、自殺率を増加させることを明らかにしている。これは、好況が人間の欲望の急拡大を生み、欲望に限界を画していた共同の規範を崩壊させてしまうからである（もちろん急激な不況も同様である）。欲望が急拡大すること（また、それに続く自我の縮小感）によって生じる他者との「意味」の共有を失った個人、あるいは社会の状態のことを、デュルケムはアノミー（anomie、「無規制」の意味）と呼び、また、このようなことから起こる自殺（率の上昇）を「アノミー的自殺」と呼んだ。アノミーの状態もまた、エゴイズムの状態と同様、他者と自己とが共同で制作している、個人を超えた「意味」の秩序（デュルケムはこれを「集合意識」あるいは「集合表象」と呼んだ）を崩壊させてしまう。エゴイズムとアノミーの状態は、個人を超えた「意味」秩序としての「社会」が人間の内部に十分存在しない、という意味では同じなので、この両者を総称して「アノミー」と呼ぶこともある。いずれにせよ、基本的には、個人を超えた「意味」の秩序こそ人間に生きるエネルギーをもたらすものであり、これを失った人間の中には「死」を自ら選ぶ者も出現する。人

間はパンのみではなく、「意味」をも食べて生きている存在なのである。デュルケムは「意味」の共有状態をもたらす人間の紐帯が、近代化の中で崩壊しかかっていることを時代から感じ取っていたに違いない。

では、こういった近代化の中における人間疎外状況を克服するには、どのような処方箋があるとデュルケムは考えていたのだろうか。フランス啓蒙主義の伝統を引く自由主義的知識人であったデュルケムは、「意味」秩序の崩壊を救うのは伝統の復活であるとは考えなかった。彼はコント同様、ある種の社会の発展段階的進化論を信じていたと言える。すなわち、社会は同質性（地縁や血縁）を原理とする機械的連帯の形から異質性（つまり分業）を原理とする有機的連帯へと移行すると考えていた。したがって、伝統秩序の喪失は社会の発展段階的進化に伴うものであり、地縁や血縁ではなく、自由な個人が基本となった関係においてこそ真の連帯を創造できると考えたのである。そのために彼は、個人が基本となりながらも価値を共有する中間集団（たとえば同業組合）の復活や、合理主義的な教育に基づく規範の創造をうったえ、そこに新しい連帯創造の可能性をかけた。「意味」の共有という人間の条件を、伝統的な宗教へと逆戻りすることではなく、自由な個人を基本とした人間集団の合意形成に求めたところは、社会学の祖コントと同様であり、この当時の社会学自体が、フランス革命の理念の実現と根底で関わっていたことが分かる。

デュルケムがコントから引き継いだものは、近代的社会再編への企図ばかりではない。デュルケムの考え方で重要なのは、社会が単なる人間の集合ではなく、個々人に対して外在的に存在するということである。デュルケムにとって社会とは、単なる人の集まりではない。人が集まることによって生じる、個人を超えた「意味」の共有状態こそが社会を社会たらしめ、人間の生の意味や現実感をもたらすのである。人間の共同作業によって構築したはずの「意味」の体系（＝集合意識、または集合表象）は、個人、個人が作っているものであるにもかかわらず、その中の個人にとっては人間を超えているように感じられる。まさにこうした「錯覚」によって、集合意識（集合表象）は人間の思考を拘束するのみならず、人間の経験に生き生きとした輪郭を与えるのである。「意味」秩序の外在性、拘束性こそ、社会を存続させる基本であり、私たちに生の意味を与える源なのである。こういった彼の考え方は晩年の著作である「宗教

生活の原初的形態」において遺憾なく発揮された。この中でデュルケムは、宗教は人間がつくったものであるにもかかわらず、人間にとって信念や信仰の内容を神がつくったものとして外在的に感じられ、そのことによって世界が「聖」と「俗」とに分けられると言う。そして彼は、この集合意識（集合表象）の外在性こそが、人々に生きる意味を与え、規範をつくり上げ、人々を結びつける機能を持つものだと考えた。人間に生きる力をもたらす意味的秩序の外在性、超越性という問題は、現在でもまだ廃棄された問題では決してない。人間性の奥底に存在するこの超越的なものへの渇望は、1995年に起きたオウム真理教事件などにおいても垣間見られ、現代社会を分析する際にも依然通用するものなのである。

　また彼は、このような人間存在の基底に横たわる意味秩序や規範の外在性こそが社会学を科学たらしめるものであると言う。つまり、集団が共有する意味秩序が外在的で人間に対して拘束的であるがゆえに、社会を「物として（正確には、物のように comme des choses）」客観的に観察することができるのである。こういった意味秩序の人間に対する外在性、拘束性への注目は、社会学よりもむしろ彼の流れを汲む、モース（Marcel Mauss）やレヴィ＝ストロース（Claude Lévi-Strauss）たちの文化人類学の方法へと引き継がれていった。

　以上のように、社会学はフランス革命の経験と深く関わっている。つまり、近代とは何かという問いを常に持ち続けている。ある意味においては、依然世界は近代革命の典型であるフランス革命の延長線上にある。完全なる人間解放がフランス革命の目的なら、フランス革命はまだ終わっていない。終わらないこの人間解放の理念と現実の中にこそ、社会学の存在理由がある。

5. 近代社会批判としての社会学

　前節においては、社会学がその原点において、伝統社会から抜け出した人々が、いかに近代社会を建設するかというミッションを持つものであったことを、フランス社会学の第一、あるいは第二世代の流れの中から述べた。しかし一方、隣国ドイツの社会学においては、近代の原理が単純に受け入れられたわけではなかったことをこの節では述べる。

ドイツ社会学のみならずその後の社会学一般において参照された「ゲマインシャフトとゲゼルシャフト」においてフェルディナンド・テンニエス（Ferdinand Tönnies）は、コントの進化論的社会変動論を受け入れつつも、人間社会の結合の原理には、本来的で自然な非作為的感情による「本質意志」と、個人主義的で作為的な意志である「選択意志」によるものと二つあると言う（Tönnies 1957=1887）。前者をゲマインシャフト（Gemeinshaft）、後者をゲゼルシャフト（Gesellshaft）と言うが、歴史的な流れから言うと、給付と返礼による人格的交換や地縁・血縁に基づくゲマインシャフトが優勢な社会から、合理的で非人格的な交換（契約）に基づくゲゼルシャフトが優勢な社会へと移行していることは明らかである。しかし、比重の違いはあるが現代社会においても、家族等の自然的結合原理を見れば分かるように、いつの時代にも人間社会にはゲマインシャフトが存在している。テンニエスは、近代社会においては、ゲゼルシャフト的な合理主義的人間結合の原理がゲマインシャフト的自然的結合の原理を凌駕すると冷静に分析しつつも、その底流には人間の動物的、自然的なゲマインシャフト的結合原理がゲゼルシャフトに包摂されながらも存在していることを忘れてはいない。テンニエスの論理は基本的には、コントと同様に人間精神の非合理性から合理性への進化論に基づくものなのであるが、コントが実証主義的であり、より現実社会の合理的建設という「当為（～すべきである）」を志向しているのに対し、テンニエスはより事実、あるいは「存在（～である）」の解明を志向している。彼の客観的視線の裏側には近代の合理主義的な進歩に対する両義的・複眼的な見方が存在しており、そしてその底流には人格的人間関係を破壊するゲゼルシャフト的側面に批判的なロマン主義的哲学が脈打っている。

　事実や存在の解明への志向がそのまま、批判へとつながるわけではないのであるが、テンニエスに続くドイツの社会学者であるマックス・ウェーバー（Max Weber）の社会学は、その両義的・複眼的な見方がより明確であり、さらに近代批判的な特徴をはっきり示している。ウェーバーもテンニエス同様、近代社会がより合理主義的で非人格的な原理に基づくゲゼルシャフトによって成立していることを強調するのであるが、ウェーバーはこの合理主義の原理が西欧独特のものであることを見抜いていた。ウェーバーはその著書『プロテス

タンティズムの倫理と資本主義の精神』(1905) において、16、17 世紀の宗教改革によって人々にもたらされた古プロテスタンティズムの倫理観が、その後の産業革命による資本主義的生産様式とそれを支えた資本主義の精神の方向性をいかに決定してきたのかを明らかにした。功利主義的な合理主義を原理とする現在の資本主義社会は、科学技術革命のみでは存在しなかったのであり、この成功には合理的生産様式を支える人間的あるいは文化的革命が必要だったのである（もちろん科学技術の進歩による物質的な生産力抜きではありえないのであるが）。あえて言えば、近代西欧資本主義とは必然ではなく、歴史上現れた一つの社会のつくり方であり、ある一つの特殊な生き方の集合にしかすぎない。

　近代の資本主義のあり方を方向づけたものはいったい何だったのだろうか。それは、西欧で起こった日常における人々の生活倫理の変容、すなわち、世俗の生活の中での「禁欲主義」の徹底化である。もともと中世ヨーロッパにおいては、現世において世俗の欲望を絶ち、神のつくりたもうた合理主義的規範に従うという禁欲主義的な生活態度は存在していた。これは、後にウェーバーが、世界の宗教を比較する中で明らかにしてきたことであるが、来世の救済のために現世における活動に重きを置き、そこで禁欲主義を貫き通すことを徹底化させた宗教はキリスト教をおいて他になかった。ただし、中世末期まではこうした現世の禁欲主義は修道院の内部で行われるもので、神の世界から遠い世俗の世界で行われるものではなかった。特に、16 世紀ルター（Martin Luther）の時代においては、世俗における禁欲の不徹底は、免罪符（贖宥状）を購入することで許されていた（ローマ・カトリック教会がバチカンのサンピエトロ大聖堂建築の予算を捻出するために、民衆から金を収奪する目的で、フッガー家を仲介させて行った錬金術とも言われている）。このような教会権力の腐敗に対する憤りも、ルターが宗教改革を決意したことの一因であるが、こうした腐敗に対する怒りを、世俗内の職業を神の与えた「召命（＝天職）」としてとらえ、禁欲は修道院ではなく日常の生活の職業の中でこそ実現されるべきであるとしたところにこそ、ルターの宗教改革の社会学的意義がある。ルターは、キリスト教の持つ禁欲主義を修道院内部から外へと広げ、世俗の世界に普遍化していったのである。ルターの宗教改革とは、「堕落した」教会守旧派権力に対抗し、神とその言葉である聖書の超越性を徹底化した、キリスト教における言わば「原理主

義」運動であった。

　ルターの原理主義をより完璧なものにしたのは、ルターの後スイス（フランス生まれであるが宗教活動は主にスイスのバーゼルやジュネーヴで行った）に現れたカルヴァン（Jean Calvin）であった。ルター派の教義において、人間を「神の力の容器（信仰者の魂に神性が入り込む）」としていたように、神秘主義的で感情的なものを残していたが、カルヴァン派においては、人間を「神の力の道具である」と表現していたことからも分かるように、信仰者の感情的、神秘主義的な状態ではなく、人間の禁欲的な行為そのものと、その結果にのみ焦点が当てられていた。こうして、カルヴァン派の信徒たちは、人間に対する神の超越性を強調し、宗教行事における神秘主義をも「迷信」として否定する（英国における過激なカルヴァン派の「ピューリタン」たちは、メイポールやクリスマスの行事までも否定した）ほど、世俗内の禁欲を徹底化していったのである（Weber 1989=1920：331）。そして、カルヴィニズムにおける神の超越性が究極の形として現れたもの、それこそが「予定説」と言われる教説である。カルヴィニズムにおいては、人間の行為と神の行為には厳然とした区別が行われ、人間はどんなことをしても神の行為に近づくことはできない。その究極の表現こそ、人が救済されるかどうかは、神のみぞ知るとする、彼の「予定説」なのである。人が救済されるかどうかは、現世において人間がどのように行為するにせよ決まっているのだから、「予定説」は人の日常的行為に何ら影響を及ぼさないように思われるが、実際にはそのようにはならなかった。人々は自分の運命に無関心になるのではなく、むしろ「救いの確証」を得ようと考えるようになったのである。つまり人々は、「もし自分が救済されているのなら」という前提のもとに行為するようになるのである。誰もが自分の救済を信じていればこそ、その現れである禁欲主義的な「生真面目さ」が世俗の世界を覆っていった。そして、ウェーバーが「倫理の衣服をまとい、規範の拘束に服する」と表現した合理主義的な生活スタイルは、その場限りのものではなく、次第に生活全般を組織化するようなものへと発展していった。

　このような生活全般を組織化する禁欲的合理主義が、人々の生産活動を支える生活倫理へと形を変え拡がっていったものこそ、ウェーバーが言う「資本主義の精神」である。『プロテスタンティズムの倫理と資本主義の精神』に

おいて、フランクリンの有名な、「時は金なり」を唱えた演説を引用している（Weber 1989=1920：40-43）。時間や信用、それによる利子等、近代的な経済倫理の優越性を主張しているこのフランクリンの演説こそは、合理的禁欲主義による生活の組織化・方法化、すなわち後に資本主義社会の諸原則となったものをうまく表現している。こういった合理的生活スタイルの組織化・方法化を抜きにしては、欧米においてさえも根強く残っていた伝統主義を打ち破り、近代的な資本主義制度をつくり上げることはできなかった。

　以上のように『プロテスタンティズムの倫理と資本主義の精神』において、キリスト教の原理主義運動とも言える宗教改革が、近代資本主義が形成される歴史の中でいかなる役割を持ち（ウェーバーは歴史の方向を決めた「転轍手」と言っている）、近代社会のあり方を規定しているかをウェーバーは明らかにしたのであるが、ここにおけるウェーバーの考察の底流には、するどい現代社会批判が流れていることを忘れてはならない。この本の終盤において、ウェーバーは自己へのコントロールを方法化する形式的合理主義が「鉄の檻」となって、未来の人間たちが持つさまざまな関係性から、あらゆる人格的なものを奪い去ることを指摘している。そして、「精神のない専門人、心情のない享楽人」となった、未来の人類「末人たち」は、その歪められた人間性には気づくことなく、「人間性のかつて達したことのない段階にまですでに登りつめた、と自惚れるだろう」と、ラディカルな近代批判であるニーチェの言葉を引用しながら、現代人の「合理主義」の傲慢さを厳しく断罪している（Weber 1989=1920：366）。

　もちろん『プロテスタンティズムの倫理と資本主義の精神』は、彼の政治的心情や嗜好を発露したものではまったくない。そうではなく、彼の社会学方法論の主張である「当為（〜であるべき）」と「存在（〜である）」の区別を基本として書かれたものである。しかし、彼が見つめた近代社会の「存在（〜である）」の裏側に隠された近代や現代社会の原理に対する根本的批判こそ、彼が「末人たち」に伝えたかったことであろう。

　ウェーバーが示した近代社会批判としての社会学の精神は、現代社会学においてもドイツのユルゲン・ハバーマス（Jürgen Habermas）による現代社会における日常世界のシステム化批判、フランスのミシェル・フーコー（Michel

Foucault）による管理社会の中での人間の「主体化」批判、アメリカのジョージ・リッツァー（George Ritser）による現代のサービス産業全般に及ぶ形式的合理主義化（彼はマクドナルドの組織的経営原理から「マクドナルド化」と呼ぶ）批判へとつながっている。

　以上のような近代社会のつくり方を考えた社会学、あるいは近代社会の根本原理を批判した社会学は、そのスタンスこそ微妙に異なるものの、ともに現代社会をより人間にとって住みよいものにしようとする姿勢において共通している。そしてそのような社会学は、政治や宗教イデオロギーやプロパガンダ、特定の人間の利害や好み、あるいは気まぐれではなく、また一定の社会の「常識」にどっぷり浸かったものでもなく、それらの場所から一歩退いたところから冷静に状況を説明できるものであったとき、真に社会改革に役に立つものとなるのである。

　次に、社会学がなぜ高等学校までの学校教育の中では存在しないのか考える中で、「大人の学問」としての社会学の特質について述べよう。

6. 社会学が高等学校までの教科目の中に見られない理由

　社会学という学問は日本の高等学校のカリキュラムの中にはない（「公民科」という形では多くの国で存在するが）。日本の高等学校における社会科の教科目の中では「現代社会」という科目が近いように思われるが、これは細分化された社会科科目を総合したような科目で（したがって1年生の科目になることが多い）、一部社会学の知見を取り入れてはいるものの、ものの見方は基本的には社会学的とは言えない。義務教育から高等学校までの社会科科目は、地理・歴史・政治・経済・倫理あるいは公民といったような、扱っている領域が比較的明確なもので、「国民的」常識になじみやすいものに限定されている。これらの科目における分析の手法も、客観科学に近いものも含まれるが「常識」的視点を前提にしており、社会の「常識」そのものをも分析の対象にするようなものではない。高等学校までの社会科とは、言わば「国民的」社会常識を涵養するためのもの、言い換えれば公民「道徳」教育の一種であると言うことができる。

しかし、社会科学が自然科学と同じような「客観科学」たりうるのかという厳密な議論は後に回すことにして、社会学もまた科学であることを指向する学問である以上、「常識」とは距離を持つことが必要とされる。特に、社会学が対象とする領域はあまりにも日常生活に近く、普段生活者として私たちが「常識」を行使して観察しているものがあまりにも多く含まれる。そこで社会学が「科学」であるためには、より意識的な「常識からの自由」が要求されるのである。つまり、常識からの距離を要求される社会学の性格と、常識の涵養を目指す高等学校までの社会科とは性格が大きく異なる。このことが、社会学が高等学校までの学科の中には仲間入りしない理由であろう。

　「常識」から距離を持った社会学のシニカルな性格は、ときに社会学が危険な学問であるというレッテルを貼られるということにつながる。特に、全体主義的で権威主義的な社会においては、現在のような社会学は疎んじられていたこともあった。しかし、「坊主憎けりゃ袈裟まで憎い」といった諺や、イソップ物語の「酸っぱいブドウ」の話のように、人間は自分の都合のよいように世界を見がちであり、その判断の多くには「常識」の見方が無反省に採用されている。人間がこういった「没反省的」（多くは「常識」の色眼鏡によって曇らされた）性格を持つゆえに、「常識」から一歩身を引いた枠組みから行う判断が、たとえ耳にして快いものではないものであっても、かえって冷静な現状把握、ひいては正しい戦略の構築には必要なのである（二重スパイの存在意義はここにある）。冷静な判断や計画性がより必要な現代社会においては、社会学が持つ「常識」からの距離は一つの武器となる。18歳以上を対象とする「大人」の学問である社会学は、そのシニカルで「感情抑制的」な性格ゆえに（ある程度の年齢にならなくてはそういった「主観性」の管理は難しいであろう）、現代社会を現実的に構築するうえで大きな武器になる。したがって、現在の近代国家では、社会学が危険な学問であるとされることよりも、政治的にはむしろ「保守的」な学問であることの方が多い。

　先に、社会学は常識を身につけるための道徳学ではないと言ったが、そのことは社会学を学ぶ者は常識や道徳を知らなくてもよいということを意味しているわけではない。否、むしろ社会学は常識を熟知し、自分の価値観をしっかり持つことを要求する。このこともまた、社会学が高等学校の教科目の中にはな

い「大人の学問」であることの理由なのである。常識を身につけ自分の価値観を持つ人間のみが、常識を自省的に見つめ直し、常識の自明性の裏側に隠された真実を発見することができる。社会学を始める人はある程度常識を身につけていると同時に、そこから距離も持てる大人でなくてはならない。そうでなければ、常識を見つめ直すことができないであろう。アメリカの社会学者、ピーター・バーガー（Peter L. Berger）は社会学が暴露癖を持つことを強調したが（Berger and Kelnner 1987=1981:1-25）、常識を暴露するためには、社会学者は、暴露すべき常識の存在を知っているばかりではなく、その「使い方」も知っていなくてはならないのである。このような意味においては、社会学者は「王様は裸」だと叫ぶ子どもとは、似てはいるが異なったスタンスに立っている。社会学者は、無垢な子どもであることよりも、実は常識の達人であることを要求されるのである（もちろん常識の「暴露」には無垢な子どものセンスも必要であるが）。

社会学とは、「常識」を身につけた人間が、「常識」の眼鏡をいったんはずし、「常識」を問い直すことによって、より新しい時代に合った新しい「常識」をつくり出すことを目指す、きわめて近代的な学問である。そのことは2節で示したように、社会学の歴史はそもそも、凝り固まった古い「常識」を見つめ直し、人間の新しい集合的なあり方をどのようにつくり出したらいいのかという、近代社会構築に向けた実践的問いから発したものであったことからも分かる。

7. 結びにかえて

社会学は、「当為」と「存在」（あるいは「事実」）を明確に区別する科学であり、規範を示す道徳ではない。しかし、前述したようにフランスにおける社会学の誕生の裏側には近代社会における、人間同士の新しい形の結合の仕方を示そうとする志向が存在していた。同時にまた、ドイツにおけるウェーバー社会学は、近代社会形成の原理である形式的合理主義を批判する視点を持っていた。近代・現代批判と近代・現代における社会の再構築、そこにおける科学としての社会学の要請、これらのことが社会学を現在においても成立させている基本的要素である。

そもそも、人文科学の一つである社会学はある種の視点や問題関心（これを「パラダイム」とも言う）を持って、事実からデータを集め、社会の結合・葛藤・変動の原理をモデル化（ウェーバーはこのモデルを「理念型」と呼んだ）しつつ説明するものである。したがって、社会とその中にいる人間に対する問題関心を抜きに社会学の理論はありえない。しかし、その研究においては、自分の主義主張や趣向は極力抑制し、事実を冷徹に観察する訓練された態度が必要である。問題構成における価値への「自由」（＝問題関心から出発すること）と、事実認識における価値からの「自由」（＝価値評価は極力差し控えること）をあわせ持つもの、これこそウェーバーが社会学の方法として唱えた「価値自由」というものであり、社会学の最も基本的な態度である。

参考文献
References

Berger, Peter L. and Hansfried Kellner, 1981, *Sociology reinterpreted: an essay on method and vocation.* New York: Anchor Press/Doubleday.（＝1987, 森下伸也訳『社会学再考——方法としての解釈』新曜社.）

Erikson, Erik, 1968, *Identity: youth and crisis.* New York: Norton.（＝1973, 岩瀬庸理訳『アイデンティティ——青年と危機』金沢文庫.）

Durkheim, Émile, 1897, *Le suicide: étude de sociologie.* Paris: Félix Alcan.（＝1985, 宮島喬訳『自殺論』中公文庫.）

Portman, Adolf, 1956, *Biologische Fragmente zu einer Lehre vom Menschen.* Reibek: Rowhhlt.（＝1961, 高木正孝訳『人間はどこまで動物か——新しい人間像のために』岩波新書.）

Tönnies, Ferdinand, 1887, *Gemeinschaft und Gesellschaft: Abhandlung des Communismus und des Socialismus als empirischer Culturformen.* Frankfurt: Fues's Verlag.（＝1957, 杉之原寿一訳『ゲマインシャフトとゲゼルシャフト——純粋社会学の基本概念』（上・下）岩波文庫.）

Weber, Max, 1905, *Die protestantische Ethik und der "Geist" des Kapitalismus.* Frankfurt:J. C. B. Mohr.（＝1989, 大塚久雄訳『プロテスタンティズムの倫理と資

本主義の精神』岩波文庫.)

ディスカッションテーマ
Exercises

1 以下のコラムの内容も参照し、人間がいかに社会的存在であるのかを、「多重人格症」の例等(「オオカミに育てられた少女」等、他のものでもよい)、具体的な例を使い説明してみよう。
2 現代社会における形式的合理性の諸原理がどのように「合理主義の非合理性」を生み出しているのか医療施設や社会福祉施設を例にあげて説明してみよう。

読書案内
Reading guide

1. Erikson, Erik, 1968, *Identity: youth and crisis.* New York: Norton. (=1973,岩瀬庸理訳『アイデンティティ——青年と危機』金沢文庫.)
　　本章でも紹介したが、著者であるエリック・エリクソンは、人間の発達の中で「アイデンティティ」がどのように形成されていくのかをフロイト理論を応用しつつ分析している。本章では、「口唇期」(環境を身体的に受容する発達段階)の乳幼児にとって母親等重要な他者への「基本的信頼感」の有無が、それ以降のアイデンティティの獲得に大きく影響していることについて触れたが、この本全体においては、むしろ青年期の「アイデンティティ危機」と現代社会との関係に焦点が当てられている。そのことに関心のある読者にとっては、より重要な必読書である。
2. Ritzer, George, 1996, *The McDonaldization of society: an investigation into the changing character of contemporary social life revised edition.* Newbury Park, CA: Pine Forge Press. (=1999 正岡寛司監訳『マクドナルド化する社会』早稲田大学出版部.)
　　アメリカの社会学者ジョージ・リッツアによるこの本は、いわゆる「古典」ではない。近年、世界中の大学における社会学の授業で最も多く使われている本であろう。ウェーバーが現代社会における「鉄の檻」として描き出した官僚制化の諸原理(効率性・計算可能性・予測可能性・コントロール)が、マクドナルドを始めとす

るファーストフード店の管理・営業の原理はもとより、ショッピングセンター・学校・病院の管理原理にまで及び、「合理主義の非合理性」をいかに生み出しているのかを指摘した本。医療に関しての言及も多く、医療化論の側面からも話題となった本。

PTSDの症状が物語るもの

　1995年1月の阪神・淡路大震災以来、災害・事故・犯罪等の犠牲者・被害者が、事件後の生涯に持ち続ける心の傷についての報道が目につくようになった。こうした「心的外傷」を受けた人が被るさまざまな症状のことを「心的外傷後ストレス障害（Post-traumatic Stress Disorder=PTSD）」と言うのであるが、この症状の一つに「多重人格症」がある。特に幼児期の虐待が原因で引き起こされた「多重人格症」の事例を見ると、幼児期に刻まれた「心の傷」が、「私」という一つの「人格」（これ自身幻想なのかも知れないのであるが）を安定的に維持するという「普通」の能力をいかに奪ってしまうのかが分かる。逆に言えば、我々が通常持っている「常に変わらぬ私」（たとえそれが「幻想」であったとしても）という感覚、すなわち「アイデンティティ」のあり方が、幼い頃に与えられた世界に対する素朴な「信頼感」に大きく依存していることが分かる。これは、幼い頃に自分を定義してくれる身の回りの「重要な他者」に対する「基本的信頼感」が、その後自分に向けられた他者からの定義を受け入れるかどうかの基本的な態度を形成し、そのことがその人間の「アイデンティティ」形成とその安定に重要な役割を持つからである。人間は単独で自分によって自分を定義することはできない。「私」のイメージを獲得するには、信頼できる他者という信頼できる「鏡」が必要なのである。「鏡」が信頼できないものであったり、歪んでいて一貫した像を提供しなかったりすれば、人は自分に対する安定したイメージを持つことができない。

　米国では、ベトナム戦争以降、PTSDが一般に知られるようになったのであるが、日本でこれが話題になるようになったのは阪神・淡路大震災のときからである。1996年、NHKで「私の中の他人——現代が生む多重人格症」というドキュメンタリー番組が放送され、これがきっかけになり、以降、数多くの「多重人格症」に関する報道番組がつくられた。発端となったNHKのこの番組では、アメリカの女子大生「レイチェル」の事例が紹介されている。レイチェルは大学のキャンパスを歩いているときに突然倒れ、その後多数の人格が現れ、「レイチェル」としての彼女のアイデンティティはコントロールを失ってしまう。あるときは粗暴な人格が現れ、自分の髪を刈り坊主頭にしてしまう。あるときには、幼い甘えん坊の男の子の人格が現れる。レイチェルは大学を休学し治療に専念す

る。セラピストの原因究明の試みから、ようやく両親に虐待される人格（虐待を受けた体験を持つ者は無意識のうちに、この記憶が表に出ないように自己規制している）が現れ、これによって彼女の多重人格症の原因がわかり、症状は快方に向かうというストーリーであった。このドキュメンタリーでは「本当の私」とは何か、虐待は「本当に」あったのか、といった問題が先送りされてしまうのであるが、ここで重要なことは、「本当の私」という誰でも持っている幻想の「物語」が、家族といった重要な他者を中心とした「世界」と、それが提供する一貫した「物語」に対する信頼によって支えられているという事実である。他者と自己が、無前提の信頼感で結ばれ、そのことによって「私」という物語が一貫したものとして成立していることが、人間が人間であるための条件なのである。

　「多重人格症」に関するドキュメンタリー番組は多数放映されている。その中の一つから、他者と自己との信頼関係、あるいはそれがつくり出す自己に対する自己の信頼関係について考えてみることは、自己とは何かを見つめ直す意味でもよいことかもしれない。

（須藤　廣）

第 2 章

現代社会とジェンダー

阪井 俊文

本章のねらい

　「女性」と「男性」、いわゆる性別に関わる「常識」や「規範」は、我々の生活に否応なく付きまとうものである。それは生まれたときに身体的な特徴により二分されたときから始まり、名前（男の子の場合は「強くたくましい子に育ってほしい」という願いをこめて……といった具合に）、着せられる服の色、与えられる玩具、色々なものが違っている。そして、教育、就職、家庭での役割、趣味など、あらゆる物事が多かれ少なかれ性別による"制約"を受けている。

　女子学生の皆さんに考えてもらいたいのだが、もしも自分が男性だったとしても看護師や介護職を目指していただろうか。男子学生の皆さんは、看護師や介護職を目指すと決めたとき、家族や友人から「男性だから」という理由で反対されたことはなかっただろうか。本章では、性別というとても身近な事柄について、皆さんと一緒に「常識を問い直す」という社会学的な作業をしてみたい。

　ジェンダーバイアス、固定的性別役割、リプロダクティブ・ヘルス／ライツ、性の二重基準、性の多様性

1. ジェンダーとは何か

　はじめに本章のテーマである「ジェンダー」の意味について押さえておこう。一般に「社会・文化的性」と訳されることが多く、「性」を社会や文化によって構築されたものとして捉えるときに用いられる用語である。対となる概念はセックスであり、こちらは「性」を生物学的な視点で捉え、その普遍性、即ち、本能といった面を強調するときに用いられる。

　これら2つは、視点の違いとして理解するべきであり、様々な性差のうち、どれがジェンダーでどれがセックスなのかということにこだわることは、あまり意味がない。そもそも、ジェンダーとセックスは複雑に絡み合っており、分けて捉えること自体が困難である。「男性は女性よりも体力において勝る」、この多くの人が当然のことと考えている性差を例に考えてみよう。男性ホルモンに筋肉や骨格を発達させる作用があることはよく知られており、ホルモンの作用という身体的な構造の違いに起因する性差、即ちセックスであると説明することは容易である。しかし、実際にはこの体力差のうちのいくらかはジェンダーによるものである。一般に、男の子に対しては「たくましく」育ってほしいと期待する親が多い。それゆえに、サッカーや野球、武道などの習い事を息子に勧める親が多いのではないだろうか。女の子の場合はピアノなどを習わせる親が多いだろう。スポーツを習い事としていれば、それがトレーニングという機能を果たし、体力を増すこととなる。教育内容が男女で異なっている場

合もある。筆者が高校生のときには、男子は柔道、女子は家庭科という時間があった。従って、親の養育方針や教育のカリキュラムなどの「社会的」な要因も体力において男性が勝るようにできているのである。さらには、ホルモン剤を用いることで、ホルモンの影響はある程度人為的に操作することも可能である。

このように、セックスとジェンダーが絡み合っているような事柄は多い。「女性よりも男性の方が性欲は強い」といった一般的な価値観も、やはりホルモンの作用といった理屈で説明することが可能である。一方で、男子は、ある程度の年齢になれば、性的な話題を口にしたり性的メディアに触れたりすることに大人は寛容であるのに対して、女子の場合には、そうしたことは非難される場合が多い。従って、社会規範、社会環境の影響といった視点からも、性欲の性差は説明が可能である。

この分野でよく知られたバトラー（Judith Butler）という研究者は、「セックスを前―言説的なものとして生産することは、ジェンダーと呼ばれる文化構築された装置がおこなう結果なのだと理解すべきである」と指摘している（Butler 1999=1990）。つまり、ジェンダーとセックスは並列的な関係にあるのではなく、我々の性を本能や本質と見なすことは、自然科学という文化的に生み出された知見に基づいているから、結局のところ、セックスはジェンダーに包含されるという考え方である。現代では、ジェンダーの定義についてこのように見なす研究者が多い。

とはいえ、女性と男性では、やはり身体の構造など、本質的に異なっている点も多少は存在することは事実である。それゆえに、我々は、性別に関わる様々な問題を必然的で自然なものと見なしてしまいがちである。社会的、文化的な影響を少なからず受けている性差や性に関する信念、常識、規範なども、往々にして必然的で止むを得ないものと判断されることがある。まずは、このことを自覚しなければならない。男女で不平等が生じている事柄について、それを必然のものとして見過ごそうとするなら、それは性差別ということにもなる。

重要なことは、あらゆる性差について、ひとまず社会的、文化的なものと解釈し、「常識」の問い直しをしようとする思考である。それまでの常識や慣習

を離れ、性別に捉われないあり方を模索した結果、より自由で柔軟な社会が実現したならば、そこに介在していた本質的な違いは些細なもので、実は社会的に形成されたジェンダーという側面が強かったことになるだろう。ジェンダー論という学問分野は、この常識の問い直しを継続し、政治的な施策と呼応しながら、性別による様々な制約を解消してきた。それでは、ジェンダーという視点での働きかけによりどのような変化が生じてきたのか、そして今なお問題とされているのはどのようなことか考えていくことにしよう。

2. ジェンダーバイアスと固定的性別役割

　ジェンダーに基づき偏った見方や判断をすること、即ち性別による偏見のことをジェンダーバイアスと呼ぶ。男女平等といったことが言われるようになってから既に長い時間が経っているが、未だに我々は折に触れ性別で物事を判断してしまう。ジェンダーバイアスは、それが「常識」であり一般的な見方である場合が多いので、我々は自身の偏見を自覚しづらい。ここから、このジェンダーバイアスという概念を鍵にして、ジェンダーによる影響が現代でも多岐にわたって存在していることを示していくことにしよう。

　ジェンダーバイアスのうち、もっとも典型的なものが「固定的性別役割」や「性別役割分業」と呼ばれているものである。夫婦関係において、「男は仕事、女は家庭」というように、それぞれに適した役割があり、そのとおりに分担すべきだという考え方のことである。これはジェンダーという研究分野においてかなり古くから問題にされてきた事柄であるのだが、未だに根強く残っている価値観である。こうした考え方に対する賛否を尋ねた調査の結果を図 2-1 に示している。全体としては、反対が 49.4％で賛成の 44.6％を上回っている。しかし、年代別にみると、特に高齢者において賛成の割合が高くなっており、性別では男性の方が賛成する人が多くなっている。時代とともに、こうした考え方が薄れつつあるが、未だ多くの人が抱く価値観でもあることがデータからも分かる。

　こうした価値観は、女性にとっても男性にとっても（社会で活躍することよりも家事や育児が性に合うという男性もいる）、自分に合ったライフスタイルを選

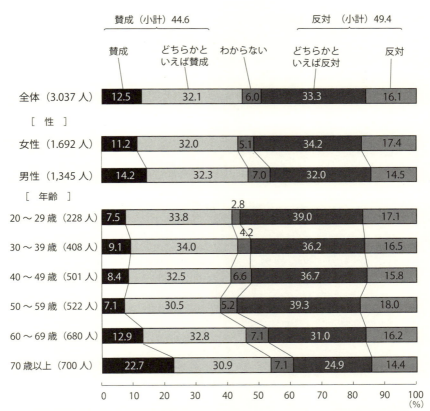

図 2-1『夫は外で働き、妻は家庭を守るべきである』という考え方に対する意識
（内閣府男女共同参画局 2014）

ぶことを阻害する可能性がある。また、この考え方に従えば、必然的に女性が政治家や経営者など影響力のある立場に就くケースは稀となり、女性の社会的地位が低くなるという不平等をもたらしてきた。

　行政による男女共同参画という理念の啓発や法制度の整備などによって、女性の社会進出という面では少しずつ改善されてきている。もっとも、女性の就労率の増加には、若い世代の給料の減少により、共働きでなければ十分な収入が得られない世帯が増えていることや、少子高齢化により労働力が不足してい

ることなど、男女ともに働かざるを得ない社会状況になってきているという面もある。一方で男性の家事分担という意識の変化はあまり進んでおらず、結果的に「男性は仕事、女性は仕事と家庭」という、女性の負担が過多になる状況も生じている。

3. 就業とジェンダー

職種の向き不向きといったものも、ジェンダーバイアスが存在している事柄のひとつである。例えば、「リーダーシップという役目は、男性の方が向いている」という価値観は、いまだに多少なりとも残っている。また、知性や判断力といったものも、同じく男性が優るとされてきた。それゆえに、政治家や医師、経営者などの、一般に「地位が高い」と見なされる職業は、いずれも男性に向くとされ、今でも男性の割合の方が高い。こうした職業の場合、女社長や

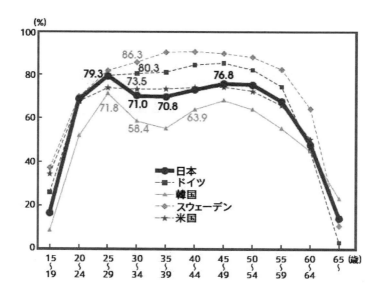

図 2-2　女性の年齢階級別就業率（内閣府 2015a）

女医といったように、女性がその職業に就く場合には、わざわざ「女」を付けて呼ばれることが多いが、これは、そのことが特例的であるという社会的な価値観を反映している。

先に述べた「固定的性別役割」という価値観も、就業のあり方に大きく影響している。**図2-2**は、各国の女性の就業率を年代別に示したものであるが、日本については、その形状から「M字型曲線」と呼ばれている。これは、20代後半から30代にかけて、仕事を辞める女性が多いことを意味しているが、その理由は容易に想像がつくであろう。このグラフは、結婚や妊娠・出産を機に仕事を辞める女性が多いことを表している訳だが、このことは、その年代でキャリアを中断することになる女性が多いということに他ならない。それにより、経験を積むことで専門的な能力を高めることや、昇進や昇給において不利となり、女性が専門性や地位が高い職業に就くことが少なくなるという結果に繋がっている。40代になると、再度就業する女性が一定数おり、M字型曲線の右側の山を形成することになるのだが、パートタイムでの就労である場合が多く、以前のキャリアを継続できる人は多くない。

多くの女性が出産や育児を理由に退職することとなっている理由は、当人の価値観や意識の問題だけではない。社会全体として「仕事と家事・育児の両立」を当然視する風土が形成されていなければ、出産後も仕事を続けていくことは難しい。出産後は、原則として子どもが1歳になるまでの間、育児休業を取得できることが育児介護休業法により定められている。しかし、ただ法律上、休暇取得の権利が定められているだけでは十分ではない。出産や育児のために一時的に職場を離れる同僚に対して、周囲が理解を示し、協力的な態度を取らなければ、実質的に同じ職場での就業を継続していくことは困難である。近年では、妊娠中や育児期ゆえに周囲の協力を必要としている人が、迷惑な同僚と見なされ嫌がらせを受けるケースが多いことが明らかになっている。「マタニティハラスメント（マタハラ）」として定義され、社会問題としてその解消に向けた啓発がおこなわれるようになっている。

ちなみに、上述の育児休業について、多くの読者は「女性の問題」として捉えたのではないだろうか。しかし、制度上、育児休業は男性でも取得できる。子どもが生まれた後、父親が育児休業を取得することで、母親がより早い時期

に職場復帰するといった方法もあり得るのだが、端からそのような選択は考えないという人が多いだろう。これもジェンダーバイアスの一つである。

さらには、育児休業の期間が終わり、職場復帰をしようとしても、保育所に空きがなく子どもを預かってもらえないために仕事を辞めざるを得ないという場合もある。これも「待機児童問題」と呼ばれ社会問題化されているが、対策が遅れており、解消には至っていない。

図 2-2 のグラフで M 字型になっていない国と日本の違いは、個人の意識、社会環境などが複合的に作用した結果と考えられている。また、出産・育児に伴って離職する女性が多いことは、看護師や保育士の人手不足という問題ももたらしている。看護師や保育士の資格を有しているにもかかわらず、それらの職に就いていない人は潜在看護師や潜在保育士と呼ばれており、こうした人が増加していることも社会問題と見なされるようになっているが、保育制度の充実や給与面での処遇改善などはあまり進んでいない。**図 2-3** は、看護師が退

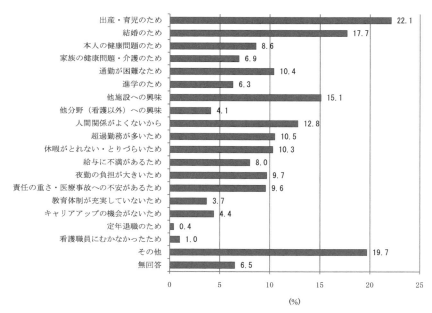

図 2-3　看護師が退職する際の理由（厚生労働省 2011）

職する際の理由を調査した結果を示している。やはり出産・育児や結婚により、看護師としての職を継続することが困難な場合が多いことが分かる。

4.「母性」とは何か

　高い専門性を求められる職業は、男性の役割と見なされてきたことを述べてきたが、例外的に女性の役割とされてきたものもいくつかある。看護師や保育士、介護職がそれに該当し、かつては看護婦や保母など、女性であることが前提の名称が用いられていた。では、これらの職業に関しては、女性の方が適していると見なされてきたのはなぜだろうか。その理由の一つは、それらの職業は「母性」を伴っていることが望ましいと見なされてきたからである。では、「母性」とは具体的にどのようなものであろうか。おそらく、「女性に本質的に備わっている性質で、子どもを愛おしく思い守ろうとする感情や養育的な態度」といった答えが多いだろう。では、そうした性質は男性には備わっていないのだろうか。そう考えてみると、「母性」とは一体何なのか、よく分らなくなる。多くの人が、育児に必要な何かが女性にだけ備わっていると信じてはいるが、その何かについて改めて問われると、漠然としたイメージに過ぎないことに気づかされる。

　母性に関する研究として、バダンテール（Elisabeth Badinter）の「母性という神話」がよく知られている（Badinter 1991=1980）。この本で指摘されている、母性に関連する史実をいくつか羅列してみよう。18世紀のフランスにおいては、母親の手によって養育される子どもはとても少なく、例えばパリでは毎年約2万1,000人の子どもが生まれるが、そのうち母親の手によって育てられるのは1,000人程度に過ぎない。比較的貧しい階級の場合は、子どもを里子に出す場合が多く、裕福な階級の場合には乳母を雇い養育を任せることが多かった。19世紀になると、神から与えられた使命という形で、母性が宗教により正当化された。第二次大戦後には、当時台頭していた精神分析学の影響を受けて、女性雑誌などで母性の重要性を説く大々的なキャンペーンが行われた。その内容は、しばしば「本能」という表現を用いながら、「家庭を守る妻の役割」や「優しさと愛の泉である母親の役割」を要求するものであった。

母親の手によって育児が行われることが稀な社会も存在していた、といった史実をもとに、バダンテールは母性が神話であることを強調する。この捉え方と同様、ジェンダー論の分野では、母性は「母性神話」という概念で語られることが多い。即ち、母性とは、社会的・文化的に構築された価値観に過ぎず、ジェンダーバイアスの一つということである。もちろん、多くの女性が子どもを可愛がり、慈しみ、守るといった感性や責任感を持っていることは間違いない。母性が神話に過ぎないというのは、そういった性質が母親だけに備わるものという点を問題視しているのである。母性神話は、女性を特定の役割に束縛してしまい、前述した固定的性別役割を肯定する理由となる。また、子どもを持たないという生き方を否定し、身体的な問題などで子どもを産むことが難しい女性にとって、自己肯定を困難にしてしまう。さらには、男性が積極的に育児に参加することに対する偏見やパタニティ・ハラスメント（男性が育休を取ることなどに対する嫌がらせ）にも繋がる。

　母性神話と類似した概念に「三歳児神話」と呼ばれるものがあり、これは「子どもが三歳になる頃までは、母親の手によって育児がおこなわれないと、子どもの発育に問題が生じる」といった考え方のことである。子どもを早い時期から保育所に預けることを否定することにもなるため、母性神話と同様に、ジェンダーの視点からは問題視されてきた。1歳や2歳という早い時期から保育所に預けられた子どもが、その後、実際に発達上の問題を抱えることになっているかを考えれば、これが神話であることは自明であり、バダンテールの研究からも、やはり神話に過ぎないという結論が導かれるだろう。

　これらの神話は、社会啓発の結果、時代とともに薄らいできているようだ。そして看護師や保育士も、少しずつではあるが、男性の割合が増加している。厚生労働省の統計によれば、看護師の男性比率は、2004年には4.1％であったが、2014年は7.3％まで増加している。保育士の男性比率は、国勢調査の結果によると、1995年には僅か0.8％であったが、2010年には2.5％となっており、緩やかではあるが増加傾向がみられる。

5. 親密な関係性とジェンダー

　夫婦関係や恋愛関係という、男女の親密な関係も、「女」や「男」であることが殊更に意識され強調される事柄のひとつである。そして、いわゆる「女らしさ」や「男らしさ」というジェンダーバイアスが、その関係のあり方に問題を生じさせる場合がある。特に深刻なのが、夫婦間の暴力であるDV（ドメスティック・バイオレンス）の原因となるケースである。なお、結婚をしていない、いわゆる恋愛関係の中で生じる暴力についてはデートDVと呼ばれているが、その発生機序など概ねDVと共通しているので、ここではDVとデートDVを合わせて論じることとする。

　まずは、どのような行為がDVに該当するのか押さえておこう。「身体的暴力」「精神的暴力」「性的暴力」「経済的暴力」の4分類が一般的に知られている。身体的暴力は、多くの人が暴力という言葉からイメージするとおりのもので、殴る、蹴る、物を投げつけるといった行為を指す。精神的暴力は、罵る、怒鳴る、過度に束縛するなど、精神的な苦痛や恐怖感を与えるような行為のことである。性的暴力は、性行為を強要する、相手が望むにもかかわらず避妊をしないといった行為が該当する。経済的暴力は、生活費を渡さない、外に働きに出ることを認めない、貢がせるなど、金銭的な面で自由を奪う行為を指す。

　では、こうした暴力の被害を、どれくらいの人が経験しているのだろうか。図2-4は、夫婦間でのDV被害の経験を示している。結婚の経験がある人のうち、男性の16.6％、女性の23.7％が暴力被害を経験しており、特に女性では約1割が何度も経験している。この数字を見れば、誰もが加害者と被害者、いずれの当事者にもなり得る問題であることが分かる。

　誰もが直面しうるこの問題に、ジェンダーはどのように関わっているだろうか。よく指摘されるのは、「支配―服従関係」というジェンダーバイアスの存在である。男女の関係において、男性には自分が意思決定を行いリードすべきという価値観が存在している。一方で女性は、男性を立てて従順にふるまうことが「女らしい」といった価値観が存在している。こうした対等でない関係性のあり方は、支配―服従関係と紙一重である。男性は、自身の優位性を維持

し続けるためには、暴力を伴った「力による支配」が必要となる。その行為が、ときにはマインドコントロールとして作用し、暴力による支配を受けている女性は、自身が被害者であることを自覚できなくなる。このように、男女関係に付き纏うジェンダーバイアスは、暴力を正当化する機能を果たしてしまう。

なお、DV の被害者は、上述のように自身が被害者であることを自覚していない場合も多いため、DV 防止法では「医師その他の医療関係者は、その業務を行うに当たり、配偶者からの暴力によって負傷し又は疾病にかかったと認められる者を発見したときは、その旨を配偶者暴力相談支援センター又は警察官に通報することができる。この場合において、その者の意思を尊重するよう努めるものとする」、ならびに「医師その他の医療関係者は、その業務を行うに当たり、配偶者からの暴力によって負傷し又は疾病にかかったと認められる者を発見したときは、その者に対し、配偶者暴力相談支援センター等の利用について、その有する情報を提供するよう努めなければならない」と定めている。医師や看護師には、DV について正しい知識を有し、その問題に対して敏感であることで、被害者を援助する役割が期待されている。

こうした問題は、夫婦関係だけでなく、恋愛関係におけるデート DV でも同様である。支配―服従関係というような対等でない関係性のあり方は、問題視

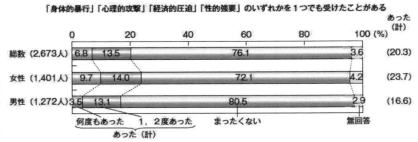

備考：1. 内閣府「男女間における暴力に関する調査」（平成 26 年）より作成。
2. 身体的暴力：殴ったり、けったり、物を投げつけたり、突き飛ばしたりするなどの身体に対する暴行を受けた。
心理的攻撃：人格を否定するような暴言、交友関係や行き先、電話・メール等を細かく監視したり、長期間無視するなどの精神的な嫌がらせを受けた、あるいは、あなた若しくはあなたの家族に危害が加えられるのではないかと恐怖を感じるような脅迫を受けた。
経済的圧迫：生活費を渡さない、貯金を勝手に使われる、外で働くことを妨害された。
性的強要：嫌がっているのに性的な行為を強要された、見たくないポルノ映像等を見せられた、避妊に協力しない。

図 2-4 配偶者からの暴力の被害経験（内閣府男女共同参画局 2015b）

され、政治的な施策と呼応しながら解消が図られているが、若者向けの情報には、こうした流れが反映されにくい。そのため、若者向けのテレビ番組や雑誌では、ジェンダーバイアスが溢れている。例えば、中高生向けのテレビ番組では、「女子力」を高める方法として、「男性は狩猟民族なので最後の一言は言わせてあげる」ことが必要であるということが心理カウンセラーによって説かれている（NHK E テレ「R の法則」2013 年 2 月 13 日放送『女子力アップ相談室（2）告白成功大作戦』）。別の回では、「男の子というのは基本的に正義感が強かったり責任感が強い生き物ですので、女の子を守りたいとか助けてあげたいとかいう意識が非常に強い」ので、「あんまりできすぎる女の子というよりもすこしちょっと助けてあげられるような自分が守ってあげたいと思うような女の子に対して愛情が芽生えていく」という。そのため、デートで電車に乗るときには、切符の買い方を「わざと知らないふりをする」必要があると説かれている（NHK E テレ「R の法則」2014 年 8 月 14 日放送『恋するバーベキュー』）。ジェンダーという視点に立てば到底受け入れられない内容であるが、このような言説は枚挙にいとまがない。我々がジェンダーバイアスに惑わされないようになるには、メディアリテラシーと呼ばれるような、メディアを批判的に読み解く能力の習得が求められている。

　DV やデート DV は、**図 2-4** のグラフからも分かるとおり女性が加害者、男性が被害者となる場合もある。このようなケースで多いのは精神的暴力であるが、やはりジェンダーバイアスが影響している場合もある。例えば、メディアなどの影響により、「男性は浮気性である」というイメージを女性が持つこととなった場合、それがパートナーへの不安感を高め、携帯を執拗にチェックするといった行為で束縛という暴力を振るってしまう可能性がある。「男はこう」「女はこう」といった様々なイメージは、あたかもパートナーを理解するための助けになるもののように語られることがあるが、実際にはジェンダーバイアスという偏見を押し付けているだけの可能性が高いことに注意を払わなくてはならない。

6. リプロダクティブ・ヘルス／ライツとジェンダー

　リプロダクティブ・ヘルス／ライツという用語は、学生の皆さんにとって聞き慣れない言葉かもしれない。訳をすれば「生殖にかかわる健康と権利」ということになるこの問題は、若者にとってとても重要な事柄である。具体的には、望まない妊娠と人工妊娠中絶、性感染症の罹患といった問題に対して、十分な知識を持ち、自分で主体的に適切な判断をできているかということを問うている。医学や公衆衛生学的な問題と思われるかもしれないが、実はジェンダーとも深く関わっている問題である。しかし、性に関する問題は、それを語ることがタブー視されており、その実態があまり知られていない。例えば、日本において、人工妊娠中絶が毎年どのくらい行われているか知っているだろうか。厚生労働省の統計によると、2014 年度の実施件数は 18 万 1,905 件で、これは 15 歳から 49 歳までの女性 1,000 人中、6.9 人が中絶を経験していることになる。20 〜 24 歳という年齢層で見ると、1,000 人中 13.2 人が 1 年の間に中絶を経験している。この数字をどう見るかは個人の価値観によるが、少ないとは言えないだろう。性感染症の問題も語られることが少なく、多くの人は社会問題として認識していない。例えば、子宮頸癌は、性行為によって感染する HPV というウイルスが原因である場合が殆どであることが分かっている。そしてこの癌によって毎年数千人が命を落としている。重大な社会問題として大々的に報道されてもおかしくない現状であるが、性行為に関わる事柄となると、政府もメディアもこの問題にあまり触れない。「少子化」は現代の社会問題として多くの人に認識されているが、性感染症に罹患したことが原因で不妊症になる人が増加しているということは、社会問題として語られない。社会問題として啓発がおこなわれない結果として、多くの若者が自覚なしにリスクを冒し、トラブルに直面しているという実態がある。

　こうした事柄をジェンダーの視点から考える際に鍵になるのが「性の二重基準（ダブルスタンダード）」と呼ばれている、ジェンダーバイアスの一種である。これは女性と男性で性に関する規範や評価基準が異なっていることを指している。例えば、男性の場合、性経験の人数が多いことが友人などから肯定的に

評価されることが多いが、女性の場合は、「軽い女性」として否定的に見なされることが多い。この男性と女性、それぞれに付与されている社会的な規範が、生殖にかかわる健康や権利と噛み合っていないことが大きな問題なのである。

　特に問題なのは、性行為の際に、どちらが主導権を持つのかという点である。言うまでもなく、一般的な規範としては、男性がリードすべきだということになっている。女性はというと、恥じらいの態度を見せ、受け身の姿勢をとるといったことが「女性らしい」ことになっている。しかし、前述したように、性にかかわるトラブルの多くは、女性にとってより深刻であり、女性が多くの負担を負うことになる。ジェンダー論や人権という視点に立てば、何事も男女が対等であるべきだということになるのだが、この問題に関しては、抱えるリスクの大きさが異なるがゆえに、女性の意思がより尊重されるべきである。にもかかわらず、今から性行為をするのか否か、避妊をするのか、どのような方法で避妊をするのかなど、重要なことが男性に委ねられている場合が多い。さらに困ったことに、性教育にまで「性の二重基準」が存在している。中学や高校での性教育が、女子だけに実施されるというケースが少なくない。いわゆるファッション誌などのメディアを見ても、女子向けの雑誌にはしばしば真面目な性情報が掲載されているが、男子向けの雑誌では、性経験を急かすような面白おかしい記事しか見られない。その結果、性に関して知識を与えられていない男性が、避妊方法などを決定するという、非合理な事態が生じているのである。

　性の二重基準は、DVやデートDVにおける「性的暴力」を引き起こす原因でもある。まずは、この二重基準に何の必然性もないことを認識し、教育のあり方やメディアの問題など、様々な問題が絡み合っていることを考えてみてほしい。

7. 性の多様性を認める社会に

　ここまで、我々の「性」を女性と男性に二分し、その不平等や不公平について述べてきた。かつては女性に対して明らかな差別や不平等が存在していたため、フェミニズムと呼ばれる社会運動やジェンダーという学問は、女性の地位

向上や差別の撤廃を目指してきた。しかし、時代とともに、こうした二分法に疑問が呈されるようになり、「性の多様性」を認める社会のあり方が求められるようになってきている。その「多様性」とは何を意味しているのだろうか。まず、我々の性には様々な側面があることを理解する必要がある。もっとも分かりやすいのは身体的特徴であろう。戸籍上の性別の基準にもなっている。しかし、この身体的な性別にも「インターセックス」や「性分化疾患」と呼ばれる、典型的でない特徴を持つ人たちが存在し、実は身体のあり方だけでも多様である。

「性自認」（ジェンダー・アイデンティティ）は、自分がどちらの性別であるのかという意識や感覚のことである。身体的な特徴と一致していることが多いが、身体的特徴と異なる性自認の人もおり、トランスジェンダーと呼ばれている。医学的には性同一性障害と定義され、性別適合手術などをおこなうことにより、戸籍上の性別を変更することもできる。もちろん、トランスジェンダーである人の全てが身体的治療や戸籍の変更を望んでいるわけではなく、その特徴は多様である。

「性的指向」も性的特徴の一側面であり、これは恋愛や性愛の対象がどちらの性別に向くのかを意味する。もちろん多いのは異性愛者であるが、ゲイやレズビアンと呼ばれる同性愛者も存在する。両方の性別が対象になり得るという両性愛者もいる。

また、性自認や性的指向がはっきりと定まっていない状態の人もおり、クエスチョニングと呼ばれている。性自認や性的指向は、思春期や青年期と呼ばれる年代までに自己の中で明確化する人が多いが、そうした時期もまた多様なのである。無性愛者（アセクシャル）と呼ばれる、恋愛感情や性的な感情を抱かないという特徴を持つ人もいる。他にも、身体的な性別は男性であるが、女性的とされる服装が自分の感覚に合うという人（異性装、トランスヴェスタイトと呼ばれる）、男性であるが、女性的とされている言葉遣いがしっくりくる人など、性のあり方は実に多様である。

このような典型的でない特徴、即ち常識としてのいわゆる女性・男性とは違った特徴を持つ人々は、性的少数者（セクシャルマイノリティ）と呼ばれている。これらの特徴のいくつかは、医学的に障害や疾患と見なされていた時代が

あり、また、宗教的な教義により否定される場合も多かった。しかし、性的少数者に障害や異常というレッテルを張り、医学的な処遇を試みてもそれがよい結果をもたらすことは少ないことが明らかとなり、また人権意識の高まりもあって、現代においては、個性として捉えるようになっている。

　そもそも性的多数者と性的少数者に二分すること自体が困難ではあるので正確な数字は出せないが、種々の調査結果によると性的少数者の割合は概ね1割弱程度とされている。従って、皆さんの友人や知人の中にも典型的ではない人が何人かいるはずである。これまでに同性愛者やトランスジェンダーの当事者に出会ったことはない、という人もいるだろう。それは、未だに差別や偏見が根強く残っているために、当事者の人たちが自身の性的特徴を表に出せないまま生活している場合が多いからかもしれない。政治家が性的少数者に対して差別的な発言をして問題になる、といったニュースも度々目にする。今の社会においては、セクシャルマイノリティの人々が自身の性的特徴を語るには、わざわざ「カミングアウト」しなければならないのが現状である。

　セクシャルマイノリティの人々を受容する社会への変革は、世界でも日本でも徐々に進められている。同性婚を認め、その権利を保障する国は増加傾向にある。日本では、現在のところ同性同士で婚姻はできないが、2015年に渋谷区が「同性パートナーシップ条例」と呼ばれる条例を成立させるなど、セクシャルマイノリティを社会的に包摂しようという機運が高まりつつあるようにも見える。

　あらゆる面で、典型的な女性、典型的な男性そのものの人はどれほどいるのだろう。家庭内での役割や社会的役割まで含めて考えれば、大多数の人が自身の戸籍上の性別の典型とされる特徴とずれている側面を持っているのではないだろうか。性的少数者を受け入れることは、自分自身を常識や無用な規範から解放することでもある。

参考文献 References

Butler, Judith, 1990, *Gender trouble: feminism and the subversion of identity*, New York: Routledge (= 1999, 竹村和子訳『ジェンダー・トラブル——フェミニズムとアイデンティティの攪乱』青土社.)
Badinter, Elisabeth, 1980, *L'amour en plus: histoire de l'amour maternel*, Paris: Flammarion. (= 1991, 鈴木晶訳『母性という神話』筑摩書房.)
厚生労働省, 2011, 『看護職員就業状況等実態調査結果報告書』厚生労働省.
内閣府男女共同参画局, 2014, 『女性の活躍推進に関する世論調査報告書』内閣府.
内閣府男女共同参画局, 2015a, 『ひとりひとりが幸せな社会のために——平成27年版データ』内閣府.
内閣府男女共同参画局, 2015b, 『平成27年版 男女共同参画白書』内閣府.

ディスカッションテーマ Exercises

1 医療現場に存在しているジェンダーバイアスを挙げ、それがもたらすネガティブな影響について考察しよう。
2 セクシャルマイノリティの人々が暮らしやすい社会になるために, どのような取り組みや制度の改正が必要であるか考えてみよう。

読書案内 Reading guide

1 池上千寿子, 2011, 『若者の気分——思い込みの性, リスキーなセックス』岩波書店.
　本章で述べたリプロダクティブ・ヘルス／ライツとジェンダーの関係について、かなり踏み込んだ考察をしている。文章は平易で読みやすい。
2 橘木俊詔, 2008, 『女女格差』東洋経済新報社.
　本章では男女間の格差について論じたが、その問題がいくらか解消した結果とし

て顕在化してきた女性間の格差の問題について論じている。
3 諸橋泰樹, 2009, 『メディアリテラシーとジェンダー──構成された情報とつくられる性のイメージ』現代書館.
　女性誌やテレビゲームなど、様々なメディアを題材にして, そこに描かれる商品化されたジェンダーの問題を、メディアリテラシーという観点から解説している。

映画が教える現代社会の意味——「再生産労働」とは何かを考える

　1979年公開のアメリカ映画『クレーマー・クレーマー』(ロバート・ベントン監督、コロムビア映画) は、家事・育児といった家事労働 (「生産する人」を作り出すという意味で「再生産労働」とも言う) を各家庭の「私事」として、いかに女性に押しつけ、「再生産労働」なしには成立するはずのないビジネス社会が「再生産労働」の領分を無視していることを見事に告発した映画である。家事労働の中でも最も手のかかる「子育て」を女性のみに押しつけていた現状を見つめ直すという問題提起の意味もさることながら、現代社会全体の構造の中で、企業・行政・家族・近隣社会等がどのように「再生産労働」を負担するべきかという視点がこの映画を社会学的に見るときの重要なポイントである。

　ダスティン・ホフマン演じる主人公のテッドは、マンハッタンの広告代理店で働くエリートサラリーマン。彼の精力的な働きぶりは上司から認められ、彼は着実に出世してゆく。ところが、テッドが大抜擢され若き部長に就任したその日に、妻のジョアンナは突然家を出て行く。しかも小学校1年生の息子ビリーを家に残して。テッドは高給取りであり、仕事フリークである以外に何か落ち度があるわけではない。しかし、ジョアンナは、妻として母として伝統的性役割を押しつけられることに我慢ができなかった。映画では、ジョアンナが女性解放を唱える友人の影響を受けているとされる場面もあるが、そのことよりも彼女が「子育てノイローゼ」に陥っていたことが示唆されていることに注目すべきであろう。いずれにせよ突然妻に家出をされたテッドは、しかたなく子育てに奔走する。エリートサラリーマンの仕事と子育ての両立を迫られるテッドであるが、どうしても仕事よりも子育てを優先しなければならない出来事にしばしば出くわすことになる。仕事と子育ての板挟みの中で、テッドは次第に子育ての喜びに目覚めてゆく。しかし、ビリーの急な発熱により仕事を休んだために、テッドはビジネス上重要な顧客の信用を失ってしまい、彼を最も理解し重用してくれた上司にも見放され、ついに彼は会社をクビになる。それでもテッドはビリーとの生活のために希望は捨てず、そのために最善を尽くそうと考える。そんな折も折、別れたはずの妻ジョアンナからビリーを自分のもとに引き取りたいという連絡が。テッドの戦いはここから始まる。失業していては、親権を争えないことを弁護士から聞かされ

たテッドは、急いで仕事を見つけるが、給料は大幅に減ることになる。もうこのときには彼はビリーを自分一人で育てることを心に決め、親権を争う裁判に臨む。裁判でテッドは負け、ビリーは母親のジョアンナが引き取るべきだという判決が下される。しかし最終的にジョアンナは、ビリーがテッドになじんでいることを理解し、ビリーをテッドのもとから引き取ることをあきらめる。

　この映画は1970年代のアメリカの家族の問題を浮き彫りにしたものである。当時、女性解放運動の気運が次第に高くなっていたものの、依然、男性は仕事、女性は家事・育児といった性別役割分業の固定観念は根強くあり、専業主婦率も高かった。現在、アメリカでは、年齢階層別女性の労働力率を表すグラフはほぼ台形型であるのだが、1970年代においては、現在の日本同様M字型であった。したがって、社会の大きな構造としての性別役割分業を問題にしたこの映画の意味は、現在の日本社会にこそぴったりと当てはまる。

　かくして、この映画は、家事・育児という「シャドー・ワーク（賃金の払われない労働）」は、男女が平等に負担し、また子育ては社会全体も協力するという新しい常識が先進国に広まることに力を貸したのである。しかし、この映画が描き出した美しい父子関係は、子育ての「負担」といった、よく言われる手のかかる「義務」としての労働を男性にも負わせるといったこと以上の意味合いを持っていることもつけ加えておきたい。注目すべきは、この映画では、「子育て」が「義務」としてよりも「権利」として描かれていることである。すなわち、ビジネス社会の仕事に比べ劣った労働として位置づけられた「子育て」は、男性にとっても、ビジネス社会の価値以上に価値あることであり、男性はむしろこの喜びを「奪われて」いるということである。この意味においては、この映画は、女性解放というよりは、むしろ男性の人間解放の映画だと言える。家事・育児・介護といった「再生産労働」が真に価値のあるものであるとされる日が来るまで、この映画は意義のあるものであり続けるであろう。

　　　　　　　　　　　　　　　　　　　　　　　　　　　　（須藤　廣）

第3章

現代の家族

家族の多様化と結婚・離婚の現在

阪井 俊文・濱野 健

本章のねらい

　前章では、「男と女」をテーマにして、多くの人が抱く常識や思い込みを検証し、その多様性について考えた。本章では、「家族」もまた、多くの人が抱いている常識や規範よりも実際には多様なものであることを考えたい。

　現代の日本に限っても、家族の規模や構成員はさまざまである。読者の中には寮や下宿などで一人暮らしの人もいるだろう。一方で、両親のみならず、祖父母や曽祖父母も一緒に暮らしているという人もいるはずだ。あるいは、あなたの家族構成は？と訊かれたときに「お父さんお母さんと犬1匹」というようにペットを含めて答える人もいるかもしれない。文化圏や時代が異なれば、その様態は更に多様である。例えば、時代や地域によっては一夫多妻制という家族のあり方が存在するということをメディアで見聞きすることも多くなった。

　家族の起点となるきっかけとなる「結婚」についても「未婚化」などの話題にあるように、結婚の選択のみならず、誰とどんな家族を持ちたいのかという意識が社会変化に伴いどのように変化した／していないのだろうか。この文脈から、現在の「離婚」のあり方や、その後の家族の再出発について検討することも必要だろう。

　「家族」とは何か、改めて問われると難しい。だが、我々は「家族とはこういうものだ」「家族はこうあるべきだ」というイメージを、漠然としながらも共有しているように思われる。その我々が抱く「家族」のあり方についての規範や理想の起源を解き明かし、家族にまつわる現代的な問題を考えていこう。

 イエ制度、格差社会、結婚、未婚化、共同親権

1. はじめに——「家族」の曖昧さ

「家族」とは何か、いずれの社会においても自分にとって誰と誰が「家族」なのかを明確に答えるのは容易ではなくなりつつある（Gubrium and Holstein 1997=1990）。例えば、「近しい血縁者」というのは家族の定義としてすぐに思いつくが、夫婦とその子という単位による家族において中心となる「夫婦」は血縁関係ではない。「夫婦と親子」という答えもあるだろうが、祖父母は？　姑は？　ペットは？　と考えれば、この定義も現実と一致していない。親密性／親密さ（intimacy）という言葉で表される、「愛し合う人」や「信頼し合う人」といった情緒的な面からの定義も、家族と見なされることがある人を全て包括することは難しい。

制度や行政の扱いという観点で見れば、家族と類似する単位として「戸籍」や「世帯」が用いられている。前者は、各個人の血縁や婚姻関係を国が把握するための制度であり、明治時代に制定された世界でも類を見ない日本独自の制度である（遠藤 2013）。だが、戸籍上の家族が必ずしも自分の家族と一致しない人も今は多い。一方「世帯」という言葉は大正時代に作られた概念である。原則として「同居」していることで同一世帯であると見なされ、我々が抱いている家族のイメージと近い。しかしながら、いわゆる二世帯住宅の場合で親子が別生計で暮らしていれば、そこで暮らす親子は別世帯として扱われるが、当人の感覚としては家族に違いないであろう。結局のところ、法律や行政の政策

では「標準的な家族」がイメージされ、私たち自身も家族といえばある特定の形（例えば、男女の夫婦に子どもが二人？）を思い浮かべる。しかし、「夫婦」という概念も今では多様化しつつある。2015年6月、合衆国最高裁判所は米国のすべての州での同性婚（same-sex marriage）を認める判決をだした。欧州諸国でも既に同性婚は合法化されているところが多い[2]。また、これらの国々では法に基づく婚姻関係によらず、「事実婚」（de fact marriage）関係によって夫婦や家族が成立している場合も多い。今や、家族をその構成員の性別や形式によって定義することは徐々に困難になりつつあるようにも見える。「私にとっては○○と○○が家族です」というように、個人の認識としてしか捉えようのない側面が、徐々に高まりつつあるのかもしれない。「家族」について考えるとき、その起点となる「結婚」やそれに付随する「離婚」も含め、時代や地域・文化によってその定義自体も変化しうる曖昧な概念であることを踏まえなければならない。

2. 家族の歴史的変遷と多様化

「自分は長女で男兄弟もいないので、長男の人とは結婚できない……」といった具合に、「イエ（家）を継ぐ」という感覚は未だに多かれ少なかれ人々の間に残っている。これは「イエ制度」に基づく「直系家族」という、かつての家族のあり方に由来している。この制度は、家族制度を定めそれを国家の基盤として構想した明治民法により規定された。従って戦前は家族のあり方が比較的明確であった。家族や結婚は、イエの永続的繁栄を目的としており、原則として長男がイエを継いでいくこととなる。結婚とは、妻が夫のイエに入ることであり、夫には「夫権」という権限が与えられていた。

イエ制度は、言うまでもなく男女不平等な家族のあり方であり、男女平等を求める機運が高まったこともあって、戦後の憲法改正時に廃止された。しかし、廃止されて相当の時間が経過しているにもかかわらず、我々はイエ制度の名残というべき感覚を未だに持っている。例えば、現在の日本の制度では、結婚に際して夫婦どちらの名字に揃えてもよいのだが、実際には殆どの夫婦が夫の姓を選択している。2014年のデータでは、夫の姓の選択率が96.1%であった（厚

生労働省 2014)。「嫁ぐ」とか「嫁に行く」といった言い回しも未だに使われており、女性にとって、結婚はイエを出ることを意味している。それゆえに、結婚式や披露宴では花嫁が両親に感謝の手紙を読むといった儀式が行われることが多い。女性の実家を訪れて両親に挨拶をする際に「娘さんをください」といった言い回しをする男性がいるのも、女性は結婚したら男性側のイエに入るという感覚からであろう[3]。

　戦後になり、新憲法（1946 年）が公布されると、「家族」の社会的な意味付けは大きく変化を遂げることとなる。新憲法では「婚姻は、両性の合意のみに基づいて成立し、夫婦が同等の権利を有することを基本として、相互の協力により、維持されなければならない」と定められており、建前上は男女平等な関係性が求められている。では、いわゆる高度経済成長期に、この憲法のもとで築かれた家族のあり方とはどのようなものであったのだろうか。落合恵美子は、その（後期）近代家族について、様々な研究を概観すると、①家内領域と公共領域との分離、②家族構成員相互の強い情緒的関係、③子ども中心主義、④男は公共領域・女は家内領域という性別分業、⑤家族の集団性の強化、⑥社交の衰退とプライバシーの成立、⑦非親族の排除、⑧核家族という八つの特徴に要約できるとしている（落合 1997）。憲法の定めるところとは裏腹に、戦後の日本において標準となった家族のあり方は、男女の役割がはっきりと分けられたものであった。産業構造が第一次産業から第二次産業中心に転換する中で、男性が「企業戦士」として働き、女性は家庭で夫を支え、子育てを担うという役割分担がもっとも合理的であると見なされたからである。社会的な活躍をする男性に対して、家内の役割を担う女性に対しても「良妻賢母」「家庭料理」などその存在意義を強調するような価値観やイメージが女性雑誌などで喧伝された[4]。

　我々が抱いている「家族とはこういうもの」「家族はこうあるべき」という漠然としたイメージや規範は、これら戦前・戦後の家族のあり方を未だに引きずっていることによる。しかし、イエを代々引き継がなければならないのはなぜか、なぜ性別役割分業が望ましいのか、など、改めてその理由を問われると答えに困る人が多いのではないだろうか。山田昌弘は、現代では「特定の家族形態維持の自己目的化」が生じていると指摘している（山田 2005）。本来、「家

族」は社会がある目標に向かっているときに、それを達成するための「手段」となるもののはずである。ところが、現代では「家族はこうあるべき」というモデルが、「何のため」なのか分からなくなっており、「目的」化しているということである。

　我々が引きずっている家族モデルが形成された戦後と現代では、社会のあり方が大きく変容している。産業構造は、製造業を中心とした第二次産業だけでなく、金融やサービス労働を中心とした第三次産業も重点が置かれるようになり、その結果、消費社会化が進展した。グローバル化が進んだことも相まって、人々が移動することが増え、都市化と過疎化が進んだ。少子高齢化という現象も、少なからず家族のあり方と関わってくるだろう。即ち、我々が抱いている家族モデルは、既に前時代のものになっており、家族のあり方の前提となる社会のあり方が大きく変化している。それにもかかわらず、我々が古い家族モデルを捨てきれないのは、良くも悪くも新しいモデルが形成されていないからであろう。各個人が自由に柔軟に家族のあり方を決められる状態と考えれば、好ましい状況と見ることもできる。我々が前時代の家族モデルから解放されるために必要なことは何か、家族のあり方が多様になりつつある中で生じている問題はどのようなことかを考えていくことにしよう。

3. 縮小化する家族⁉

　社会学では、近代社会に入り産業構造が変化するに伴い、家族の規模が徐々に縮小することを説明している。従来の伝統的な社会においては、親戚関係を伴う大家族はいわば社会そのものであった。一族が連帯し、農業などの第一次産業を協力して実施してきたのである。また、子育てや育児も、親戚との緩やかで規模の大きい家族の中で行われた。そして、こうした農業を中心とする産業構造においては、子どもも十分な労働力として期待されたことにより、子どもの数が多ければ多いほど、社会としての家族はより大きな労働力を得ることができた。近代に入り、製造業を中心とした第二次産業が社会の中心を徐々に占めるようになると、工場という「職場」で子どもを引率したり、あるいは就労させたりすることは困難でもあり危険なことでもある。そこで外で働く夫

と、家庭の維持と子育てに専念する妻というふうに、家族の中に性別役割分業がより強く現れることになった。いわゆる「夫は外、妻は内」である。また、製造業の多くが都市近郊に集中したため、農村から都市への人口の移動が活発になった。そのため、人口の集中した都市で、多くの家族は高い物価や居住空間の制限などの影響により、家族を縮小する傾向が生まれたのである。やがて20世紀に入り、多くの先進国では対人相手のサービス産業を中心とした第三次産業が社会の中心となった。第三次産業は（例えば看護師というのはまさしくその代表であるが）、就労に当たり高度な教育と技術の習得が要請される。そのため、子育てに対するコストが問題となる。こうした結果、1950年代、マードックは、当時の米国社会において家族の主流は今や最小単位にまで縮小したという報告を行った（Murdoc 2001=1965）。それが彼の名付けた、夫婦とその子を家族の単位とする「核家族」（nuclear family）である。

　日本の場合、戦前の「イエ」制度に基づく家族のあり方から、戦後の後期近代型の家族モデルへの変化で明確なことは、家族の「縮小」であった。同じイエに属する者は全員同居するのが通常であったのが、1960年代頃から、いわゆる核家族へと変化した。さらに、子どもの数が減少したことも家族の縮小につながった。落合恵美子によれば、近代の家族モデルには、子どもは2人というのが標準という感覚も含まれていた（落合 1997）。いつしか、夫婦と子どもが2人ぐらいというのが、家族の標準的な規模という感覚が定着したのである（大家族が珍しい存在になったからこそ、「〇〇さんちの大家族」といったテレビ番組が成立している）。後述するように、「未婚化」という言葉に表される結婚しない／できない人の増加、あるいは離婚率の上昇といった婚姻にまつわる状況も家族の縮小に繋がっている。

　家族の縮小傾向は現在も継続している。**図 3-1** を見ると、60年ほど前から、1世帯当たりの人数が減少し世帯数が増加するという傾向が一貫して続いていることが分かる。**図 3-2** では、平成2年から22年までの間に世帯の構成人数がどのように変化しているかを示している。3人以下の世帯は増加傾向にあり、4人以上の世帯は減少傾向にあることが明確に分かる。前述のように、「世帯」と「家族」が同義ではない点に留意する必要はあるが、近年では、もっとも多いのが「一人世帯」であり、一般に大家族と見なされるような人数の世帯はか

第 3 章 現代の家族

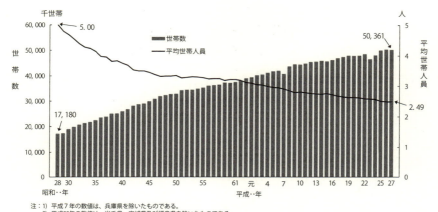

図 3-1　世帯数と平均世帯人員の年次推移（厚生労働省 2016）

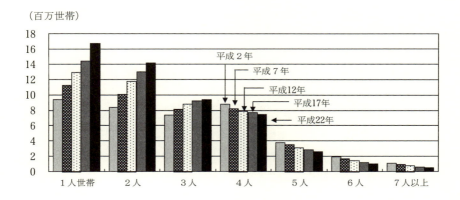

図 3-2　世帯人員別一般世帯数の推移（総務省 2011）

なり少ない。
　一人世帯、いわゆる「一人暮らし」をする人がかなり多いというのが現代の特徴と言える。では、どのような属性の人に一人暮らしが多いのだろうか。図 3-3 は性別、年代別に世帯のあり方を示している。一人暮らしと聞けば、学生

67

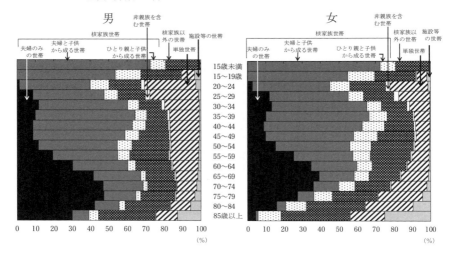

図 3-3　世帯の種類・世帯の家族類型、年齢（5歳階級）、男女別世帯人員の割合（総務省 2011）

の皆さんは若者の一人暮らしを思い浮かべるだろう。自分自身が、まさに一人暮らしだという人もいるはずだ。図 3-3 を見ると、「20 ～ 24 歳」は比較的一人暮らしの割合が高くなっている。一方、高齢者も一人暮らしの割合が他の年代よりも高い。特に女性の「75 ～ 79 歳」と「80 ～ 84 歳」では、およそ 4 分の 1 の人が一人暮らしとなっている。女性の方が一人暮らしの割合が高いのは、男性の方が年上の夫婦が多いことや男女の平均寿命の差により、配偶者に先立たれる割合が高いからであろう。

　では家族が縮小し一人暮らしが増加することは悪いことなのだろうか。実際、家族関係の「弱体化」「崩壊」「解体」といった表現を用いて、否定的に論じられることも多い。しかし、序章でも論じたように社会学とは何よりもそうした「常識」から距離をおいてみることから始まる学問である。まず重要なのは、家族の縮小や一人暮らしの増加という現象が、人々が望んでそうなったことなのかという点であろう。若者の一人暮らしの場合、本人の意思で選択した場合

が多いと考えられる。地方の出身者の場合、自分が希望することを学べる学校への進学、あるいは希望する職種に就くためには、実家を離れて一人暮らしをせざるを得なかったというケースも多いであろう。いずれにしても、交通網の発達や通信手段の進歩といった社会環境の変化が一人暮らしという選択を促したと考えられる。現代の若者の一人暮らしは、容易に実家に帰省ができ、SNSによって頻繁に両親と連絡を取り合うこともできる。それゆえに、一人暮らしの若者にとっては、同居はしていなくても実家の両親や祖父母、きょうだいなどは「家族」という認識がなされている場合が多いのではないだろうか。

　一方で高齢者の場合はどうであろうか。パットナム（Robert Putnam）による『孤独なボウリング』（Bowling Alone）というよく知られた本がある（Putnam 2006=2000）。この一見奇妙に見えるタイトルは、アメリカのボウリング場において、リーグボウリングを楽しむ人よりも一人でボウリングをする人が目立つようになっていることを表している。この本では、宗教行事やPTA活動、近所付き合いなど、アメリカにおいて様々な人間関係が希薄になりつつあることが指摘されている。日本の場合はどうだろうか。ゲームセンターやパチンコ店などで、一人で時間をつぶす高齢者を見かけることが多くなっている。時代とともに、高齢者の孤独感が社会問題として指摘されることも多くなっている。若者の場合は、一人暮らしであっても、学校や職場での繋がりがある。SNSなどを用いて別居する家族と繋がることもできる。SNSを用いれば、趣味を共有する人たちと新しい関係を築いていくことも可能だ。しかし高齢者の場合、退職後は職場での繋がりがなく、また、SNSを使いこなせる高齢者もあまりいないであろう。こうして考えてみると、高齢者の一人暮らしは、若者の場合と違い、社会から疎外された結果という面が否定できない。高齢者の「孤立死」がしばしば社会問題として取り上げられるようにもなっている。社会のあり方が変化をすれば、家族モデルも変容していくのは必然のことではあるが、高齢者がその変化から置き去りになることのないよう、国も我々個人も考える必要がある。

4. 多様化する家族とそのリスク

　前時代の家族モデルが弱まり、現代では、よく言えば自由に家族のあり方を決められるようになっている。だが、人々の価値観や一部の社会制度において、いまなお核家族を中心とする前時代のモデルが残存している。そのために、別の形の家族形態を選択しようとすると、様々な困難や不利益が生じることがある。ここからは、どのような家族形態が、どのような場合にリスクとなり得るのかを考えていくことにしよう。

　様々な状況でリスクとなってくるのは経済的な問題である。「格差社会」「格

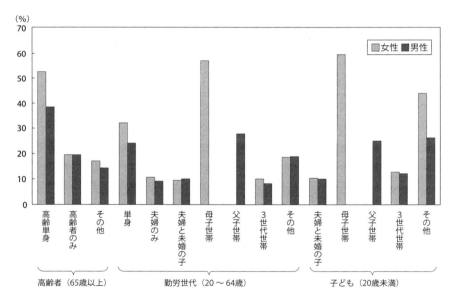

図 3-4　年代別・世帯類型別相対的貧困率（内閣府 2010）

差の拡大」といったことが問題視されるようになって久しいが、経済力の低さが、特定の家族のあり方において非常に困難な状況をもたらすことがある。

図 3-4 を見ると、高齢者においては、一人暮らしの場合に貧困率が高いことが分かる。家族に経済的な支援を求めにくい状況の人に貧困者が多いことになる。健康上の問題を生じたときに医療費が支払えるかといったことが問題になってくるであろうし、家族による介護が受けられないにもかかわらず、高齢者向け施設にも入れないという問題も生じうる。

一人暮らしの高齢者と並んで貧困率が高いのが母子世帯である。その原因として、前章のテーマであるジェンダーが大きく関わっている。未だ、女性は安定してよい収入を得られる職業に就けるようにということを重視して育てられることが少ない。結婚後は、主に家事を担うことになる場合が多いが、この家庭内労働は、いわゆるキャリアとは見なされない。従って、離婚し母子世帯となった場合には、資格やキャリアに乏しい状態のことが多く、そのために経済的自立が困難になっている。厚生労働省の統計によれば、平成23（2012）年母子世帯の平均就労収入は181万円であり、父子世帯の平均360万円の半分に過ぎない（厚生労働省 2012）。生活保護受給率（2013年）も14.4％で、全世帯平均の3.2％よりもはるかに高い。従って、女性の場合、離別により母子世帯や単身世帯となることはリスクを伴い、それゆえに配偶者に不満などがあっても離別を選択しにくいのが現状である。いわゆる「待機児童問題」により保育所に子どもを預けることができないといった場合も、就業が困難となり、経済的に困窮する可能性がある。介護が必要な親がいる場合も、施設や訪問介護の利用など、十分な支援がなければ同じような問題が生じる。保育施設や介護施設の不足といった社会政策の問題は、家族が縮小した現代においては、大きなリスクに直結しやすい。

母子世帯に限ったことではないが、インビジブル・ファミリーと呼ばれている、「同居はしていないが、比較的近いところに住んでいて支援し合う家族」がいることで、リスクをかなり低減させることができるとされている。要は、子どもを近所に住んでいる祖父母に預かってもらうといったことができるか否かで、特に女性の就業のしやすさがかなり違ってくるということである。近年

では、子育て世代を支援するために、定年後の親世代が子世代の近くに引っ越してインビジブル・ファミリーになるというケースも増加していると言われており、新しい家族のあり方のひとつとなっている。

5. 結婚の現在

　さて、これまで現代の家族について、その特徴と変容、そしてそれらが抱える問題について検討してきた。こうした「家族」を営むにあたりその重要なきっかけとなるのが、「結婚」（婚姻とも呼ばれる）である。社会学は家族を歴史的・社会的に構築された集合単位として見なすのと同様に、結婚についても、その意味や制度的なあり方が社会の変化にともないどのように変容したり、多様化したりしているのかを明らかにしようとする。

　従来、結婚とは現代日本における成人式のように、社会に属するものにとっての一種の通過儀礼であった。この観点から見れば、結婚とは友人関係のような個人的で私的な間柄を超えた、制度化され公認された儀礼である。結婚には、それぞれの文化にて、定められた手続きと参加者を伴う集団的な儀礼行為が存在する。近代に入ると、結婚は法律によってその条件と定義が定められる（離婚においても同様である）。社会学や人類学では、こうした社会制度としての結婚を、歴史的な視点と比較文化的な視点から明らかにしてきた。

　結婚について比較的どの社会でも広く共有されているという四つの原則を挙げてみよう（森岡・望月 2009: 44）。①結婚は社会的に承認され、そして男女の性関係が含まれている（しかし、いまや結婚における性関係はこれだけにはとどまらない）。②結婚は独自の社会的な制度である[5]。結婚したカップルは一種排他的な性関係を含み（だからこそ「不倫」が問題とみなされる）、独特の権利と義務が伴う。例えば日本の場合、結婚関係にある配偶者に対し、扶養者に対する税金の控除や、年金の支払の優遇が受けられる権利が生じる。その子に対しては（仮に離婚後であっても）養育の責任と義務が生じる。③継続性によって支えられている。すなわち、学校でのクラスや職場での同僚関係など、特定の目的に沿って組織され維持されるが目的が終了すれば解散するといったような集団ではなく、結婚し、その下で構成される家族はあくまでも恒久的な関係性を前提

とするということである。④最後に、結婚に基づき構築された関係は全人格的である。すなわち、ある利益達成のためだけに組織されるのではなく、夫婦は互いに相手の人格そのものに価値を見いだし、他をもって代えがたいというような関係であると見なされている。

　実は、結婚のための相手選び、すなわち配偶者の選択範囲というのは全くの自由とはいえない。個々の文化や社会において、結婚に際して選んではならない相手が規定されている。例えば「内婚―外婚原理」がある。内婚（endogamy）とは、自分たちの所属集団以外での配偶者の選択を禁止する、という規則である。外婚（exogamy）とは、この逆に、自分の所属する集団内の相手との結婚を禁止する規則である。外婚の原則の代表としては、近しい身内や親族との婚姻を禁じるというインセスト・タブー（incest taboo、近親婚禁止／近親相姦禁止原則）がある（森岡・望月 1997: 31-32; 園井 2008: 29-31）。内婚の原則は、結婚を通じてその集団の組織力と排他性を高めるために機能してきたとみることもできる。このタイプの配偶者選択は、世界史において、かつての王族や貴族などの社会的において排他的な地位にある集団や、特定の宗教集団にその例を見ることができた。外婚の原則、特にインセスト・タブーはいずれの文化にもほぼ共通して見受けられる。この原則は、自分たちと関係性の遠い人間との結婚を通じ、所属集団の社会関係とその規模をより拡大していくという機能を持つとされる。すなわち、親戚を増やして身内＝仲間の集団を拡大するという制度的な戦略でもあり続けたのである。時代とともに内婚原則は世界中で薄れつつあり、外婚原則は拡大しつつある。

　他にも、配偶者選択の規則は、「同類婚（homogamy）」と「異種婚（heterogamy）」という二つに類型化できる。前者は、配偶者に社会的文化的に同質の相手を選ぶ傾向であり、後者は異なる相手を選ぶ傾向である。同類婚と異種婚という二つの類型においても、かつては配偶者の性別においては異種婚であり、社会的・文化的属性（言語・教育歴・社会階層など）においては同類婚というのが一般的であった。また、異種婚のパターンとして、自身の出自家族よりも社会的にも経済的にも安定した出自や資産を持つ相手を選ぶという「地位上昇婚」（hypergamy）という形態もある（いわゆる「玉の輿」である）。しかし、性の多様化に伴う同姓婚や、グローバル化にともなう国際結婚などの増加により、

こうした原則も変化しつつある。結婚が、社会的制度としての公的な役割から、個人のライフスタイルの中の一つの選択肢としてますます私事化されるようになり、今では階層や文化集団を超えた「出会い」を介しての異種婚が馴染み深いように感じる。しかしながら、こうした私事化された結婚意識が、先ほど述べたような家族のリスク化に影響を及ぼしていることを理解する必要があるだろう。

　次に、配偶者選択の方法として「自由／恋愛結婚」と「協定結婚」という分類が挙げられる（園田 2008: 31-32）。自由結婚とは結婚する本人が配偶者を選ぶ方法であり、いわゆる「恋愛結婚」という呼び方の方が私たちにとってなじみ深いであろう。それに対し、協定結婚を代表するのが、いわゆる「お見合い結婚」である。それぞれの方法による配偶者の選択及び結婚のあり方については社会内の家族制度と階層構造との関わりに由来するとされる。例えば、結婚すると親元を離れ、新しい家族を作ることが前提とされた社会においては自由結婚が主流となるが、他方で一族、あるいは家そのものの継承と維持が新しい家族により強く求められるような場合、当人以上に親や親族などの意思決定により、自分たちの家族にふさわしい相手の「家柄」が優先される結果、協定結婚が主流となる。だから、身分等の階層構造が顕著な社会においては協定結婚が主流となる。日本家族史研究によれば、明治初期までは旧士族階級においては、結婚の相手は親同士の取り決めにより、媒酌人（仲人）を立てて行うものであり、恋愛結婚は許されなかった。人口の8割を占める農民の配偶者選択についても、ほぼ同様であったという。その後も、明治日本においてはこうした家の存続を前提とした配偶者選択が長く主流であった（関口他 2000）。先に論じたように、戦前の日本では、個々の家族が「イエ」制度により国家の維持と繁栄に責任を担うものと位置づけられていたからである。しかし、戦後の新憲法で結婚は二人の個人的な決定に基づき成立することが定められるようになった。

　やがて、日本では結婚の主流が協定結婚である「見合い結婚」から「恋愛結婚」へと変化してきた（**図3-5**参照）。近年の全国調査では、夫婦の出会いのきっかけとして「友人や兄弟姉妹の紹介」「職場や仕事場で」が、いずれも3割を占めている。次いで「学校で」というのが全体で1割強となり、これらで結婚につながる出会いのきっかけの実に7割を占めているという。他方で、見

合い結婚は全体の5％程度であった（国立社会保障・人口問題研究所 2012a: 13）。現代における見合い結婚と戦前の日本での家制度の下での見合い結婚には大きな差がある。現代の見合い結婚は、結婚にいたるまでに交際（婚前交際）をしたり、その過程で恋愛感情が芽生えたりすることも多く、結婚への最終的な判断も当事者である二人に主にゆだねられている。その点で、実際には恋愛結婚と余り変わらない側面がある（園田 2008: 32）。こうした日本の現在の結婚にいたる「出会い」の独自性について、ある米国の研究者が実施した日本の夫婦へのインタビューでは、夫婦の片方が「恋愛結婚だった」とこたえ、もう片方が「見合い結婚だった」と回答するといったように、夫婦の間でも結婚観に差が見られたという（筒井 2016: 66-67）。

　欧米社会では、協定結婚から恋愛結婚の変化を日本に先駆けて経験した（Luhmann 2005=1992）。今やアジア社会の多くで現在進行形の出来事である。かつての伝統社会では、家族を支えることは社会的な責任であった。子孫を残し、家族を拡大する結婚においては、それにふさわしい相手選びが重要であり、家族という集団にふさわしい相手を選ぶという意味で協定結婚は合理的な選択

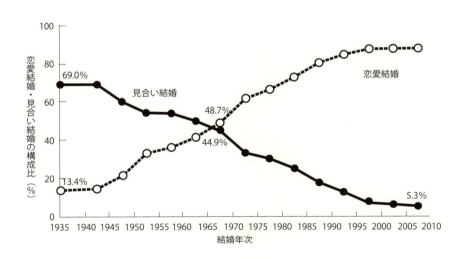

図 3-5　恋愛結婚・見合い結婚構成の推移（国立社会問題・人口保障研究所 2012a）

であった。例えば日本の「イエ」制度が存続していた当時協定結婚が主流だったのはそうした理由による。あるいは、階級制度の強い社会では「家柄」などによって同一の社会階層（身分）に属する家族の間での結婚が主流であったが、これも所属集団の維持という点での協定結婚であろう。近代に入り、個々人は医療・教育・行政などの家族以外の社会の様々な専門集団や組織に自分の生活を委ねるようになる。すると結婚の目的は家の存続である必要が徐々に失われてくる。そこで結婚は私事化され、「恋愛結婚」が結婚の多くを占めるようになる。しかし、結婚の私事化が、ある意味では未婚化（と晩婚化）を促進もするのである。

6. 未婚化——古い結婚観と新しい結婚観の間での葛藤

　結婚の私事化は、当然ながら結婚の方法や相手への選択可能性を増大させる。当然ながら、理想の相手が現れるまでは結婚に踏み切らない、あるいは自分の望むライフスタイルと一致しない場合、結婚し家族を持つことをためらう。未婚化や晩婚化を巡る議論の多くで、若者の結婚に対する意識がこのように大きく変化したと言われているが、実際にはそうなのだろうか。実は、今日の未婚化には、社会の状況が大きく変化する中で結婚相手を選ぼうとする際、「従来の意識」と「新しい意識」との間の葛藤が見られるのである。そのことを説明していこう。

　2014（平成26）年の、日本における結婚数はおよそ64万組であった（**図 3-6** 参照）。そのうち、初婚の割合は全体の約8割を占める。しかしながら、1970年代前半には年間およそ100万組が結婚しており、少子化や未婚化・晩婚化により結婚数は減少の傾向にある。いまや、男性の2割、女性の1割が生涯独身であるという試算も出ている。

　未婚化や晩婚化の背景について、社会学はその理由を以下のように説明する。まず、未婚化・晩婚化の背景には単に「結婚をしたくない」人が著しく増加したわけではない。今日の結婚は親密な間柄を強く求める「恋愛」と分かちがたく結びついている。そして、家庭内性別役割分業への不満や家族構成の多様性、現代社会における「個人化」の進展に伴い、自分自身の生き方、あるいは自分

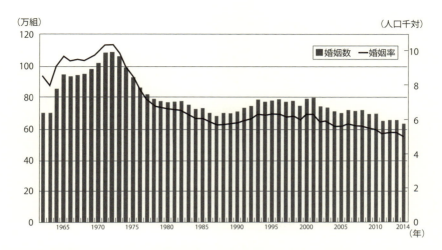

図 3-6　婚姻数と婚姻率（厚生労働省 2015）※ 2013 年までは確定数、2014 年は概数

と親密な人たち（家族や恋人やパートナーなど）との生き方についても、できる限り「自分らしくありたい」と望むのがごくごく自然な意識となっている。こうした「私らしさ」や「自分たちの理想の」という、結婚相手や家族への「純粋な関係性」（Giddens 1995=1992）への希求は、従来の伝統的・規範的な結婚や家族につながるような行動を抑制する。しかし、こうした「純粋な関係性」への高い志向が、結婚し家族を持つことを拒否する意識を助長するわけではない。むしろその逆なのである[6]。

　2014 年に実施された未婚者を対象とした全国調査では、回答者の 9 割以上が、いずれ結婚しようと回答している（国立社会保障・人口問題研究所 2014a）。結婚相手を自分の性格や価値観ができる相手に求めるという回答はその多数を占めている。ところが、最高の相手を選ぼうとしているのは自分ばかりではなく、だれもが互いに相手を選び合っている。お互いが「最高の相手」として選び合うことの困難さも引き受けなければならなくなる。未婚化の第一の理由として、新しい結婚意識が一般化し、そして未婚化が高まる。それと同時に、男女それぞれが、従来の結婚観を根強く残していることもまた事実である。先の報

告書では「結婚をしない」と回答した人の理由と、「結婚ができない」と回答した人の理由が別個に挙げられている。そこから見えてくるのは、「自分の価値観やライフスタイルを共有できる」というようなものだけではなく、あいかわらず既存の性別分業役割に基づく期待感が伺える。しかし、社会の変化により、とりわけ過去20年間の日本社会における大きな変化は、例えば雇用情勢や就労環境の変化にともない、従来の専業主婦ベースの核家族を維持することが以前よりも難しくなるなどし、男女いずれにおいても従来の結婚観に見合った相手を求めることが困難になっている。これが未婚化を促進する第二の理由である。内閣府が20代・30代を対象に実施した調査では、「結婚できていない理由」として男女とも「適当な相手にめぐり合わないから」と答えた人が最も多く（男性55.0%、女性58.2%）、次いで、「結婚後の生活資金が足りないと思うから」「結婚資金が足りないから」を選んだ人が多かった。特に、男性が経済的な理由を挙げることが多かったという点も指摘されている。また、「結婚していない理由」としては、「自由や気楽さを失いたくないから」が男女とも多かった。女性では、「必要性を感じないから」「仕事（学業）にうちこみたいから」と答えた人が男性よりも多かった（内閣府 2010[7]）。

　山田昌弘は若者の結婚を取り巻く社会環境の変化を指摘しながらも、お互いの選考には従来の伝統的なジェンダー意識が反映されていることを指摘した（山田 1996: 55）。今も昔も実は男女がお互いに求める結婚の条件は変化していない側面もあるのである。男性は女性に対して自分よりも学歴、職業ランク、年齢が「低い」女性を選ぶ傾向がある一方で、女性は男性に対して（自分の父よりも）学歴、職業ランク、そして年齢が「高い」男性を選ぶ傾向がある、というのは今も顕在であるといえよう[8]。むしろ、最新の調査ではこうした傾向が再び高まってきていることが報告された（国立社会保障・人口問題研究所 2012b）。

　だが、この20年で社会は変化した。社会の流動性と変化が著しい現代社会では、自分らしい生き方あるいは自己実現への希求と自己責任が個々人に強くのしかかるようになった。それでいながらも、現代社会に残る従来の結婚意識は、同じく安定した家庭生活を期待し、男女いずれにも家庭内性別分業を支持する気持ちが残り続けている。社会の流動性への危惧が、むしろそうしたかつての安定した結婚観を復活させた一面もある。このように、現実の社会のあり

方と結婚相手に求める意識のズレが、男性の経済面の懸念(収入のない男性は相手としてふさわしくない?)、女性の自由を失う懸念(結婚は自分の自由な生き方を限定してしまう?)という点で結婚を躊躇させる要因になっている。更に、男女それぞれの中でも、学歴、階層、所得などによりこれらの意識の違いが見える(図3-7参照)。この点から見ると、未婚化は、社会の変化に伴い若者の意識が変化したからだけでなく、社会の変化に対するセフティー・ガードとしての家族を、従来の伝統的な家族観に求めるという、複雑な状況によって生じているである。

1990年代以降、結婚にあたり経済的な憂慮をもたらすような雇用の不安定化(労働市場の縮小・雇用形態の変化・雇用の流動化)が生じた。未婚者の生活

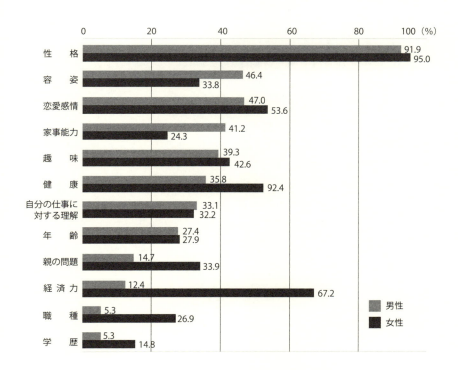

図3-7　結婚相手に求めること(厚生労働省2015、内閣府調べ)

状況が社会の停滞に伴い不安定化・流動化した。また「恋愛結婚」がよりスタンダードになることによって、結婚を希望するものは、自分にとって最も「純粋な関係性」を実現できる結婚相手を自ら積極的に探す必要が生じた。今や結婚とは、「見合い結婚」にせよ「恋愛結婚」にせよ、何らかの自助努力による交際期間を経て実施する。だが、お互いの相性や価値観を確かめ合う行為は決して容易ではない。2010年度の全国調査では、18歳から34歳のうち男性の61.4%、女性の49.5%が「交際している異性はいない」と回答しており、この傾向は増加している（厚生労働省 2015）。近年すっかり用語としても定着した「婚活」、あるいは関連イベントの増加は、こうした未婚化を抑制するのだろうか。これに対し山田の回答はやや慎重だ（内閣府 2010）。婚活は「出会い」の可能性を広げてくれるが、婚活に対し参加者は能動的・積極的であらねばならない。婚活は一見すると従来の「お見合い」のように見えるが、どの婚活イベントに参加するのか、そして会場の誰が自分にとって相性の良い相手なのか、それは全て自分自身の自発的な行動にゆだねられているのである。

　こうした点をまとめるならば、男女いずれにおいてもいわゆる結婚願望は決して低下したとは言えない。そのため、こうした「結婚への意識の薄れ」を、現代日本における未婚化の最たる原因だと見なすことはできない。さらに、若者の結婚に対する私事化のみが未婚化を進行させているとも言えない。未婚化を進めている要因は、結婚を考える人たちの大半が、「新しい結婚観」と「従来の結婚観」との狭間で悩んでしまうという点にある。以下の**表3-1**を見てみよう。ここでは「協定結婚」と「恋愛結婚」のそれぞれの特徴をいくつか掲示したが、この表を見たときに、多くの人は結婚に際し、「協定結婚」タイプか、それとも「恋愛結婚」タイプのいずれか一方を選ぶことに困難を覚えるのではないか。自由な恋愛によって相手を選びたいという気持ちが前提であるが、共に家族を築くにあたり相手の経済力は十分であってほしいという気持ちがある。しかし、今日の個人化社会では、私たちは学校、仕事、恋愛、家族、自分自身の生き方など、自分のことは自分で「選択」することが、あらゆる領域において通常のあり方となっている。

表 3-1　協定結婚と恋愛結婚の一般的な特徴

	協定結婚	恋愛結婚
出会いの方法	紹介や仲介による	自身の行動の結果による
関係性の継続性	比較的安定（我慢する）	常にモニタリング（確認）が必要
相手の経済力	重視される	重視されない場合もある
価値観の共有	それほど重要ではない	かなり重要
家族形態	親や身内を踏襲する	独自のあり方を模索できる
親の支援／干渉	強くなることが多い	自立することも可能

著者作成

7. 離婚、そしてその後の共同養育

　夫婦関係が何らかの理由により維持し得ないと判断した後、人は離婚に踏み切ることになる。2015（平成 27）年の人口動態統計によれば 22 万 5,000 件の離婚が報告された（人口 1,000 人に対する人口比で換算した離婚率は 1.80）。その理由について、**図 3-8** を参照してほしい。

　この離婚の理由は、平成 27（2015）年度に全国の家庭裁判所に申し立てられた離婚を基にしている。妻からの申し立てが 4 万 7,908 件、夫からの申し立てが 1 万 7,776 件であった。性格の不一致が妻と夫を問わず離婚の大きな理由として挙げられている。相手の経済力や家柄などといった伝統的な基準以上に、恋愛結婚に見られるような相手との性格や価値観の共有を求める傾向が一層高まっているからであろう。妻からの申し立てによる離婚理由に、「異性関係」「暴力を振るう」「精神的に虐待する」「生活費を渡さない」などの理由が顕著に見られる。一方で性格の不一致を挙げ、他方で経済的な問題を挙げる。先ほど確認した結婚に対して相手に求めるものと一致していることに気がついただろうか。結婚後、「性格の不一致」や「他人との浮気」は夫婦の「純粋な関係性」を脅かす重大な問題となる。他方で、相手との性別分業役割に基づく安定した家庭を築きたいという意識はまだまだ根強く、これらが離婚の際に問題となることも未だに多い。

　そしてなにより、女性の離婚理由の多くに相手からの肉体的精神的暴力が決

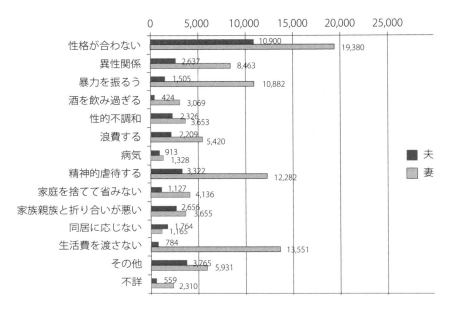

図 3-8　主な離婚理由（申立人別、3 つまで回答、裁判所 2016）

して少なくはないところを見れば、女性に対する家庭内の抑圧は、まだまだ過去のものになったとは言いがたい。家庭内暴力（domestic violence、DV）の問題は、かつては「民事不介入」の原則により私的な争いと見なされ、警察や司法の公的な介入が得られなかった。しかしながら、近年ではこうした私的領域での暴力に対する問題意識が社会でも広く共有されるようになり、DV 法や DV シェルターなどの制度化が進められてきた。いまや DV の定義は単に肉体的な暴力にのみとどまらず、精神的な暴力もそれに含まれる。2015（平成 26）年における DV 被害の報告件数は 6 万 3,141 件であり、女性の被害者が 88%、男性の被害者が 12% であった（警視庁 2016）。男性に対する DV も近年は増加傾向にある。異性間ではなく、同性間でも DV は起きている。DV は「伝統的な家庭内性別分業」や、あるいは「女性だけ」の問題ではない多様な家族構成や、多元的なセクシュアリティの下に営まれるカップルや夫婦、そして家族のいずれにとっても脅威となり得る問題として認識する必要があるだろう。

そして子どもにとって、親の別居等による影響は計り知れない。離婚後に子どもは母親に引き取られる、というのは今も社会的な「通念」となっている。民法には、離婚後は父母の一方を「親権者」（子の監護・教育・財産管理等に携わる人間をさす）と定めるとあり、これを「単独親権」と呼ぶ。他方、親権を得ることができなかった親にも、子との面会交流（子どもと定期的に会ったり生活を共にしたりすること）が保証されると同時に、子どもへの養育費の支払いが課せられることになるが、実態として子どもと別居親との面会交流がうまくいかなかったり、あるいは養育費の支払いが滞るなどの問題が今では広く認識されるようになりつつある。

　平成23（2011）年に改正された民法に「子の福祉」「子の利益」といった言葉が用いられるようになった。離婚後の別居家族における子育ては、離れて暮らす親子の関係のあり方や、ひとり親の経済的不安定にともなう家族間の格差問題などを考えると、ますます重要な問題となりつつある。今日の家族意識の変化に、こうした法的な制度が十分に追いついていないような事態も多々起きている。近年、離婚後の両親による子どもの共同養育や離婚後の面会交流に関して、別居親と同居親との紛争（家庭裁判所への調停の申し立て）が増加している。2015年6月に公表された、最高裁判所長官のあいさつ文においても、「子の奪い合いを背景とする親権者変更事件や面会交流事件が増加するなど解決困難な事件の増加をもたらしています」として、離婚後の両親による共同養育についての紛争が増加しており、裁判所としてもこれを看過できないという認識を持っていることが伝えられた（裁判所 2015）。政府も、現在の制度では別居している親との子どもの面会交流がうまくいかないことや、あるいはその反対側に養育費の支払いが滞った場合などに速やかにその問題解決に結びつきにくい現状を認めている（厚生労働省 2016: 11）。こうした議論を背景とし、離婚後も共同で養育をすることを法律によって明確に定め、別居しながらも子どもの養育に双方が責任を果たすことを「共同親権」の法制度化によってすべきであるとし、様々な活動が全国的に実施されるようになった。欧米などの先進諸国では、日本よりも早い段階で同様の問題に直面し、離婚後の共同親権制度が個別具体的に法制度化されているところが多い。この動きについては、今後も注目していく必要がある。

離婚後の親子関係のあり方とその後の共同養育を巡って昨今交わされることの多い議論には、何よりもまず、私たちのジェンダー観の変化に伴い、性別役割にとらわれない子どもの育児や養育への参加意識の高まりがある。そして、家庭内暴力に対する問題意識の高まりのように、家庭内でも親子共々にそれぞれが一人一人の人間として幸福な生活を営む権利を有するという、いわば家族個人への人権意識の高まりを指摘できる。特に子どもは両親の問題に直面した際その影響を強く受ける立場にいるのであり、離婚後の子どもへのそうしたリスクを最小限にするための「良い離婚」(good divorce)(Ahrons 1995)が、民間団体や行政主導のもとで模索されつつある。このように、結婚や離婚(そして離婚後の親子のあり方)や、セクシュアリティ、性別分業役割への意識を徐々に変容させながら(そして幾分かはこれまでの家族観をしっかりと抱えたまま)現代日本にも多様な家族が生じ始めているのかもしれない。

8. 結論——家族から見るこれからの社会

伝統的な社会において、家族とはその構成員に多機能的な役割を果たすものであった。例えば、家族のための食料や家屋を生産する役割、子どもへの教育を施す役割、親族の中でそれぞれが役割を持って集団の調和がはかれるような取り決めを定める政治的な役割、子どもや高齢者のケアをになう役割、等々。しかし、近代社会の到来によって、家族の多様な役割は徐々に社会的な機能として独立したものとなり、食品や生活必需品のための生産労働、義務教育などの教育制度、家族を規定したり支援したりする法律や行政の制度、医療や福祉サービスによる家族構成員のケアの外部化などにより、近代の家族はそうした社会の中の様々な専門組織と連携しながらも、家族構成員のためにその役割を特化させていくようになった。また、私たち自身にとっても、結婚や家族の意味はより私的なものとして捉えられるようになり、その結果セクシュアリティや家族構成のあり方がますます多元的なものとなりつつある。冒頭で挙げたように、結婚／家族とは何かという問いに対し、「私にとっての」結婚／家族という回答でなければそれに答えることができなくなってきている。

しかしながら、家族とは心理的な側面ではなく、経済や教育などの他の社会

第 3 章 現代の家族

的な側面でもお互いを支え合うための社会集団として機能し続けている。私たちはこうした従来の家族観を決して失いつつあるのではなく、むしろ現代日本の社会の流動化とともにこうした意識は再燃しつつある。

　また、子どもの視点から見れば、家族とは常に社会での第一のセフティー・ネットであり続ける。家族の多元化と変容に伴い、それぞれの個別の家族に親子はどのように関わっていけるのか、政策や制度がどのようにそれを支援できるかが、今日ますます問われつつある。家族における親子（とその他構成員）との親密な関係性を維持しながら、そこで起きうる様々な問題に対し、家族の外部にそれを支える具体的な実行力を持った支援体制が私たちの社会にどのように普及していくのか、私たちは自分にとっての家族とは何かを求めつつ、この社会の様々な家族へ、開かれたまなざしを保つ必要があるのではないだろうか。

注
Notes

1 ）家族を表すのに「戸籍」と「世帯」が区別されて用いられるようになった背景には、大正時代の日本では都市化が進み、地方農村の多くの若者が就労や勉学のために単身で都会に移住し、戸籍上の家族構成員の別居が増加したという理由による。
2 ）日本では同性婚は未だ法的には認められていない。しかし前章でも述べたように、東京都渋谷区と世田谷区では、2015 年から、区が独自に同性カップルを結婚に相当すると認める証明書を発行している。この証明書により、同性カップルは結婚した夫婦や家族と同等の行政サービス等が受けられる。
3 ）国立社会保障・人口問題研究所による若者の結婚意識についての全国調査によれば、こうした意識は地方においては現在も一定度残っているという（国立社会保障・人口問題研究所 2012）。
4 ）こうした「理想の主婦」としてのイメージは、明治時代に当時の欧米の家族モデルを参照する形で構築されたものであり、日本の「伝統的」な家族観ではないことが家族史研究において明らかになっている（小山 1991）。
5 ）ただし、各国の文化や歴史的な変化にともない、「結婚」という形式の定義や、夫

婦のパターンについては、世界では実に様々な多様性があることを指摘しておこう。例えば、一夫一妻制（monogamy）や、一夫多妻制（polygamy, 一妻多夫の場合もある）などの、配偶者との関係性が規定されている。結婚という関係性については、つねに当事者の関係性を超えた社会的な制度として何らかの定義づけがなされている、と理解することが重要である。

6）1980年代においては、社会の多様性や個人的な価値観の発露としての「シングル」というイメージが、マスメディアを介して社会に定着していた（山田 1996: 6-7）。とりわけ女性において、自立した自己という肯定的なイメージが定着していた。90年代に入り、独身者には社会の不安を反映した「取り残された」感覚が増大し、その状況に否定的な印象が与えられるようになった。独身であることは、80年代の「結婚しない」から90年代の「結婚できない」という意味へ変化したのである。

7）この調査結果では、「結婚できない」という回答において男性が女性を大きく上回る一方、「結婚をしていない」という回答は女性が男性を上回っている（内閣府 2012）。やはり、女性の方が男性以上に性別役割分担に不満を持っていることが考えられる。現在、家庭内家事労働はその多くを女性が担わなければならない状況が続いている。よって、男性よりも女性の方が、結婚と家族に対する「新しい意識」と「従来の意識」の狭間で悩むことが多いのではないだろうか。

8）さらに、「協定結婚」が「恋愛結婚」へ移行したと断定するには留保が必要かもしれない。筒井は、日本においては結婚相手の決定において親の干渉が未だに強く影響している側面があることにふれ、「（親が全て決めた）協定結婚」と「（当人たちが全て決めた）恋愛結婚」との間に、「出会いは当人たちが自発的に経験したが、親の合意が必要」な場合と、「出会いは親がセッティングするが、決めるのは当人たち」という、協定結婚と恋愛結婚の中間的な結婚が多く存在することを指摘している（筒井 2016:72）。

9）この「経済力」格差は、男性の十分な経済力が達成しにくい社会的な状況にある、と言う点で用いられているが、男性よりも所得や社会的地位の高い女性が結婚相手として敬遠されるという従来の意識も影響している。ここで考えるべきことは、性別にかかわらず安定した雇用を供給するのみならず、仕事と家庭家事育児を柔軟に分担できるような家族のあり方を両性が持つことだろう（もちろんそれは両性だけではない）。

参考文献
References

Ahrons, Constance R., 1995, *The good divorce: keeping your family together when your marriage comes apart.* New York: Harper Perennial.

遠藤正敬, 2013,『戸籍と国籍の近現代史 ——民族・血統・日本人』明石書店.

Giddens, Anthony, 1992, *The Transformation of intimacy: sexuality, love and eroticism in modern societies.* Cambridge: Polity Press.（= 1995, 松尾精文・松川昭子訳『親密性の変容——近代社会におけるセクシュアリティ，愛情，エロティシズム』而立書房.）

Gubrium, J. F. and Holstein, J. A., 1990, *What is family?,* Houston TX: Mayfield Pub. Co.（= 1997, 中河伸俊他訳『家族とは何か その言説と現実』新曜社.）

警視庁, 2016,『平成27年におけるストーカー事案及び配偶者からの暴力事案等の対応状況について』警視庁.

国立社会保障・人口問題研究所, 2012a,『平成22年 第14回出生動向基本調査（結婚と出産に関する全国調査）第Ⅰ報告書』国立社会保障・人口問題研究所.

————, 2012b,『平成22年 第14回出生動向基本調査（結婚と出産に関する全国調査）第Ⅱ報告書』国立社会保障・人口問題研究所.

厚生労働省, 2016,『離婚前の子どもの養育に関する取り決めを促すための効果的な取組に関する調査研究事業報告書』厚生労働省.

————, 2015,『平成27年度厚生労働白書——人口減少社会を考える』厚生労働省.

————, 2014,『人口動態統計（平成26年度）』厚生労働省.

————, 2012,『平成23年度全国母子世帯等調査結果報告』厚生労働省.

小山静子, 1991,『良妻賢母という規範』勁草書房.

Luhmann, Niklas, 1982, *Liebe als Passion: zur Codierung von Intimität.* Berlin: Suhrkamp.（= 2005, 佐藤勉・村中知子訳,『情熱としての愛：親密さのコード化』木鐸社.）

森岡清美・望月崇, 1997,『新しい家族社会学(四訂版)』培風館.

Murdock, G. P., 1965, *Social structure,* New York: Free Press.（= 2001, 内藤莞爾訳,『社会構造——核家族の社会人類学』新泉社.）

内閣府政府統括官（共生社会政策担当）, 2010,『平成22年度「結婚・家族と生活に関する意識調査」報告書（全体版）』内閣府.

落合恵美子, 1997,『21世紀家族へ 新版』有斐閣.

Putnam, Robert D. 2000, *Bowling alone: the collapse and revival of american community*, New York: Simon & Schuster（= 2006，柴内康文訳『孤独なボウリング——米国コミュニティの崩壊と再生』柏書房.）

裁判所, 2016,『司法統計（家事 平成27年度）』裁判所.

関口裕子・服藤早苗・長島淳子・早川紀代・浅野富美枝, 2000,『家族と結婚の歴史』森話社.

園井ゆり, 2008,「第3章 配偶者選択と結婚」木下謙治・保坂恵美子・園井ゆり編『家族社会学——基礎と応用』九州大学出版会, 30-45.

筒井淳也, 2016,『結婚と家族のこれから 共働き社会の限界』光文社.

山田昌弘, 2005,『迷走する家族——戦後家族モデルの形成と解体』有斐閣.

―――, 1996,『結婚の社会学 未婚化・晩婚化はつづくのか』丸善出版.

ディスカッションテーマ
Exercises

1.「ALWAYS 三丁目の夕日」（山崎貴監督, 2005年）など、戦前や戦後の時代を舞台にした映画やドラマで知っているものを挙げ、その作品のなかで家族はどのように描かれているかを、現在の家族とどう違うのか、その理由も含めてグループで話し合ってみよう。
2. 看護や介護の現場において、患者や入所者を見舞ったり付き添ったりする家族構成員のセクシャリティや親子関係の多様性に対し、現場の看護師はどのような配慮をすることが可能だろうか。グループで話し合ってみよう。

読書案内
Reading guide

（それぞれ一点）
1. 山田昌弘, 2001,『家族というリスク』勁草書房.
　リスクという観点から、現代の家族が抱える問題を多角的に考察しており、本章で学んだ内容をさらに深めることができる。
2. Ahrons, Constance R., 2004, *We're still family: what grown children have to say*

about their parents' divorce. New York: Harper Collins.（＝寺西のぶ子監訳, 2006,『離婚は家族を壊すか――20 年後の子どもたちの証言』バベル・プレス.）

　離婚の背景はそれぞれに異なり、離婚後の家族の歩む人生もまたそれぞれが異なる。離婚家庭において、自身を幸福に感じることのできる子どもと、そうではない子どもがいるのはなぜか。当時の子どもたちへの聞き取りを通し、そうした疑問にこたえようとする一冊。

国際結婚の増加と家族の多様化

　2016年現在、テレビでは世界の各地に住む日本人を訪問したりするような番組が人気を博しているようである。この番組の他にも、海外を特集する番組の多くで現地に永住する日本人が取り上げられたりする。その多くは、現地配偶者を持つ日本人、いわゆる「国際結婚」をしている場合が多い（さらに、そこで取り上げられるのは多くの場合日本人女性である）。国際結婚への関心について、未婚者を対象に実施した調査によれば、「外国人でも構わない」と回答した人は全体の36.2％であった。女性は46.3％で、男性は28.4％であり、女性の方が男性よりも外国人との結婚に意欲を示していることがうかがえる（国立社会保障・人口問題研究所 2010）。

　2014（平成26）年に日本国内で結婚届を出した人のうちで、配偶者が外国籍の結婚届出数は2万1,130件であった。同年の結婚届の総数は64万3,749件であったから、全体のおよそ3.3％が国際結婚であったことになる（厚生労働省 2015）。100組に3組は国際結婚、それが現在の日本の状況である。近年、グローバリゼーションに伴う人の移動がますます活発になり、結婚に繋がるような「出会い」の範囲は（その出会い方は様々であったとしても）、今や国境を超えることも珍しいことではなくなりつつある。ちなみに、2014年度の国際結婚の届出を見ると、配偶者の出身国には男女差があることに気がつく。ちなみに、国際結婚届出数について、日本国籍の男性と外国籍の女性の届け出が1万4,998件、日本国籍女性と外国籍の男性の届け出が6,132件であった。国際結婚により強い関心を示すのは男性よりも女性であるというが、実際の件数としては、圧倒的に男性が外国の女性と結婚する、というのが日本における国際結婚の実情である。ちなみに、筆者の過去の調査によれば国際結婚をする日本人男性は結婚後も日本に住み続け、他方女性は相手国に移住する場合が多い。これら、男女における国際結婚の内訳が異なる理由については、本章で論じた日本人の結婚観や家族観、さらに配偶者である相手の持つ文化的背景、グローバリゼーションに伴う様々な方法での「出会い」、これまた色々と考察の余地がありそうだ。

　こうした状況は今後も続いていくだろうから、日本の家族の多様化は、家族の多国籍化・多文化化の側面からも今後ますます進行していくだろう。これからの日本では患者や入所者が、または付き添いや看病をするその家族が、日本の病院

や介護施設の運営方法を十分に熟知できていなかったり、看護・介護方針について、看護師や介護職そして医師と専門的な用語を用いたコミュニケーションを行うことに戸惑うようなこともますます増えるだろう。筆者も海外での通院経験があるが、なれない外国語で看護師や医師とやり取りすることは本当に大変だったことを今でもよく覚えている。日本の医療や福祉の現場は、患者や利用者（とその家族）について、グローバリゼーションに伴う日本の家族の多様化に向き合っていく必要があるだろう。

（濱野 健）

第4章

ソーシャルワーカーと相談援助

社会福祉の専門職とは

舟木 紳介

●**本章のねらい**●

　社会福祉の専門職であるソーシャルワーカーの現代社会における役割や社会的なニーズについて理解する。ソーシャルワークの源流は、19世紀後半に資本主義社会が発展したイギリスであり、その後、アメリカを中心としてその専門的な技術や方法論を発展させていった。日本においても、第二次大戦後に憲法において社会福祉の権利が保障されるとともに、医療、高齢者福祉、地域福祉の各分野においてソーシャルワーカーが導入されてきた。1987年に「社会福祉士」が国家資格化され、社会的認知度の向上や各福祉機関での設置増加が期待された。近年は高齢者の地域包括ケアにおいて、社会福祉士が「相談援助」の専門職として期待され、看護師、ケアマネージャーとの連携を前提として地域包括支援センターに必置された。しかし、社会福祉士の専門職としての理念や業務についての理解は一般社会において不十分なままである。本章ではソーシャルワーカーのめざす理念や専門職としての方向性について理解しよう。

 相談援助、社会福祉士、慈善組織協会、セツルメント運動、地域包括ケア

　近年、地域に暮らす高齢者の生活を支えるしくみとして、地域包括ケアが注目されている。その現場で重要なのが、看護、介護、社会福祉の専門職のチームとしての連携だといわれている。しかし、看護や介護を学ぶ学生にとって、社会福祉の専門家といわれる社会福祉士や精神保健福祉士が地域の医療や福祉の現場でどのような役割を持ち、何を専門とする職種なのか、具体的なイメージが浮かびにくいのではないだろうか。日本に国家資格として社会福祉士ができて約30年が経つが、実際の現場ではソーシャルワーカー、ケースワーカー、相談員、相談支援専門員など、多様な名称で呼ばれている。高齢者福祉分野、障害者福祉分野から刑務所などの司法福祉分野まで、領域の幅も広がりつつあり、同じ専門的バックグラウンドを持っていることも見えにくい。服装をみても、白衣の医療ソーシャルワーカーから、ジャージ姿の生活支援員まで幅広い。一方、法律では、「社会福祉士は相談援助を行う専門職である」と明記されており、専門職団体の日本社会福祉士会も相談のプロとして認知度を高めようとしてきた。しかし、社会福祉を教える大学の講義や実際の福祉の現場では、ソーシャルワーカーは「なんでも屋である」と教えられたりもする。

　筆者はソーシャルワーカーを養成する大学でソーシャルワーク論という科目を担当している。この科目は、社会福祉士国家試験の受験資格を得るためには必須の科目で、厚生労働省の指定科目名は、「相談援助の基盤と専門職」である。同じ国家資格である看護師や介護福祉士と比較すると、専門職としての認知度は低く、特に福祉業界関係者でもないかぎり、何を教えているのかをこの科目名だけで説明することは難しいだろう。

第4章　ソーシャルワーカーと相談援助

　本章では、社会福祉の専門職であるソーシャルワーカーの地域における役割や社会的ニーズについて、「相談援助」という視点から論じる。ソーシャルワーカーの実践理念や目的について理解するためにイギリスやアメリカにおけるソーシャルワークの源流の歴史を辿るとともに、日本におけるソーシャルワーカーである社会福祉士資格の現状について考えてみたい。特に、近年の高齢者の地域包括ケアをめぐる言説を事例として、論じたい。

1. ソーシャルワーカーのイメージ

　看護や介護を学ぶ学生は、ソーシャルワーカーという仕事に対してどのようなイメージを持っているだろうか。最近まで高校に通っていた人にとっては、小中学校にいたスクールソーシャルワーカーという名前を聞いたことがあるかもしれない。しかし、1995年から国が導入したスクールカウンセラーに比べ、2008年から小中学校で配置が始まったスクールソーシャルワーカーは認知度が低い。ようやく2010年度からはスクールソーシャルワーカーを必要な全ての学校に配置できる予算があてられたが、これまでも福祉関係の資格を持たない教員OBなどが多く配置されたり、非常勤で待遇が低いなど、人材不足が続いている。
　このようにソーシャルワーカーの認知度が低い状況を打開するために、2009年から7月の海の日を「ソーシャルワーカーデー」と設定し、「社会福祉専門職であるソーシャルワーカー（日本では基本的に社会福祉士及び精神保健福祉士をいう）の社会的認知を高め、国民のソーシャルワーカーに対する関心と理解を拡げる」目的で、全国のソーシャルワーカーたちが福祉に関するイベントや周知活動を毎年行ってきた。近年では2014年にNHKで放映された「サイレント・プア」など地域で実際に活躍するソーシャルワーカーをモデルとした主人公がドラマや漫画などに登場し、その仕事像がメディアに露出する機会も増えている。しかし、筆者も高校訪問等でソーシャルワーカーの理念や活動内容を説明する機会があるが、福祉の仕事と聞けば、「介護」や「カウンセリング」といった個人に対する直接的な支援のイメージを持っている高校生が一般的である。例えば、2010年に実施した全国の高校の進路指導担当教員に対す

るアンケート調査によれば、福祉関係のさまざまな資格についての認知度では、「保育士（92.1%）」「スクールカウンセラー（86.1%）」「ホームヘルパー（81.2%）」「介護福祉士（75.9%）」の順で認知が高く、「名称も仕事内容も知っている」割合が高かった。「社会福祉士（52.7%）」や「ソーシャルワーカー（42.4%）」は相対的に低い認知度であった。[1]

2. ソーシャルワーカーとは？

　ソーシャルワーカーという言葉は、英語の Social Worker であり、国際的にみれば 116 カ国、50 万人以上のソーシャルワーカーがいる。グローバルに認知されている社会福祉の専門職の名称である。社会福祉士や精神保健福祉士は日本における福祉の国家資格であるが、ソーシャルワーカーとは、医師や看護師と同様に、共通した専門職アイデンティティと使命を持って世界中で実践を行っている専門職の一つである。それぞれの国や地域によって資格制度の発展段階が異なるため、日本や中国のようにソーシャルワーカーの国家資格を創設している国もあれば、アメリカ、オーストラリアのようにソーシャルワーカーの専門職団体が認定する教育課程を修了して民間団体資格として取得できる国もある。また日本でも海外でも国家資格や民間団体資格は取得していないが、大学等でソーシャルワークを学び、福祉現場で研鑽し、「ソーシャルワーカー」として活躍する人たちもいる。アメリカのオバマ前大統領もコロンビア大学法学部卒業後の 2 年間、シカゴの貧困地域で黒人の住宅環境改善活動の仕事をしていたことは有名である。彼の職種はキリスト教会系 NPO のコミュニティ・オーガナイザーであり、地域福祉分野の「ソーシャルワーカー」であった。シカゴといえば、1890 年代にソーシャルワークの源流の一つであるセツルメント運動がアメリカで始まった場所である。長い歴史を辿れば、同じソーシャルワーカーとしての理念や目的を共有する専門職の仲間であることはかわりない。そのような世界のソーシャルワーカーたちが組織する専門職団体として、国際ソーシャルワーカー連盟（IFSW=International Federation of Social Workers）がある。IFSW は 1973 年以降、ソーシャルワークの定義を策定し、2014 年 7 月に新たに改定された「ソーシャルワークのグローバル定義」は以下のとおりで

ある。

> ソーシャルワークは、社会変革と社会開発、社会的結束、および人々のエンパワメントと解放を促進する、実践に基づいた専門職であり学問である。社会正義、人権、集団的責任、および多様性尊重の諸原理は、ソーシャルワークの中核をなす。ソーシャルワークの理論、社会科学、人文学、および地域・民族固有の知を基盤として、ソーシャルワークは、生活課題に取り組みウェルビーイングを高めるよう、人々やさまざまな構造に働きかけるこの定義は、各国および世界の各地域で展開してもよい。[2]

特に上記の中でソーシャルワークの中核である社会正義と人権については、2000年に改定された定義から追加されたものである。グローバル定義の注釈には、以下のように人権を説明している。

> ソーシャルワークは、第一・第二・第三世代の権利を尊重する。第一世代の権利とは、言論や良心の自由、拷問や恣意的拘束からの自由など、市民的・政治的権利を指す。第二世代の権利とは、合理的なレベルの教育・保健医療・住居・少数言語の権利など、社会経済的・文化的権利を指す。第三世代の権利は自然界、生物多様性や世代間平等の権利に焦点を当てる。

上記のソーシャルワークにおける人権の視点は、オーストラリアのソーシャルワーク研究者ジム・アイフ（J. Ife）が述べるとおり、伝統的、道徳的価値ではなく、達成、獲得してきた現代的言説であり、より新しいソーシャルワークの理論的基盤である（Ife 2001; 木原 2014）。アイフは、19世紀にアドボカシー（権利擁護）といった第一世代の人権が、20世紀に経済・社会・文化的人権といった第二世代の人権が確立し、コミュニティ開発の権利である第三世代の人権は、21世紀になって人類が獲得した権利であると論じる。

2007年に改正された日本のソーシャルワーカー資格である社会福祉士の現在の定義を社会福祉士及び介護福祉士法第2条と比べてほしい。

この法律において「社会福祉士」とは、第二十八条の登録を受け、社会福祉士の名称を用いて、専門的知識及び技術をもつて、身体上若しくは精神上の障害があること又は環境上の理由により日常生活を営むのに支障がある者の福祉に関する相談に応じ、助言、指導、福祉サービスを提供する者又は医師その他の保健医療サービスを提供する者その他の関係者との連絡及び調整その他の援助を行うことを業とする者をいう。

　この二つの定義を比較すると分かるのは、同じ社会福祉専門職の定義でありながら、めざす方向にかなりギャップを感じざるをえないことである。上記のグローバル定義の注釈には、「今回、各国および世界の各地域は、このグローバル定義を基に、それに反しない範囲で、それぞれの置かれた社会的・政治的・文化的状況に応じた独自の定義を作ることができることとなった」とあるように、日本の現在の社会福祉政策の実情にそった社会福祉士の定義と国際的な定義では社会的文脈が異なり、定義の内容が一致する必要はないかもしれない。また今回のグローバル定義については、特にアジアのソーシャルワーカーからは西洋生まれの専門職ソーシャルワークに偏りすぎた定義となっているという批判もある（秋元 2015）。今後、日本国内においてグローバル定義をどう活用していくかが課題となっている。

3. ソーシャルワークの源流

　グローバルな観点からみると、ソーシャルワークはどのようなことをめざす専門職なのだろうか。歴史をさかのぼると、ソーシャルワーカーの源流が生まれたのは、19世紀後半の産業革命後のイギリスである。その頃のイギリスはロンドンを中心に、世界の工場として、経済発展を遂げ、貨幣経済が発達し、中産階級と呼ばれる資本家が次々と登場するようになっていた。一方で、農業から牧羊、綿織物へと産業構造が急転換する中、多くの農民が仕事を失い、ロンドンを中心とした工場労働をめざして、大都市に人口が集中した。しかしそこで雇われた労働者たちは資本主義社会において低賃金、長時間労働を強いら

れ、事故や病気になった時には、失業し、最貧困の状態に陥る貧困層が増大した。さらに宗教改革以後、カトリックによる宗教的な救済もなくなり、公的な救貧制度である新救貧法（1834 年）が唯一の救済になった（木原 2011）。しかし、個人の自己責任と自助の理念の下でワークハウスという強制労働を基本とした新救貧法が対象としたのは、そのような労働者でなく、民間慈善活動家から「救済に値しない」とされた孤児、高齢者、障害者、疾病者であり、ワークハウスは実質的にはケアを必要とする人々の施設となっていった。そしてそこに勤務していた中産階級の女性たちのボランティアが、地方自治体ごとの有給のソーシャルワーカーの基盤ともなっていった（Payne 2005: 34）。

一方で、都市の貧困問題を解決していこうとする中産階級の市民が、新救貧法の予算の約 6 倍の資金を使って、民間の慈善活動を活発化させた。そのような慈善活動が徐々に慈善組織協会（COS= Charity Organization Society）とセツルメント運動という二つのソーシャルワークの源流になっていった（志村 2008: 18）。個人に対する援助技術であるソーシャル・ケースワークの源流となった慈善組織協会は、慈善的救済と怠惰・乞食抑制を目的とした組織として 1869 年にロンドンで誕生した。それまで民間の慈善活動家がバラバラで地区ごとに実践していた慈善活動が一つに組織化されたものである。役割としては、地区内で友愛訪問員と呼ばれる主に中産階級の女性ワーカーが調査し、支援を受けている人が支援に値するかどうかを査定（アセスメント）し、個別ケース記録にまとめ、個別的直接的に援助していくことであった。金銭的施しを受け、他者に援助を求めることなく、個人の自己責任と自助・自立を援助の基本とした。

集団や地域を基盤としたソーシャルワークであるソーシャル・グループワーク、コミュニティワークの源流といわれるセツルメント運動は、ロンドンのイーストエンド地区に牧師バーネットとその夫人が 1884 年に設立したトインビーホールで始まった。主にエリートの大学生らが貧困地域で貧困に陥った労働者とともに暮らし、教育を通じて社会開発活動を展開した（Payne 2005: 38）。セツルメント運動では、貧困の原因を社会的分析から把握しようとした。つまり、貧困者が貧困に陥った原因は、慈善組織協会が対象とした個人の道徳の欠如による失敗ではなく、貧困が生まれることを許容する社会そのものにあると

いう理解であった。

　このような社会的貧困の発見に貢献したが、企業家であったブースやラウントリーによって実施された社会調査であった。それまで貧困の原因は個人の怠惰や道徳不足であると考えられていたが、1886年から17年かけてロンドンで実施されたブース調査によって、貧困は不安定な雇用や低賃金などの社会的、経済的要因であることが明らかになった。さらにブースの影響を受けたラウントリーは、地方都市ヨークで1899年、1936年、1950年に3度の全労働者世帯に対する調査を実施した。その結果、1948年に新救貧法が解体し、「ゆりかごから墓場まで」のスローガンで国家が国民の最低限度の生活を保障する体制が整った福祉国家イギリスにおいて、貧困者の割合が激減したことを証明した。その後、イギリスのソーシャルワーカーたちは、初期の慈善組織協会が実践していたような個別的処遇ではなく、社会保障全体のシステムを改善する方向に転じた（室田 2013: 135; 杉野 2011: 40-42）。

　一方で、ソーシャルワークの技術や方法論がもっとも発展しているといわれるアメリカは、プロテスタントの倫理、個人主義、自助の伝統によって、イギリスのような国家による公的な社会保障・社会福祉サービスの提供システムを発展させなかった。1890年代終わりには、慈善組織協会による個人の自己責任と自助・自立の醸成を目的とした友愛訪問活動が全米各地に広がっていった。アメリカではスラム街に暮らす移民を中心とした貧困者らの道徳向上と慈善活動のニードを査定する方法として、友愛訪問をソーシャル・ケースワークという科学的専門的援助方法に発展させた。ケースワークの母と呼ばれるメアリー・リッチモンドは、個別ケース検討によって貧困者を査定し、人間と社会環境の間を個別的に調整することを通じてパーソナリティを発達させる社会診断の方法を確立し、アメリカで最初のソーシャルワーク学校を設立した。しかし、1920年代にフロイトらによる心理学・精神分析理論が大きな影響力を持ち始めると、アメリカのソーシャル・ケースワークは家族問題の心理的原因を強調する個別的援助が中心となっていった（Morley 2014: 89）。

　アメリカの貧困問題の社会的解決を目標とするセツルメント運動は、後にソーシャルワーカーとして初めてノーベル平和賞を受賞したジェーン・アダムスがイギリスのトインビーホールの理念を引き継ぐ形で1889年にシカゴにハ

ルハウスを設立し、アメリカ全土に広がるきっかけとなった。しかし、反社会主義的な思想が強いアメリカ社会では、社会変革に焦点を当てた実践は広がらず、公的な社会福祉、社会保障政策に反対する慈善組織活動の思想がより受け入れられていった。そして、1950年代まではアメリカのソーシャルワーク理論が国際学会での影響力が強く、アメリカで主流であった心理学を基盤とするケースワーク的な個別援助の方法論が国際的にもっとも主流であったともいえる（Payne 2008: 36）。しかし、1960年代以降には「貧困の再発見」や黒人による公民権運動の影響もあり、ジェーン・アダムスが主張していた貧困問題の社会的視点のエートスが再燃した。1970年代には、個人に対する援助方法のケースワーク、集団に対する援助方法のグループワーク、地域社会に対する援助方法のコミュニティ・オーガニゼーションが統合化され、当事者のニーズを包括的、全体的な視点から把握し、対象に応じた計画、実施、評価をすることをめざすジェネラリスト（総合的な）・ソーシャルワークが主流となった。第二次大戦後、日本でも上記のようなアメリカで発展したそれぞれの援助方法を福祉教育の中心においていたが、1970年代後半になってジェネラリスト・ソーシャルワークと近い関係にあったケース・マネージメントが新しい援助方法として紹介された。ケース・マネージメントは、新しい「相談」のプロセスとして、治療や指導を目的としてきた医療・保健職の医療モデルの延長上の治療的相談のイメージを一新させた（白澤 1985: 37）。この援助方法は、始めから明確に定義化された概念ではなかったが、個人の生活と環境の関係を調整することを目的とし、特に急増する高齢者を介護する家族への支援を想定して、介護保険制度のケアマネジメントとして導入された。

　しかし、西欧社会では1970年代からアメリカを中心に発展してきた心理学・精神医学に科学的根拠をおくソーシャルワーク理論に対する強い批判が、フェミニストやマルクス主義アプローチなど、社会変革を強調したラディカルなソーシャルワークとして、イギリス、カナダ、オーストラリアを中心に議論されてきた（舟木2007）。さらに福祉国家制度が実現した戦後の西ヨーロッパ、北欧、オーストラリア等の先進諸国は、ソーシャルワークの非アメリカ化に転じた。むしろ、市民権を尊重しつつ、生活問題を背負う人間像の洞察を重視する伝統的な福祉援助方法がソーシャルワーク教育では主流となっていった（吉

田・岡田 2000)。そのようなソーシャルワークの専門職化と福祉国家の形成によって、それを支える価値観である人権と社会正義がソーシャルワークの理念として広がり、現在のソーシャルワークのグローバル定義に繋がっていった。

4. 日本のソーシャルワーカーの現状

　日本のソーシャルワーカーの国家資格は、社会福祉士と精神保健福祉士である。しかし、社会福祉の理念や使命を共有した日本におけるソーシャルワーカーは、国家資格が誕生するずっと以前から存在していた。例えば、戦後、精神科や保健所に配置されていった精神科ソーシャルワーカー、病院での相談や退院支援を行う医療ソーシャルワーカー、社会福祉協議会のコミュニティ・ワーカー、特別養護老人ホームの生活相談員、障害者分野の生活指導員など、様々な分野で既に長い実践の歴史があり、それぞれ日本ソーシャルワーカー協会、医療社会事業協会などの専門職団体もある。それぞれのソーシャルワーカーの職能団体は、ソーシャルワーカーの業務分野の拡大、社会的認知度の向上、ソーシャルワーク教育カリキュラムの統一化による質の担保などのメリットがあると考え、国家資格化を長年政府に求めてきた。結果的には、1987年に社会福祉士が国家資格化されたが、当時は「相談援助の対象に傷病者は含まない」という前提であったので、1990年に国が医療ソーシャルワーカーの国家資格（仮称・医療福祉士）を提示したが実現しなかった。一方で、日本精神医学ソーシャルワーカー協会は資格化運動を展開し、精神科ソーシャルワーカーのみを対象とした国家資格・精神保健福祉士を誕生させた（吉川 2011:123）。

　本章では、もっとも会員数の多い社会福祉士資格を中心に、その現状について説明したい。社会福祉士が創設後、28年が経過した現在、社会福祉士、精神保健福祉士の登録者数はそれぞれ約18万人、約7万人である（2015年現在[3]）。2014年度の社会福祉士国家試験の新卒者合格率は、医師（94.5%）、看護師（95.5%）、介護福祉士（61.0%）などの他の専門職と比較しても、27.0%とかなり低く、過去10年でもっとも高かった2008年でも30.6%であった。

　国家資格制度がソーシャルワーカーに何をもたらしたについては、評価が分かれる。社会福祉を養成する大学は270校を超え、毎年1万人を超える社会福

祉士取得者を輩出してきた。社会福祉のニーズの拡大、多様化に対応するために、2007年に福祉人材確保指針が改正され、さらなる社会福祉士等の資格制度の普及や活用の促進が叫ばれている。それに対応する形で、同年社会福祉士法改正に伴う社会福祉士養成カリキュラムの改定を行い、保健医療サービス、更生保護制度、就労支援サービスといった新たな指定科目の新設も行った。実際に、社会福祉士の職域の拡大が図られ、例えば学校のいじめや不登校などの問題に対応するスクールソーシャルワーカーや高齢、障害によって自立が困難な刑務所出所者を支援する地域生活定着センターなどにも社会福祉士が配属されやすくなってきた（横山 2011）。しかし、日本社会福祉士養成校協会や日本社会福祉士会は、国家資格化後に上記のような改定を実施した数年後の現在でも、社会福祉士の業務分野の拡大、社会的認知度の向上はほとんど進んでいないと訴えている。[4]

2012年度社会福祉士・介護福祉士就労状況調査によれば[5]、回答者2万9,983人のうち（回答率25.2%）、高齢者福祉関係の仕事をしている割合が44.2%ともっとも高く、障害者福祉分野が16.9%、医療分野が14.5%と続く。職種については、相談員・指導員が35.0%、施設長・管理者が11.8%、介護支援専門員が12.0%などとなっている。社会福祉士がもっとも活躍している高齢者福祉の分野でも、介護老人福祉施設1施設当たりの生活相談員の常勤換算従事者数1.3のうち0.4が社会福祉士であり、社会福祉士の任用が進んでいないことを示している（横山 2011: 105)[6]。平均年収は、社会福祉士が377万円（正規職員男性452万円、女性372万円）、介護福祉士が261万円（正規職員男性357万円、女性310万円）であり、看護師などの医療専門職と比較しても低い水準である。この調査では、社会福祉士としての現在の仕事の満足度についての項目があるが、「仕事の内容・やりがい」がやや不満足（24.8%）、不満足（17.2%）の割合の合計が42.0%で、介護福祉士の合計31.7%と比較しても高かった。

このように、社会福祉士の業務分野の拡大、社会的認知度の向上が進まない要因の一つは、社会福祉士は国家資格であるが、医師や弁護士のように「業務独占」の資格でなく、「名称独占」の資格であることである。「名称独占」とは、資格を持たない者が社会福祉士という名称を勝手に使用してはならないということで、社会福祉士資格を持っていなくてもソーシャルワーカー業務は可能で

ある。日本社会福祉士会ウェブサイトには、「社会福祉士資格を持っていることは、専門職としての水準の高さを表すものであり、今後有資格者が増加すれば、将来的に実質的な業務独占状態になることが考えられます」とあるが、現在のところ、社会福祉士を必ず置かなければならない福祉施設・機関は、2006年に高齢者の在宅支援を行う相談援助機関として、新たに設置された地域包括支援センターのみである[7]。

5. ソーシャルワーカーにとっての相談援助——地域包括ケアを事例に

　社会福祉士になるためには、基本的には福祉系大学等で社会福祉に関する指定科目を取得後、卒業し、受験資格を取得した上で社会福祉士国家試験に合格しなければばらない[8]。 筆記試験の科目は、社会福祉に関する複数の科目に加え、医学、心理学、社会学関連の科目もあり、合計19科目ある。1987年の開始当初の指定科目数12科目と比較して大きく増加している。私が勤務校で担当している指定科目「相談援助の基盤と専門職」の科目名は、1999年に「社会福祉援助技術総論」であったが、2007年の改正時に現在の指定科目の名称となった[9]。この科目名称変更は、2006年の介護保険法改正による地域包括支援センター設置に対応するための名称変更と考えることができる。地域に暮らす高齢者の相談機関として新たに創設された地域包括支援センターは、社会福祉士が、保健師、主任介護支援専門員とともに、初めて必置された機関である。地域包括支援センターとは、地域包括ケアの中心的機関として、市町村が設置し、「地域住民の心身の健康の保持および生活の安定のために必要な援助を行い、地域住民の保健医療の向上および福祉の増進を包括的に支援すること」を目的に設置され、介護予防ケアマネジメント業務、権利擁護業務、包括的・継続的ケアマネジメント業務、総合相談支援業務を行うことになっている。2012年で全国の市町村に4,328カ所設置されている。総合相談業務はセンター業務のすべてを包括する機能を持ち、問題を抱える本人や家族への個別支援だけでなく、地域全体で人々を支えるような資源を持てるような地域づくりも含むソーシャルワーク本来のあり方そのものだといわれている（日本社会福祉士会 2012:36）。

実はソーシャルワーカーが「相談援助」の専門職としてアピールし始めたのは歴史的に見ればそう昔ではない。秋山が1990年に実施した全国の社会福祉従事者（主にソーシャルワーカー）へのアンケート調査では、回答者の43.6％が「社会福祉士業務に相談援助以外のその他の業務を加えるべきであった」、12.9％が「相談援助の言葉の意味が分からない」と回答している。秋山（1992: 24）は、社会福祉士の法律上の業務が「相談援助」だけに限定され、「連絡調整」「運営・管理」などの他の重要な機能が除外されていると問題視していた。社会福祉士資格制度のスタート時の1980年代後半では、社会福祉実践における相談援助は、社会福祉専門職の一機能に過ぎないという認識の方が強かったのである。それまで「互いに意見を出して話し合うこと、他人に意見を求めること」（新村 1998: 1551）という意味でしかなかった「相談」が、国家資格化を契機に専門的な「援助」と結びつき「福祉に関する相談援助を行う専門職」である社会福祉士の主な仕事であるという言説に変化していったといえる。日本社会福祉士会が、高齢者福祉政策の分野で、各中学校地域に1か所ずつ設置された在宅介護支援センター[10]（1990年設立）において、「相談」のプロとして社会福祉士の専門性を発揮できる立場を公的制度化しようとしてきた結果である[11]。さらに2004年社会保障審議会介護保険部会での「地域包括支援センター」創設の提案前（厚生労働省 2004a）、「相談」を担う専門職として配置される予定の社会福祉士が、介護保険の全ての被保険者を中心に担当区域の地域住民一般を対象とした総合的な相談対応することが想定された（厚生労働省 2004b）。社会福祉士及び介護福祉士法は2007年に改正され、地域包括支援センター業務に合わせるために、社会福祉士の定義において「相談援助」に「医師や保健医療サービス従事者等との連携、調整」が追加された。

　一方で、1980年代後半以降、相談は、社会福祉士以外でも専門性を伴う行為として認識され、定着しつつある。「相談面接は援助の基本」とする介護支援専門員（ケアマネージャー）、「総合福祉相談は事業型社協の重要な機能である」とする社会福祉協議会職員、「市町村保健センター等にて総合相談窓口を設置し、総合調整を行う」とする保健師などに拡大している。白澤（2004:14-20）は、社会福祉専門職の中核機能は「専門的な相談業務」であり、さらに「相談業務」という（他の対人援助職に）最も侵害されやすい業務を担っている以上、

今日の専門職としての危機が最も大きく、今後「専門的な相談業務」の独自性をより明確にしていく必要があることを提起していた。

6. 当事者のニーズを把握するのは誰か

　筆者は、2002年にある地方都市において住民基本台帳から無作為抽出した65歳以上の高齢者120人に対して、学生調査員とともに訪問インタビュー調査を実施した。高齢者の日常生活を取り巻く「相談」の内容、必要性などを聞いた。高齢者の多くが様々な暮らしに関する不安や心配ごとを調査員に語った。しかし、語られていた不安や心配ごとのほとんどは、その人の暮らしとは全く関係のない、たとえば、「呆け」「寝たきり」「施設入所」であった。さらに、他者に援助を受けながら生活すること、特に家族の世話になりながら生活することへの否定的感情を表した。働かないで（金銭を得るための仕事をしないだけでなく、家事労働等の生産的労働も含まれる）生活することも、できることなら避けたいと思っていた。従来の伝統的な自立観における身辺自立、日常生活動作の自立、経済的自立ができていない高齢者になることへの拒否感であった。高齢者が語った自立は、障害者の自立生活運動の中で発展してきた「自立」[12]の考え方とは異なるし、政策側が制度上設定している「自立」[13]とも隔たりがあった。

　2009年に内閣府が行った「高齢者の日常生活に関する意識調査」で「将来の自分の日常生活全般について不安を感じる」と回答した人の割合は71.9%で、過去の調査（2004年調査67.9%、1999年調査63.6%）と比較すると増加傾向にあった。2010年度「第7回高齢者の生活と意識に関する国際比較調査結果」によれば病気のときや、一人ではできない日常生活に必要な作業（電球の交換や庭の手入れなど）が必要なとき、同居の家族以外に頼れる人が「いない」割合は、特に日本（20.3%）と韓国（20.0%）で高かった。この調査結果のように、多くの高齢者が心配ごとがあっても、前述のインタビュー調査で高齢者が語ったような（近親者以外への）「相談」に対する強い抵抗感があれば、または、援助を受けるための地域における他者とのつながりがなければ、本当に必要なときに福祉サービスの利用にはつながらない可能性がある。

2000年の介護保険制度導入によって、介護サービスの利用と地域におけるインフォーマルなサポートによる協働的な介護システムの構築をめざした「高齢者介護の社会化」が進んだと言われている。導入当初は、これまでの高齢者施策の不十分さから家族介護による自助意識が続いていたが（奥西 2008: 50）、政府は導入以後のサービス利用量は年々増大し、介護保険制度利用者満足度も高いと論じる（厚生労働省 2015）。介護保険制度は、「客観的な」利用者のニーズのアセスメント（把握）を行う相談とサービスの「効率的な」ケアマネジメントを前提としてサービス提供されている。特に「ケースマネージメント」といった実証主義的な社会福祉サービス供給モデルが新たなソーシャルワークの専門技術として、実践現場に導入されている。さらに社会福祉士は、地域包括ケアにおいても、利用者が単なるサービスの「受け手」ではなく、家族や地域社会の中で何らかの「役割を持って生きる主体的な存在」となることをめざした援助に向けて、権利擁護やケアマネジメントを実践することが求められている（日本社会福祉士会 2005b）。

しかし、一般的な利用者にとってはそう問題にならないが、認知症や社会的孤立等、生活困難が問題化・深刻化した状況になって初めて「相談」「サービス申請」を同時に行うことになっているケースも多く、そのような状況で相談やサービスが必要だと専門職や家族が判断した段階でも拒否的・消極的な高齢者にとっては機能しない。なぜなら、高齢者やその家族が抱える主観的で個別的な困難に対する「相談」は、制度上考慮する必要がないからである（荒井 2008: 123）。つまり、現制度上におけるソーシャルワーカーが行う「相談」が、地域に暮らす高齢者の求めているものと乖離している可能性があるということだ。日本のソーシャルワーク理論と「相談」の実践の関係性に関しては、第2次世界大戦後に輸入的に導入されたアメリカのソーシャルワーク理論が、日本のソーシャルワーク理論の主流として現場の実践に影響を与えてきたと論じられることが多い（北島 2002: 329）。一方で、理論がソーシャルワークの実践に影響を与えたというよりも、むしろ実践側が中央官僚を中心とした政策側の計画的意図に合ったソーシャルワーク実践モデルを利用する傾向が強かったという認識もある（窪田 2002: 114）。地域包括ケアの導入直前に筆者が実施した在宅介護支援センター職員に対するアンケート調査によると、フロントラインで

実践する多くの医療・福祉の専門職が、地域包括支援センター導入後も、介護予防、ケアマネジメント業務が多忙になり、職員も一人ひとりの利用者と向き合う時間や地域全体を見る時間的ゆとりが持てなくなったと訴えた一方で、実務者自身が「本来の相談業務」やその専門性の内容を明確化している状況ではなかった（久常・舟木 2003）。

地域包括支援センターのソーシャルワーカー（社会福祉士）は、度重なる政策変更や新しいサービス供給モデルの導入によって翻弄される一方で、政策変更が自分たちの実践基盤とするソーシャルワーク理論や価値にどのように影響しているのかについて問うことなく、新たな「相談援助」言説を再生産している可能性もある。危惧すべきことに、日本におけるソーシャルワーク理論と実践の乖離は、実践と地域住民の生活意識との乖離も同時にもたらす可能性もある。例えば、自立した「役割を持って生きる主体的な」近代市民を前提とした（めざした）モダン・ソーシャルワークは、西欧社会で生まれた理論であり、老い衰えゆくことをめぐるステレオタイプ的な言説が地域社会の住民意識に残る状況において、高齢者への相談実践と高齢者の生活意識に大きな隔たりがある非論理的な実践につながりかねない（天田 2003: 522）。

7. 人権を守るソーシャルワーカー

日本社会福祉実践理論学会（現・日本ソーシャルワーク学会）元会長である岡本民夫氏は、日本のソーシャルワーク実践の歴史をふりかえり、「ソーシャルワークの歴史は支援の焦点を個人か、環境かをめぐって右往左往してきた。福祉は相手の立場になってものを考え、実践するのが理想であるという主張がすでに100年近くも前から論じられている。しかし、現在の地域包括ケアシステムは個々のニーズに対応する個別対応であり、高齢者の当事者がニーズを論理化する主導権を握るものではなく、サービス供給者側の論理になりやすい側面がある」と警告している（岡本 2014: 53）。地域包括支援センター設立以前の社会福祉士の設置や1990年の在宅介護支援センター設置をめぐる「相談」言説の変遷を分析すると、社会福祉士による「相談」が法的に必置された機関誕生へのプロセスは、日本のソーシャルワーカーが「相談」の公的制度化をめざし

た結果、政策変更に翻弄され、そのたび「右往左往」してきたといえるのではないだろうか（舟木 2005）。

ソーシャルワーカーの専門性は、支援の焦点が「個人」か「環境（社会）」かという思想的対立にあるのではなく、当事者が社会福祉サービスのニーズを自ら把握し、ニーズ把握が権利意識につながるような実践にある。人権が客観的存在ではなく、継続的対話によって構成され、達成、獲得してきた現代的言説であるとすれば、人権を基盤とするソーシャルワーカーは、社会、経済、政治の状況の変化、そのような社会における利用者、当事者、生活者の状況の変化に対応して、どのように変化しているのか、変革していくべきかを当事者や地域住民とともに対話を継続する必要があるだろう。

注
Notes

1) 高等学校の進路指導担当の先生方を対象とする福祉・介護人材に関する基礎的調査
http://www.jascsw.jp/researchpaper/H21_suishin_zenbu.pdf（2016 年 1 月 18 日閲覧）
2) 社会福祉専門職団体協議会による定訳は以下を参照。https://www.jacsw.or.jp/06_kokusai/IFSW/files/SW_teigi_japanese.pdf（2016 年 1 月 18 日閲覧）
3) 日本で最大の職能団体である日本社会福祉士会への加入率は 20.89% で 3 万 5 千人しか加入しておらず、この 10 年で約 10% 低下している。
4) 第 6 回福祉人材確保対策検討会（平成 26 年 10 月）資料。
http://www.mhlw.go.jp/stf/shingi2/0000060228.html（2016 年 1 月 18 日閲覧）
5) 平成 24 年度社会福祉士・介護福祉士就労状況調査結果 http://www.sssc.or.jp/touroku/results/index_sk.html　（2016 年 1 月 18 日閲覧）
6) 平成 26 年介護サービス施設・事業所調査結果
http://www.mhlw.go.jp/toukei/saikin/hw/kaigo/service14/index.html（2016 年 1 月 18 日閲覧）
7) 日本社会福祉士会ウェブサイト　https://www.jacsw.or.jp/01_csw/04_cswtoha/shigoto.html（2016 年 1 月 18 日閲覧）

8) その他の方法として、一般の大卒資格取得または4年以上の相談援助業務経験者が養成施設に1年修学して受験資格を取得するなどがある。
9) 実際に大学などの養成施設では「ソーシャルワーク論」「社会福祉方法原論」「相談援助論」「相談支援論」など様々な読み替えの名称が使われている。
10) 1989年12月、高齢者保健福祉推進十ヵ年戦略（ゴールドプラン）において、在宅介護支援センターは、医療・保健職および福祉・介護職の2名を配置基準として、中学校区域という住民に身近なところで専門家による24時間体制の介護相談・指導を提供するために1万か所（1999年まで）を目標に整備される計画であった。運営実施要綱上、福祉職としてソーシャルワーカーが明記された。
11) 厚生労働省「地域包括支援センターにおける社会福祉士の業務のあり方に関する検討会」に日本社会福祉士会から人選されたメンバーが参加し、具体的な政策立案に大きな影響を与えたと思われる（日本社会福祉士会 2005a）。
12) 定藤らは、障害者の自立生活運動が伝統的な自立観を批判し、自己決定権の行使を自立と捉える考え方、生活全体の内容を充実させる行為を自立として重視する考え方であったと論じている。立岩は、自立生活運動から出てきた自立観が自己決定としての自立を志向していることを否定はしないが、自立生活とはより具体的な生活の仕方を持って提案されてきたものであり、（主に家族から）の従属と保護から離れて暮らすことを中心に実現してきた姿勢であると論じている（定藤ほか 1993; 立岩 1999）。
13) 高齢者介護研究会報告書『2015年の高齢者介護』には、介護保険は、高齢者が介護を必要とすることとなっても、自分の持てる力を活用して自立して生活することを支援する「自立支援」を目指すものであるが、その根底にあるのは「尊厳の保持」であると記述されている。

参考文献
References

秋元樹, 2015, 「あなたは世界定義を受け入れられるか？」『ソーシャルワーク研究』41 (3), 5-16.

秋山智久, 1992, 『「社会福祉士」制度の影響と展望——社会福祉従事者の実践と意識に関する調査』日本ソーシャルワーカー協会.

天田城介, 2003, 『"老い衰えゆくこと"の社会学』多賀出版.

舟木紳介, 2005,「社会福祉専門職と相談」『社会福祉学』45-3, 33-42.
Ife, J., 2001, *Human rights and social work: towards rights-based practice*, Cambridge: Cambridge University Press.
木原活信, 2003,『対人援助の福祉エートス』ミネルヴァ書房.
――――, 2011,「ソーシャルワークの形成過程」大橋謙策編『相談援助の基盤と専門職』ミネルヴァ書房.
――――, 2014,『社会福祉と人権』ミネルヴァ書房.
北島英治, 2002,「ソーシャルワークの歴史」北島英治ほか編『ソーシャルワーク実践の基礎理論』有斐閣. 305-38.
高齢者介護研究会, 2003,『2015年の高齢者介護〜高齢者の尊厳を支えるケアの確立に向けて〜高齢者介護研究会最終報告書』.
厚生労働省, 2004a,『全国高齢者保健福祉・介護保険担当課長会議資料 (2004.2.19)』.
厚生労働省, 2004b,『社会保障審議会第16回介護保険部会資料 (2004.7.30)』.
厚生労働省, 2014,『平成26年度版厚生労働白書』.
窪田暁子, 2002,「社会福祉実践分野と社会福祉の方法」仲村優一ほか編『戦後社会福祉の総括と二十一世紀への展望Ⅳ 実践方法と援助技術』ドメス出版, 109-41.
Morley, C. eds., 2014, *Engaging with social work: a critical introduction*, Cambridge: Cambridge University Press.
室田保夫, 2013,『人物でよむ西洋社会福祉のあゆみ』ミネルヴァ書房.
日本社会福祉士会, 2005a,『地域包括ケアシステム構築のための地域におけるソーシャルワーク実践の検証に関する調査研究』地域包括ケアシステム構築のための地域ソーシャルワーク実践研究会報告書.
――――, 2005b,『地域における地域包括ケア支援システムの研究報告書』.
――――, 2012,『改訂地域包括支援センターのソーシャルワーク実践』中央法規.
日本社会福祉士養成校協会, 2010,『社会福祉士の積極的活用に向けた地方公共団体等の採用動機等と, 高等学校長及び進路指導担当者の福祉・介護人材に関する認識及び進路指導の動機等に関する基礎的調査』.
新村出, 1998,『広辞苑 第5版』岩波書店.
奥西栄介, 2007,「高齢者の動向と介護問題」小田兼三ほか編『人口減少時代の社会福祉学』ミネルヴァ書房.
Payne, M., 2005, *The origins of social work: continuity and change*, London: Palgrave Macmillan.
定藤丈弘ほか, 1993,『自立生活の思想と展望』ミネルヴァ書房.

公益財団法人社会福祉振興・試験センター, 2015,『平成24年度社会福祉士・介護福祉士就労状況調査結果』http://www.sssc.or.jp/touroku/results/index_sk.html（2015. 12. 18）

志村健一, 2008,「支援活動の思想と理念」『社会福祉の支援活動——ソーシャルワーク入門』ミネルヴァ書房.

白澤政和, 2004,「日本における社会福祉専門職の実践力——評価と戦略」『社会福祉研究』90, 13-20.

杉野昭博, 2011,『社会福祉学』有斐閣.

立岩真也, 1999,「自立」庄司洋子ほか編『福祉社会事典』弘文堂, 520-21.

————, 2001a,「なおすことについて」野口祐二・大村英昭編『臨床社会学の実践』有斐閣選書, 172-96.

————, 2001b,『弱くある自由へ』青土社.

上野千鶴子, 2008,「当事者とは誰か？——ニーズ中心の福祉社会のために」上野千鶴子ほか編『ニーズ中心の福祉社会へ』医学書院.

横田恵子編, 2007,『解放のソーシャルワーク』法律文化社.

横山豊治, 2011,「社会福祉士資格がソーシャルワークにもたらしたもの——社会福祉士の実践領域を概観して」『ソーシャルワーク研究』37, 2.

吉川公章, 2011,「精神保健福祉士とソーシャルワーカー」『ソーシャルワーク研究』37, 2, 119-126

ディスカッションテーマ
Exercises

1　ソーシャルワーカーのイメージについて話しあってみよう、社会福祉士のイメージとどのような違いがありますか。
2　現代において人が貧困に陥る要因は「個人」にあるでしょうか。「社会」にあるでしょうか。貧困問題の解決において，ソーシャルワーカーはどのような役割を持っているでしょうか。

読書案内
Reading guide

1 木原活信,2003,『対人援助の福祉エートス――ソーシャルワークの原理とスピリチュアリティ』ミネルヴァ書房.

　ソーシャルワークという人を援助する専門職が歴史的にどのような価値と原理を持って誕生したのかについて,キリスト教との関係性から考察している本。イギリスやアメリカの理論が大きな影響を及ぼしている日本のソーシャルワークを理解する上で宗教と科学的な福祉実践の関係を学ぶことは重要である。

2 横田恵子編,2007,『解放のソーシャルワーク』法律文化社.

　人権を基盤とする現代のソーシャルワーク研究において影響力を持つオーストラリアのクリティカル・ソーシャルワーク理論を紹介し、そこから現在の日本のソーシャルワーク教育・実践を批判的に検討した本。国家資格化後の日本のソーシャルワークの課題を多面的に論じている。

 column

映画を通して学ぶ「支援者」と「当事者」の援助関係

　『アイアムサム』(ジェシー・ネルソン監督)は、2001年にアメリカで公開された知的障害者である父親サムと一人娘ルーシーの物語の映画である。物語の中心は、知的障害を持ちながらもスターバックスで働き、同じアパートに住むアニーという女性に子育てを助けられながら、懸命に、でも楽しく暮らす親子。映画は、サムの妻レベッカが二人の子どもルーシーを出産後、すぐに失踪してしまうシーンから始まる。その後、ルーシーが7歳となり、サムの知能レベル以上の学校の宿題、行事や友人などの人間関係が広がることで、彼らを取り巻く関係者(教師、市の児童福祉局ソーシャルワーカーなど)がサムの子育て能力の「問題」を指摘し始め、児童保護という目的で父と娘が引き離されることになる。

　この作品は、「当事者」の世界をその視点から描くために、わざわざ手持ちカメラで撮影されていた。そのため作品を観た者は必然的にサムとルーシーという当事者の「家族と共にいる喜びと引き離される寂しさや悲しさ」という主観的な気持ちに感情移入してしまう。一方でサムの養育能力が低いという客観的事実を根拠として、専門職としてサムからルーシーを引き離す(保護する)ことを求める家庭裁判所検事やソーシャルワーカーとは対照的に、職場でさえ主観的な感情を爆発させてしまう豪腕弁護士リタが専門職としてサムの「支援者」として登場する。この作品には「当事者」の視点のみならず、「支援者」と「当事者」との援助関係を考えさせられる場面がいくつもある。

　例えば、(最初は非自発的であったが、)娘と引き離されたサムが養育の権利を取り戻す裁判をボランティアで支援することになった弁護士リタがサムとリタの職場内カフェテリアで昼食をとるシーンがある。

リタ:(レジでお金を払おうとするサムを見たとき)、あなた普通の人のふりをしているの?
サム:あなたまでそんな風に僕のことを考えているか!
リタ:私が障害者についてどう考えるかは裁判に関係ない。
サム:裁判に関係なくても、僕にはあなたがどう考えているかが大切なことだ。

　知的障害者サムにとって、リタの専門的な弁護(支援)によって裁判に勝利す

ることが重要ではある。しかし、それと同等（またはそれ以上に）に、サムがリタを「専門職」かつ「人」として信頼するためには、支援者としてのリタ個人が「障害者」に対して、どのような価値観や主観的な感情を持っているかが重要なのである。1990年代以降、福祉や看護の領域で、客観的事実のみに焦点をあてる伝統的な近代のソーシャルワークや看護が、果たして当事者の声に耳を傾けてきたのかという反省的な研究が注目されている。それが、クリティカル・リフレクションという専門職自身のナラティヴ（主観的な物語）と社会構造に関する価値を社会構築主義の視点から批判的に省察する援助方法論である。この映画を通して、「支援者」と「当事者」が社会構造的に対等でないことや、その上で、支援者の自己省察、自己開示が、その関係性を対等に近づける鍵であることを改めて考えることができるであろう。

（舟木 紳介）

第 5 章

医療の社会学

「医療化」の概念等に沿った医療社会学概論

作田 誠一郎

● **本章のねらい** ●

　近年、医療は目覚ましい発展を遂げている。iPS細胞やヒトゲノムの解析など、遺伝子レベルの医学的研究が今後の医療の発展に大きく貢献することは間違いないだろう。一方、実際に私たちが医療サービスを確保するために「医療の社会化」を受け入れている側面も見逃せない。医療が身近な存在となり、私たちの生活に定着すると、これまで病気であると見なされていなかった現象に対しても医師の判断によって医療対象へと組み込まれていくことも増えていく。このような医療の管轄下で管理される「医療化」は、「医師の専門職化」や「健康ブーム」の中でその範囲を拡大している。特に現代医療の最先端技術を用いて「病」を排除することが、時として医療により生じる問題を見過ごさせ、本来自身の「病」を自覚し管理すべき患者の立場を医療の中で消失させてしまうおそれもある。本章では、社会学的な視点から医療を見ることにより、医療の社会化から生じる医療化を明らかにし、その影響下において求められる患者主体の医療および看護のあり方について考えていきたい。

 医療化、医療の社会化、病人役割、脱医療化、治療（キュア）と看護（ケア）

1. 医療化とは何か

　私たちは、生まれてから死をむかえるまでにさまざまな病気にかかり、その度に治療を繰り返しながら健康な状態で生活を送っていきたいと願っている。そうした人びとの願いとともに、医療も高度な技術と多様な疾患に対する専門分化が進んでいる。そして今日、医療が発達することは、同時に私たちの「病」が一つひとつ解消されていくということで共通理解を得ている。このような医療に対する人びとの信頼と要求は、「医療化」という新たな社会現象を発現させている。

　「医療化」(medicalization)とは、「これまでに病気であると見なされていなかった現象がさまざまなかたちで医療により統制管理される過程または再定義される傾向」をさす。では、医療化をすすめる要因は何であろうか。医療に対する人びとの信頼と健康な状態への回復という要求は、いくつかの要因が動機付けになっているものと考えられる。その要因とは、主に「医療の社会化」「健康至上主義」「医師の専門職化」「患者の役割」があげられよう。これらの要因を見ることで、私たちの生活になぜ医療化が進んでいるのかを明らかにしてみたい。そして、医療化に起因する弊害を知ることで、改めて医療や看護について見つめ直してみよう。

2. 社会現象としての「病」

　医療化を考えていくにあたり、はじめに医療の対象である「病」について考えてみよう。まず「病」とは、厳密にいえば、①疾病（disease）＝医師がとらえまたは理解するもの、②病気（illness）＝患者が体験するもの、に大別される。つまり、私たちが実体験として主観的に感じるのが「病気」であり、身体の細胞や組織が壊されるなどの異常な反応を医師が客観的に「不健康」として判断する状態が「疾病」となる。

　私たちが「病」を考えるとき、体の組織に何か障害が生じて生活に支障があるという「生物学的疾患」が一般的に認識され経験されている。ちなみに、足を骨折して歩くことができなかったり、胃ガンにより食欲が減り痛みを感じたりすることなどが、生物学的疾患の一例としてあげられる。ところが、私たちは「病」を生物学的疾患のほかに、「社会的な意味」を通して解釈し、経験している側面もある。

　たとえば、ある人が「病」にかかったとする。その「病」が周囲の人びとに対して、伝染する可能性が低く死亡率も高くなければ、周囲の人びとが解釈する患者の社会的な意味は、「早く治るといいですね」というねぎらいや時には「仕事を休めていいな」という羨みの対象である患者として認識されるかもしれない。

　しかし、この「病」がもし治療方法すら解明されず、感染率や死亡率が高ければ、患者に対する社会的な意味は、「付き合うことに抵抗がある」や「感染したくはない」という恐怖感や嫌悪感というものが、新たな「社会的な意味」として認識されることがある。つまり、「病」という同様の状態でありながらも、生物学的疾患とは大きく異なった認識が生じてしまう。

　一見当たり前のように感じるかもしれないが、このような「社会的な意味」を介した「病」に対する認識、「病」に対するもう一つの解釈であることを自覚することから、今日のHIV感染者やハンセン病患者に対する偏見や誤解が社会的な「病」としてとらえられていることをはっきりと理解できるはずである。

患者が同じ痛みであり同じ症状であったとしても、「社会的な意味」が異なることで、患者がかかえる「病」が周囲の人たちにとって大きな違いとして映ることがある。したがって、ここで取りあげる「病」は、生物学的疾患としての「病」とは異なり、患者という人間を含めた人びととの相互行為の中で生みだされる社会現象としての「病」と言えよう。

このように「病」に対して社会学的な視点を用いることで、現代医療に内在する医療化という社会現象をとらえることができる。では、なぜ医療化が社会現象として現れてきたのかを考えてみることにしたい。

3. 医療の社会化と医療保障制度

医療化の要因の一つとして、「医療の社会化」があげられるだろう。いま、私たちが病院で医師に診察や治療を受けることは、私たちの快適な生活を送るうえでもなくてはならないものであり、医療制度として確立している。「病気になればすぐに病院へ」という当たり前の医療制度を広く国民が享受できるようになったのは、医療の発展とともに医療保障の制度化が大きくかかわっている。

日本における医療保障制度は、歴史的に見ても主に大正期以降に展開し、同時期に「医療の社会化」という言葉が使われはじめた。医療の社会化について、佐口卓は「国民が医療を必要とするときにすみやかに受診受療の機会が社会的に確保されていること」（佐口1982：8）と定義している。つまり、国民国家のもとで人びとが病気にかかったとき、社会的な制度により常に医療を受けられる状態を保障していることが医療の社会化なのである。

実際に日本では、1922（大正11）年に「健康保険法」が施行されて以降、1938（昭和13）年に「国民健康保険法」が、さらに1958（昭和33）年には「新国民健康保険法」が成立し、原則として職場の健康保険加入者や生活保護受給者以外のすべての者が「国民健康保険」に加入することになった。つまり、今日に至るまで、日本において「国民皆保険」が実施され維持されていることは、医療費の公費負担によって多くの人びとに対して医療費の負担が軽減され、医療の供給が促進していくという意味で医療の社会化が進んでいると言える。

このような日本と同様の医療保障制度は、税を財源とするイギリスの医療保障制度（NHS）や高齢者以外が自由診療であるアメリカ合衆国を除いた多くの先進諸国で、公的な医療保険制度として導入されている。また日本では、サラリーマンの場合、毎月の給与から保険料を自動的に天引きされるために医療保険料の納付に対してあまり疑問を抱くことがなく、それよりも医療費の自己負担部分を民間の医療保険に加入して軽減することのほうに関心が向けられているようである。

生命保険協会（41社加盟）の調べによると、平成30年度の医療保険（入院・手術保障）の保有契約数は3,677万件となっている。このデータからも分かるように、日本において多くの人びとは、自発的に医療の社会化を進めていると言えよう。

このように今日の医療保障制度は、私たちが日々の生活を安心して送ることができ、国民として最低限度の生活を維持するための欠かすことのできない要件となっていることが分かる。つまり、医療を受けることができる社会環境が整うことは、同時に私たちの生活のなかで医療化が現れる要因であると言える。

4. 健康意識の変化と健康ブーム

医療の社会化の主な動因として、人びとが病気を避け、健康な状態に回復することがあげられる。言い換えるならば、人びとは健康に対して関心を払うからこそ、健康を害する病気に対しても注意を払うのではないだろうか。

ここで健康について改めて考えてみると、1946年のWHO（世界保健機関）憲章の前文には、健康とは「完全な肉体的、精神的及び社会福祉の状態であり、単に疾病又は病弱の存在しないことではない」とある。この定義を見ても、健康の範囲は肉体や精神だけに留まらず、社会福祉にまで至っていることが分かる。つまり、健康とは、生物学的な身体の状態だけを指すのではなく、それを維持できる社会環境を含めることではじめて健康と言える。

日本の健康観を見てみると、そこにはコレラや結核などの伝染病対策とのかかわりから注目されてきた歴史的な経緯がある。明治期以降の日本では、江戸末期から定期的に流行していたコレラに対して、感染者を病院に隔離し、同人

の家を消毒する対策がなされていた。1897（明治30）年に「伝染病予防法」も施行され、国家的な国民の健康管理が行われることになる。その後、結核が流行すると、政府は「結核予防法」（1919）を制定し、強制的に感染を予防するための措置を講じることが一般的となった。

　このような伝染病対策とともに、予防対策として都市の環境改善のために下水道の普及が図られ、飲食物の販売に関する取締り規定（「食品衛生法」の前身）も明治33年に制定されている。つまり、当時の国家による健康管理は、健康を維持するというよりも直接国民の死を避けるための対策であったと言える。

　しかし戦後日本の健康に関しては、厚生省（現厚生労働省）を中心として、医療保障制度の本格的な普及や病気の治療とともに成人病（生活習慣病）などの疾病の予防に対する運動などが展開されていくことになる。さらに、高度成長期を迎えると、上下水道などの衛生環境が整備され、他方ではスポーツで心身ともに健康な状態を維持するなど、国民の健康意識が向上していった。

　そのような健康意識の啓発は、従来の「病気の状態ではない」という健康観から、「心身の活気ある状態」という健康観にまで高められたのである。

　今日では、スポーツジムやサプリメントなどが一般化し、健康に対する人びとの意識が日増しに高まっている。一方、会社などの定期検診によって、早期に疾病を発見し治療する予防意識も自明視されている。

　しかし、ここで健康について改めて考えてみると、こうした健康は私たちが不健康や疾病として判断された瞬間に、もろくも崩れ去ってしまう側面もある。つまり、昨日まで元気に働いていた人であっても、早期のガンと医師が診断すれば健康な状態とは言えないのである。だからこそ、医師という専門的な職種や治療というものが注目され、まさに医療化の要因となる医療に対する信頼や要求が増してくることになる。

5. 医師の専門職化と自律性

　人びとの健康意識は、ある意味「病」に対して過敏な反応につながる。もし、病気にかかったなら、とりあえず病院に行くことが頭をよぎる。しかし、なぜ

第 5 章　医療の社会学

　私たちが病気にかかると病院で医師に診察してもらうのだろうか。多くの人は、私たちがわからない病気を一番知っているのは医師であり、また専門的な知識に基づく治療方法を行うことができるのは医師である、と考えるかもしれない。ここで、さらに突き詰めて考えてみると、なぜ医師以外の人が治療を行ってはならないのか、またなぜ人びとは医師に頼ろうとするのか、という素朴な疑問にぶつかる。このような疑問を社会学的に見てみると、そこには医師という専門家の存在が明らかとなってくる。

　医師について見てみると、そこには国家や社会に公認された医師の専門職としての地位があげられる。医師は患者の「病」を診断し、治療を施すことで患者を健康な状態へ回復させるように援助し、それに対して患者は早く「病」から回復できるように医師を信頼し期待するのである。この医師−患者関係のモデルは、医師の医療行為の独占と正当化が前提となっている。

　エリオット・フリードソン（Eliot Freidson）は、医師などの医療専門職が社会の中でどのようにして支配力を獲得し、その結果、患者（クライエント）の生活にどのような影響を与えたのかを解明しようとした。その内容を見ると、フリードソンは、医師の公的な権威が国家によって保障された資格と大学医学部という専門教育に特化した教育機関に多くを負っているという。医師は、医療組織の頂点に立つことで社会から「自律性」（autonomy）が認められ、それによって患者を合理的な管理下に置くと指摘する。ここでいう自律性とは、「独立しており、自由で、他からの指示を受けないという特質ないし状態」（Freidson 1992=1970：124）を指している。このような医師の権力は、西欧諸国に共通して見出される医師のさまざまな活動、すなわち「専門職化」（professionalization）を通じて勝ち取ったものであると指摘する。

　この医師の専門職化を簡単にまとめると、①専門教育（医学教育）に特化した高等教育機関（大学医学部）で専門的な知識や技術を習得すること、②国家による資格を得ること（免許制）、③一般人や患者から一定の自律性を確保すること、④保健医療領域の独占を目指す職業集団の活動であると言える。

　医師の専門職化は、日本においても認められる社会現象である。今日の医師の専門職化を理解するためにも少し時代を追って、日本の医師の専門職化の経緯を簡単に確認しておこう。

日本における医師の専門職化は、明治期以降に進められた。明治政府の欧化政策に伴い本格的に導入された西洋医学は、これまで日本の医療の中心であった東洋医学を追いやることになる。この東洋医学の締め出しと医療制度確立は、明治政府の力が大きく影響していた。その理由として、明治16（1883）年に「医術開業試験規則」や「医師免許規則」が制定され、国家が法的に認める試験に合格しなければ医療行為ができなくなったこと。また、明治39（1906）年には「医師法」が公布され、医師はすべて医科大学または医学専門学校を修了したものでなければ医師免許を取得することができなくなったことがあげられる。一方では、大正5（1916）年には「大日本医会」という全国的な医師会が結成されている。

　つまり、日本における医師法に至るまでの「医制」の成立は、医師の社会的評価と経済的地位が向上するとともに、医師の専門職化を進めていくことになったと言える。その結果、日本において医師は、「医師」という資格と治療の処方について権限を得ることで、医療という市場に優位な地位を確立することになったのである。このように自律性が認められた医師の専門職化によって、私たちは専門的に治療を行うことができる医師を信頼しているのである。

6. 専門職としての医師と看護師の関係

　ここでもう少し医師という専門家について考えてみよう。特にここでは、日本の看護師の制度化から、医師と看護師の関係を中心に見ることにしたい。

　看護師と医師との関係は、すでに1915（大正4）年に制定された「看護婦規則」に見ることができる。この法律には、看護婦の試験に合格した者や地方長官の指定した学校または講習所を卒業した者に看護婦としての資格を認め、資格を得ていない看護行為は罰せられ（第11条）、治療器具や薬品の使用は医師の指示（第6条）が必要と明記されている。この法律を見ても、医師と看護師の間に、指示し指示される関係が認められる。

　また、フリードソンは、「医師の自律性は、その専門技能が分業体制のなかで支配的地位を占めるということによって支えられている」（Freidson 1922=1970：127）と述べている。すなわち、病院などにおける看護師や介護福

祉士などは、専門的な教育を受けて仕事に専念し、職務に献身している立場にあるが、分業の構造的関係において、支配的地位にある専門職（医師）と、従属的地位にある専門職（看護師、介護福祉士など）はまったく異質の立場にあるということを指摘している。

　このような違いをフリードソンは、「制度化された専門技能の階層制」と呼んでおり、古典的官僚制に見出される職務階層とほぼ同程度に明確であると言う。一般的に階層とは、財産や学歴、職業、知名度などの違いを基準とする社会的な地位の集まりを指すが、ここでは、医師を頂点とした看護師などの医療スタッフや患者を合理的に管理する組織のかたちであると言える。つまり、この医師の支配的な地位は、看護師や介護福祉士などのスタッフを専制的に管理することを意味する。したがって、時に医師は、スタッフの患者に対する情報提供を差し控えさせたり、親しみある意思疎通を伴ったスタッフと患者の関係でさえ、その指示において統制することが可能となるのである。

　また、この医師の専門家支配は、時として当事者である医師本人すら無自覚のままで浸透しており、医療という名の下に管理し統制することが当然視されている側面もある。

　このように医師と看護師の関係を考えてみると、フリードソンの指摘する医師の専門家支配が、医療化への大きな導引となっていることが分かる。

7. 医療スタッフに対する患者という役割

　医療化の要因の最後として、医師と患者の関係を取りあげたい。ここでは、医師が自律性を確保しながら専門家として患者に接するとき、患者がどのような役割を担うのかを考えてみよう。

　これまでの医師の専門家支配を前提にすれば、医師は病院という社会の中で、看護師などの医療スタッフと同様に患者に対しても支配的な位置づけを強制することが考えられる。このような医師と患者の関係の下では、患者を成人として、つまり責任能力をもつ人格として見ない患者観が展開され、医療という専門的な訓練を受けていない「無知な者」として対応することになる。このような医師からの強要は、自立した成人としての役割を患者に放棄させ、医師に

とって脅威とも言える治療に対する批判を回避し、患者を無害化させてしまうのである。

　さらに医師と患者の関係を知るために、タルコット・パーソンズ（Talcott Parsons）の医療の研究を取りあげてみよう。パーソンズは、医師と患者の関係を社会的役割という視点を用いて「病人役割」（sick role）概念としてとらえている。

　パーソンズは、患者が医師によって統制され、一定の制度化された病人としての役割を担うと指摘した。ここで、先に述べた健康という概念が重要となってくる。パーソンズは、健康を役割と作業とを効率的に遂行する能力の最適状態であると定義している。たとえば、ある人が看護師であり、親であり、サークルのメンバーであり……と、私たちが社会の中で生きていくために担っている社会的な役割を遂行できる状態が健康と定義される。

　このようにして健康をとらえてみると、病人役割は健康からの逸脱ということになるが、一方で通常の社会的役割（学生や会社員など）を遂行する義務（勉強や仕事など）から免除される特権が与えられ、さらに自分の力だけで回復する義務からも免除される側面がある。しかし、パーソンズは、このような特権が永続的全面的に正当化されるものではなく、病人には「病」という状態から回復するために医療専門職の援助を受け入れてそれに従う義務が生じると指摘する。

　このような医師と患者の関係を考えてみると、医師と患者は、医師が患者を「病」という逸脱状態から社会へ復帰させるための最良の治療を行う義務を負い、患者も医療を受けることで「病」からいち早く回復し社会復帰する権利があるという、義務と権利の関係が成立している。つまり、この関係の下では、患者が義務とともに権利として医師を信頼しその指示に対して素直に従うことが当たり前に認識され、同時に医療化が受け入れやすい状況にあることが分かる。

8. 医療化が引き起こす「病」

　ここまでは、医療化を導引するいくつかの要因を見てきた。医療化は、私た

ちが健康という意識を高めれば高めるほど広まっていき、医師という専門職に大きな期待と要求を絶えず向けていくことになる。では、医療化により私たちの生活の中でどのような社会現象が現れているのだろうか。この医療化がおよぼす社会現象を知るために精神医療を取りあげてみたい。

　医学は高度な専門性を有しているため、他の学問領域から指摘され評価されにくい分野と言える。ある意味、「生物学的モデル」を前提とする「聖域」に対して社会学が踏み込むことは困難であった。しかし、精神医療については、これまでにも多くの社会学者が研究対象として考察してきた。なぜなら、精神医療は患者を精神障害と判断する際に、「社会性」や「社会的適応」という指標が深く関与しているため、医学の全体に共通する「生物学的モデル」が必ずしも成立しておらず、治療方法が外科や内科などの治療方法論とくらべて乏しい状況にあったからである。

　ミシェル・フーコー（Michel Foucault）は、ヨーロッパの歴史を見ると中世において狂気が人びとの生活の中で当たり前にとらえられ、抑制する前に受け入れられるものであったと言う。ところが、17世紀半ばになると、狂気は梅毒患者や犯罪者とともに収容施設への隔離対象とされ、その過程で、狂気は道徳的にも社会的にも有害なものとして扱われた。そして、19世紀になると狂気は精神疾患として医療の対象となったと指摘した。こうしてフーコーは、狂気に対する「理性」（正気）というものを通じて、収容施設としての病院で精神医療が狂気を精神疾患と認定することにより、狂気との対話、つまり正気とされる人びとと狂気との交流が終わってしまったことを明らかにした（Foucault 1975=1972）。

　フーコーの「狂気」に対する研究から、社会学的に精神障害を理解する重要な点として、精神障害に対する認定と精神障害を生み出す病院における精神医療を取りあげたい。

　トーマス・サズ（Thomas. Szasz）は、精神障害が病気や疾患ではなく、社会的反作用として生み出された逸脱的役割であると述べている。つまり、人びとの間で共通理解される「正常」という規範から外れた行為は、社会から「異常」な行為として受け取られる。この人びとの共通理解の上に、精神障害という「病」が社会的に成立していると言うのである。

さらに、この「正常」を判断する基準となるこの社会規範について、トマス・シェフ（Thomas J. Sheff）は、人間としてあまりにも当然な規範であり、人間性の一部とさえ思われる残基的な領域から逸脱（「残基的ルール違反」）すると、社会から奇妙な行動ととらえられると指摘している。この「残基的ルール違反」とは、私たちが会話をする際には相手と向かい合い一定の距離をもって会話することを当然と見なしているが、相手と全く反対を向いて話したり、相手と極端に顔を近づけて話したりするなど、会話のための適切な行動の期待に違反する行動などがあげられる。

　シェフは、そのような行動が重なり一貫性をもつと、狂気として社会から受け取られるようになり、さらに、このような逸脱行為に対して精神科医の注意が払われると、その行為は「精神病」と称され、精神病患者としての役割を付与されると述べている。そして、医師により精神障害と診断されると、患者を取り巻く社会からの反応は、精神障害に対して否定的な意味を付与することになる。

　精神医療は、社会と密接に関わる精神障害を「疾病」と見なすことによって、病院における管理と医学的治療の必要性を社会に向けて示していた。しかし、この病院という施設における精神医療に、アーヴィング・ゴッフマン（Erving Goffman）は疑問を投げかける。

　ゴッフマンは、精神病院で実際に患者を観察した結果、わざと奇怪な症状を演じることで新米の見習い看護婦を困らせないように気遣う患者がいると述べ、精神病院が社会とのつながりを剥奪し、病院内における医療スタッフとのやりとりのなかで自らの患者としての地位を確保していることを指摘した（Goffman 1984=1956）。

　つまり、患者は自らが病気であることを自覚し、社会的な慣習や規範から逸脱したのは「病気」のためであったことを認める。そして、患者が退院するために医療スタッフの期待を裏切らない役割を演じることで、本来の自分と演じる自分の二つの側面を身に付けようとしていることが見出されたのである。

　ゴッフマンの指摘は、精神医療が精神疾患を生み出している側面をよく映し出している。つまり、医療というものは「病」を治療するだけではなく、時として「病」を生み出すことさえあり、これが医療化を引き起こす新たな「病」

なのである。

　近年では、志水がうつ病を例に「重度のうつ症状のみに診断が下されていたものが、一般的な落ち込みや悲哀反応についても適用されるようになる」（志水 2014：42）として医療化について指摘していることからも分かるように、日本の医療化における「病」は拡大する傾向にある。

9. 医療化の明暗から脱医療化へ

　前節では、精神医療の現場から医療化の生み出す「病」に関して見てきたが、ここでは医療全体に視野を広げて医療化の動きを考えていこう。
　はじめに、イヴァン・イリッチ（Ivan Illich）の研究を取りあげてみよう。イリッチは、現代の人びとの過度な医療への傾倒と医療の専門家である医師の関係から生じる「病」を「医原病」をとして明らかにした。そして、この「医原病」を生じる原因によって「臨床的医原病」「社会的医原病」「文化的医原病」に類別している（Illich 1997=1976）。
　「臨床的医原病」は、薬物療法による副作用や医療過誤による患者の犠牲など、実際の医師による治療によって起こった「病」である。また、「社会的医原病」とは、公的な医療費の増加の下、国家は生物医療へますます依存し、消費者は薬を大量に消費し、就職や入学さらに裁判や生死の判定など、日常の生活にかかわる多くの場面において医療専門家の診断を仰ぐ「生活の医療化」から生じる「病」である。さらに、「文化的医原病」とは、生物医療の治癒における麻酔などを用いた痛みの排除が、本来社会にある根源的な能力を破壊するある種の「病」であるとして指摘した。
　イリッチは、医療を何の疑いもなく受け入れてきた人びとに対して、医療化から「病」が生み出されていることを大きな問題として提起した。つまり、医療が社会的な「病」を生み出していることを示唆したのである。
　このイリッチの医療化への指摘は、社会的な「病」の存在を浮き彫りにしたが、医療化は私たちに対して良くも悪くもかかわりを持っている。そうした正と負の側面について、ピーター・コンラッド（Peter Conrad）とジョセフ・シュナイダー（Joseph W. Schneider）は、医療化を逸脱現象としてとら

えることにより、医療化の明るい側面と暗い側面をあげている（Conrad and Schneider 2003 = 1992）。

　明るい側面のひとつの例としては、アルコール依存症があげられる。アルコール依存症が治療対象とされる以前は、道徳的な弱さや罪として社会からとらえられてきた。しかし、今日では治療対象になることでこのような道徳的問題が回避されたと言う。

　一方、暗い側面としては、①逸脱者に対する社会的責任の転嫁、②医学的認定が道徳的に常に中立であるかのようなとらえ方、③医療による社会の統制、④社会問題の個人化、⑤逸脱行為の脱政治化という5つのことを指摘している。①は、ある人がとった異常な行動が医学的な問題と見なされることで、社会的な責任を免れる立場になるということである。②は、医療が科学という客観的な側面を押し出すことにより、常に道徳的中立性を保っているかのようなとらえ方をされているということである。③は、これまで見てきた医師という専門家による統制である。④は、逸脱行為を社会から生じた問題としてではなく、病気などを個人の問題として扱う傾向にあることを指している。⑤は、この個人化が進むことで、問題は政治的な対応ではなく医療的な対応に転嫁されるということを指摘している。

　このように医療化という社会現象は、私たちの社会にとって正と負の側面をもっている。ただやみくもに医療に傾倒すると、イリッチが指摘したように負の側面が露呈することになってしまう。だからこそ、ここでもう一度医療が「生物的モデル」を前提とした治療だけではなく、社会的な要因を多く含んでいるということを再確認する必要があるのではないだろうか。

　このような医療化の動きに対して、「脱医療化」（demedicalization）という現象も見られるようになってきた。ここで、同性愛を取りあげて脱医療化を見てみよう。

　近代以前の同性愛は、キリスト教などの宗教観や国家権力により「罪」もしくは「犯罪」として見なされていた。19世紀半ばには、同性愛を先天的な病理であり、神経系の「変性」であるという医学的原因論が形成される。これに対して20世紀に入ると、ジグムント・フロイト（Sigmund Freud）が同性愛を性的な体験と幼児期の人間関係による心因性に基づくものとして、これまでの

病理的な解釈を否定した。

ところが、第二次世界大戦後に精神医学会（APA）は、同性愛を医学的な病理として公的に位置づけることになり、この動向に対して1970年代のゲイ解放運動がはじまり、精神医学会の公的なマニュアルから同性愛が病理であるという項目を削除することに成功したのである。

この同性愛の事例からも分かるように、脱医療化とは、病理に対する科学的で医学的な進歩の過程により創出されると言うよりも、政治的な運動の過程として展開されてきたことが分かる。つまり、医療化や脱医療化は、政治的であり社会的な活動のなかで定義され、また解除されるものなのである。

10. 医療化から考える医療と看護のあり方とは

医療化という社会現象を、社会学的な視点から見てみることにより、医師と患者、または医師とその他の医療スタッフとの統制的な関係性が明らかとなった。ここから、医師の管理下に患者や看護師が置かれることから生じる問題点も見えてくるはずである。

一方、脱医療化を社会学的にとらえていくと、「患者の権利」の主張やノーマライゼーション（normalization）という新たな側面も指摘される。これは、患者の自己決定の自由が重視されることで、これまでのように医師による一方的な判断と治療をただやみくもに受け入れる「受け身の患者」とは異なり、患者は患者主体の医療に対する選択が可能となったことを意味する。そして、このような動きに対して医師も、最大限に患者の自主性を尊重する必要が問われることになってきた。その具体例として、今日ではインフォームド・コンセント（informed consent）といった医師から患者に対する説明責任が一般化している。

他方、財政的な側面として高齢社会の到来により医療費の抑制と医療をはじめとした保健や福祉の見直しが社会的な課題となっている。このような医療財源不足の状況において、看護に何が求められるのであろうか。

看護の特徴としては、患者の観察や検査、処置、手術の介助など、医師の診察の補助的な仕事と、患者の全般的な療養に関する心身の世話に大別される。

これからも分かるように看護の範囲は、高度な技量を要するものからそうでないものまで広範におよぶものであり、それだけに医師よりも患者に関する多くの情報や人間的な関係も密である場合が多い。しかし、日本における看護師の現状は、夜勤を含めて仕事量が多く、それに対して給与水準が低いことなどの労働条件の問題も山積し、医療現場では看護師不足も深刻な問題となっている。そこで、看護や介護というものを専門職として改めて見つめ直すことが必要となってくる。それは、医師にはできない職務上の領域を主張することであり、医学とは異なる看護からの診断基準を用いて、患者の観察や診断そして看護の方針を体系的に決定することが求められるのである。

このような「看護診断」は、これまでの近代医学が見落としがちであった患者の心身の相関や社会との相互作用を含んだものとして高く評価される。また、医師による「キュア」（治療）だけではない「ケア」（看護）の重要性を再認識させる動向としても注目される。マドレイン・レイニンジャー（Madeleine M. Leininger）は、1970年代にいち早く看護学の立場から看護の本質は「ケア」であることを主張している。つまり、現代はケアが重視される時代なのである。

看護からみた「看護診断」は、看護や介護の社会化のひとつの動きであると言える。しかし、ここで見過ごされてならないことは、看護や介護の社会化が進められていく中で、患者という存在をしっかり認識することが重要なのである。医療化に見られた医師と患者との関係は、看護師や介護福祉士が社会化され専門化されることで、看護師や介護福祉士と患者の新たな関係性を生じる可能性も否定できない。つまり、患者の病んだ臓器だけを重視し、患者の疾病だけを管理する関係が、「診断」という行為によって看護師や介護福祉士のなかでも促進されるおそれがあることを考えなければならない。常に、患者主体の看護や介護が求められることも改めて見直されることが大切であろう。

これに対して、患者側にもただ自己決定権を振りかざして権利を主張するだけでは、医療の新たな展開は見込まれない。そこには、自分のことは自分で責任をもつ患者の自己責任が生じるからである。

このように医療と患者の関係を見ていくと、医療に何ができるかを追求するだけではなく、何ができないのかを考え、また、医療に何を期待すべきかだけではなく、何を期待してはいけないのかを考えることが必要となってくるかも

しれない。つまり、医療が完全なものであるというような医療神話をただやみくもに鵜呑みにしていては「医療化」という名のもとに新たな「病」を生み出すことさえあるのである。それを見極めるためにも、患者は自らの医療についてよく知り、社会的な「病」についても自覚していかなければならないし、医師や看護師も指示に対して従順な患者を求めるだけではなく、治療情報をできるだけ共有し、看護診断を取り入れた患者中心の看護と治療を行うべきであろう。なぜなら、医療行為とは、患者と医療従事者との共同作業だからである。そのような共同作業から、本来、患者が「病」に対処する力をつけていくエンパワーメント（empowerment）が高められるのではないだろうか。

現代の医療は、生殖医療を見ても技術的な進歩により体外受精やクローン問題など倫理を交えた新たな現象が現れてきた。そこには、医療が人間を対象としていることと大きく関わってくる。すなわち、いくら医療が進歩し、多くの領域に影響力をおよぼしたとしても、医療が私たち人間を対象としていることに変わりはないのである。だからこそ、社会的な意味が患者に付与され、時には「病」さえ引き起こしてしまうのである。

医療に携わる医師や看護師、介護福祉士、そして患者が、この課題に取り組む時期はすでに来ている。看護や介護のあり方を「医療化」を通じて社会学的に考えてみることが、今後のよりよい看護や介護へのきっかけを与えてくれるはずである。

参考文献
References

Conrad, Peter, and Joseph W. Schneider, 1992, *Deviance and medicalization: from badness to sickness*, Philadelphia: Temple University Press. （＝2003, 進藤雄三監訳, 杉田聡・近藤正英訳『逸脱と医療化――悪から病へ』ミネルヴァ書房．）

Foucault, Michel, 1972, *Histoire de la folie a l'age classique*, Paris: Éditions Gallimard. （＝1975, 田村俶訳『狂気の歴史――古典主義時代における』新潮社．）

Freidson, Eliot, 1970, *Professional dominance: the social structure of medical care*, Palo Alto, CA: Atherton Press （＝1992, 進藤雄三・宝月誠訳『医療と専門

家支配』恒星社厚生閣.)

Goffman, Erving, 1956, *The presentation of self in everyday life*, New York: Doubleday（＝ 1974, 石黒毅訳『行為と演技』誠心書房.)

―――, 1961, *Asylums*, New York: Doubleday（＝ 1984, 石黒毅訳『アサイラム』誠心書房.)

Illich, Ivan, 1976, *Limits to medicine: medical nemesis, the expropriation of health*, London: Calder & Boyars Ltd.（＝ 1998, 金子嗣郎訳『脱病院化社会――医療の限界』晶文社.)

森田洋司・進藤雄三編, 2006,『医療化のポリティクス――近代医療の地平を問う』学文社.

中川輝彦・黒田浩一郎編, 2015,『〔新版〕現代医療の社会学――日本の現状と課題』世界思想社.

進藤雄三, 1990,『医療の社会学』世界思想社.

進藤雄三・黒田浩一郎編, 1999,『医療社会学を学ぶ人のために』世界思想社.

志水洋人, 2014,「医療化論の動向――逸脱行動の医療化から疾患概念の拡大へ」,『年報人間科学』第 35 号：39-51.

佐口卓, 1982,『医療の社会化』勁草書房.

生命保険協会編, 2018,『生命保険の動向（2018 版）』生命保険協会.

Parsons, Talcott, 1951, *The social system*. New York: Free Press.（＝ 1974, 佐藤勉訳『社会体系論』青木書店.)

Szasz, Thomas. *The manufacture of madness*. New York: Harper & Row, Publishers,1970.

Freud, Sigmund,1905, *Three Essays on the Theory of Sexuality. Standard Edition*, Vol.7. trans. Strachey J, London. Hogarth Press.（＝ 1969, 懸田克躬・高橋義孝他訳「性欲論三篇」『フロイト著作集 5』人文書院.)

Thomas J. Scheff. 1966, *Being Mentally Ill: A Sociological Theory*, Aldine（＝ 1979, 市川孝一・真田孝昭訳『狂気の烙印――精神病の社会学』誠信書房.)

Leininger,Madeleine,1978,*Transcultural Nursing: Concepts,Theories, Andpractices*. NewYork:Wiley

Leininger,Madeleine,1992, *Culture Care Diversity and Universality: A Theory of Nursing*. New York: National League for Nurslng Press.（＝ 2002, 稲岡文昭監訳『レイニンガー看護論――文化的ケアの多様性と普遍性』医学書院.)

ディスカッションテーマ
Exercises

1　医療化から生じる「病」について、身近な例をあげつつ議論してみよう。
2　患者主体の医療とは何かを、医師の専門職化や病人役割を交えながら議論してみよう。

読書案内
Reading guide

1．Conrad, P. and J. W. Schneider, 1992, *Deviance and medicalization: from badness to sickness*, Philadelphia: Temple University Press. （= 2003，進藤雄三監訳，杉田聡・近藤正英訳『逸脱と医療化——悪から病へ』ミネルヴァ書房．）
　　本章でも取り上げたが、本書では、医療化がさまざまな領域において影響を及ぼし、逸脱という状況から病へと変容させていく過程が歴史的に検証されている。
2　Foucault, Michel, 1972, *Histoire de la folie a l'age classique*, Paris: Éditions Gallimard. （= 1975，田村俶訳，『狂気の歴史——古典主義時代における』新潮社．）
　　本章でも取り上げたが、著者のミシェル・フーコーは、狂気の概念や病院施設を含めた医療方法の変容していく過程から、理性の時代の幕開けとともに日常生活の中での狂気との関わりが終わりを告げたという主張を展開している。

column

日常生活から見た社会の医療化

　近年、健康志向はますます高まっているようである。CMやテレビ番組などを見ても、「特定保健用食品（トクホ）」関連の商品やフィットネスクラブの広告など、私たちの身近な生活に健康関連のサービスや健康意識が浸透しているようである。また禁煙外来や薄毛治療（AGA）など、社会において忌避される傾向にある個人の嗜好や外観が治療対象としてますます拡大している。この背景にも、不健康や老化に対する社会の眼差しが医療化を促進する社会的要因として読み取れる。

　一方で、この健康観に相対する「死」についても医療化の影響を見てとれる。現代の日本では生まれる場所も死ぬ場所も病院が一般化しており、健康を管理すると同時に「死」を管理するのも医療と言える。例えばターミナルケアなど、これまでの医療において敗北を意味するような死を受容して、緩和医療などQOL（quality of life）を念頭に置いた患者を重視した関わりも広まっている。

　このような明るい側面と暗い側面を内包する医療化であるが、この医療化の過程において、患者が社会生活を営む中でどのように医療と向き合い、自らの判断のもとに医療と関わっていくのかを注視する必要がある。なぜなら医療化は、患者主体で展開される社会現象というより、医学界や製薬産業界（マーケティングに関連するマス・メディアも含む）がけん引する社会現象と言えるからである。

　今後、医療化のもとで新たな診断基準に基づく疾患概念が拡大していくことが予想される。その基準にはこれまでと同様に健康という概念が前提となることは変わらないであろう。この状況下では、その健康とは正反対の不健康な行動は慎まなければならないし、時には逸脱視され批判されかねない。このように高められた健康という基準から外れる行動を逸脱行動として指弾することは避けられなければならない。医療は人びとを安心させることもあれば、不安にさせることもある。また、人と人の間に境界を引くこともある。このような医療の影響を自覚することが、今後求められていく患者主体の医療に直結するのではないだろうか。

（作田誠一郎）

第 6 章

キュアからケアへ
現代の看護学における専門性の高まりについて

宮園 真美

本章のねらい

　この章では、看護職が社会の中でどのように専門性を高めてきたか、看護学の発展と社会学の関係の中で考えたい。「1. 社会の変化の中の看護教育の変遷」では、歴史の中で看護師はどのように教育され専門性を高めてきたか、保健師助産師看護師法学校養成所指定規則の変遷とともに紹介をしている。社会のニーズに沿って変化してきた看護教育と看護学の成り立ちを理解していただきたい。「2. 専門職としての看護」では、スペシャリストとジェネラリスト、看護過程（ナーシングプロセス）、看護展開の場、看護の対象（個人、グループ）という側面から看護の専門性を考えたい。対象をホリスティックに理解し、対象中心の看護、対象の個別性に沿った看護をしようとする部分に医学とは違った専門性があることを発見していただきたい。「3. 看護の専門性と社会学的視点」では、看護の専門性の基盤となる社会学的な概念について述べている。看護学と社会学の関係を理解していただければと思う。

 看護の専門性、看護過程、看護展開の場、看護の対象

1. 社会の変化の中の看護教育の変遷

　超高齢化社会、医療技術の高度化とともに看護に対する社会的ニーズも多様化し、ますますその必要性は高まっている。長い歴史の中で看護者は、社会の期待に応える質の高い看護を提供するために尽力してきた。とりわけ看護の専門性は看護教育の変遷と大きくかかわっていると考える。ここでは、看護基礎教育が行われるために定められた「保健師助産師看護師学校養成所指定規則」の変遷とともに看護学がどのように確立されてきたか見てみよう。

１）戦後看護教育の基礎が築かれた頃

　太平洋戦争が終結した頃、日本の保健医療は立ち遅れていたため、厚生省は連合国軍総司令部（以下、GHQ）の指導のもとで保健婦、助産婦、看護婦の質を向上させるための改革を行った。この頃の看護師は、「患者の世話は家族や付き添いに任せ、医師の診療の手伝いに追われていた（略）」（清水 2009）と言われるほどであり、看護の独自性はまだ生まれていなかった。1948（昭和23）年に「保健婦助産婦看護婦法」が公布され、1949（昭和24）年に「保健婦助産婦看護婦学校養成所指定規則（指定規則）」が公布された。また、1951（昭和26）年に、指定規則の改正で、看護婦、准看護婦という呼び名が創設された（注：平成14（2002）年３月より「婦」から「師」への改正が行われた）。

2）看護の需要が高まり看護学が独立した頃

　昭和 23 年（保健婦助産婦看護婦法〈以下、保助看法〉の制定と同年〈1948〉）、厚生省中央官庁の医務局に看護課が創設された。看護課の創設は、官吏に看護師を登用すべきという GHQ の意見を汲んで作られたものであったが、GHQ が引き上げた後、政策の一環として（1956）3 月 31 日、看護課は突然廃止された。これに対して日本看護協会をはじめとした看護界は一丸となって全国的な活動を展開し、昭和 38（1963）年 4 月、看護課を復活させる。また同時期には、看護師のストライキが展開され診療報酬による基準看護制度が導入されるなど、看護職者が社会の変動の中で自分たちの主張を始めたことが分かる。

　また、看護教育は、1967（昭和 42）年の指定規則改正で、健康保持増進、疾病予防から疾病の回復、リハビリテーションを含むなど、身体面だけでなく精神面、社会面など個人に関するすべての側面から看護を行う全人的な看護を目指す方向へ大きく前進した。専門科目として看護学が独立し、根拠を持った基礎的理解力を養うことが重要視されるようになった。

3）少子・高齢化社会に突入し始めた頃

　平成に入ると、医療法改正にともなう病床の急増のため、より深刻な看護師不足が社会問題となり、1992（平成 4）年に、「看護婦等の人材確保の促進に関する法律」が成立した。

　少子・高齢化、疾病構造の変化、医療の高度化に伴い、医療・看護の場は病院から在宅へと移行し始めた。また、病気になって治療するよりも、病気を予防しよう、という考え方の変化も起こってきた。患者主体の医療・看護と言われ始めたのもこの頃である。看護大学、看護大学院が増設される中、指定規則も従来の疾患別の理解から、対象者の理解を重視するように改められた（1989〈平成元〉年）。看護はこの時代においても、人口構造や疾病構想の変化に伴い変容していたことが分かる。

4）看護教育がより充実した時代

　1996（平成 8）年の指定規則カリキュラム改正は、1994（平成 6）年に行われ

た少子・高齢社会看護問題検討会の提言を受け、看護教育内容の充実を図ることを目指して行われた。看護師教育課程では、「在宅看護論」「精神看護学」が新設された。また、単位制の導入や4年間で保健師課程と看護師課程の教育を

表6-1 指定規則の改正と看護の状況

	指定規則の改正	看護
1) 戦後 看護教育の 基礎が築か れた	「保健婦助産婦看護婦法」公布 　　　　　　　　　1948（昭和23） 「保健婦助産婦看護婦学校養成所指定規則（指定規則）」公布 　　　　　　　　　1949（昭和24）	＊女性の参政権はなかった ＊医師の診療の手伝いが主な業務であった
2) 看護需要が 高まり看護 学が独立し た	**指定規則第1次カリキュラム改正** 　　　　　　　　**1967（昭和42）** 健康保持増進、疾病予防から疾病の回復、リハビリテーションに関する内容が含まれた	＊看護教育は、全人的な看護を目指す方向へ前進した ＊「看護学」が専門科目として独立した
3) 少子・高齢 化社会へ突 入	**指定規則第2次カリキュラム改正** 　　　　　　　　**1989（平成元）** 疾患別の理解から、対象者の理解を重視するよう改められた	＊治療だけでなく予防へも目を向けるようになった ＊患者主体の医療・看護が重要視されるようになった ＊看護職に求められる能力や役割が拡大した
4) 看護教育が より充実	**指定規則第3次カリキュラム改正** 　　　　　　　　**1996（平成8）** 看護教育の内容の充実（在宅看護論、精神看護学の新設）、単位制の導入、統合カリキュラムが示された	＊看護教育体制が充実され、看護師への社会的期待がより大きくなった
5) 医療の高度 化に沿って 看護基礎教 育の充実へ	**指定規則第4次カリキュラム改正** 　　　　　　　　**2008（平成20）** 医療の高度専門化が進む中で安全で安心できる医療体制構築に向けた看護基礎教育の充実が求められた	＊指定規則改正の他にも保健師、助産師、看護師のそれぞれ技術項目と卒業時の到達度が看護課長通知で示され、看護実践能力の目標が明確にされた

行う統合カリキュラムが新たに提示された。看護教育は社会変動や社会のニーズに合わせて看護の専門性を高め、より具体的な看護教育を進めていこうとしていった時代である。

5）医療の高度化に沿って看護基礎教育の充実へ

2008（平成20）年に行われたカリキュラム改正は、新人看護師の看護実践能力の低下に対する問題提起が含まれており、医療の高度専門化が進む中で、安全で安心できる医療体制構築に向けた看護基礎教育の充実が求められている。この頃、保健師、助産師とともに看護技術項目と卒業時の到達度が示され、具体的な看護実践能力が明確になっていった。

以上のように、看護教育は、社会の変化と時代のニーズに沿うように変遷してきた。現在までのカリキュラム改正は、社会のニーズに沿っての看護教育の変化を示しており、社会のニーズが看護に直接的に影響していることがわかっていただけると思う。看護学は社会の中で独自性・専門性を育んできたのである（**表6-1** 参照）。

2. 専門職としての看護

専門職（profession）とは、「高度な専門知識や技能が求められる特定の職種」（『大辞林第3版』）であり、高度な理論や学問的裏づけによる優れた技術をもち人々に貢献する職業である。僧職、医師、弁護士が3大専門職と言われるが、看護師も同様に専門職としての機能を求められていると言える。ここでは、看護の専門性について、1）看護の機能から、2）ジェネラリストとスペシャリストの側面から、3）看護過程（ナーシングプロセス）を通して、4）看護展開の場、看護の対象（個人、グループ）の側面から考えてみよう（傍点で示した部分は、看護の専門性に特にかかわりの深い内容である）。

1）看護の機能から考える

WHOが1950年にまとめた看護の機能は、次のようである（**表6-2**）。これは、

表 6-2　WHO「看護の機能」1950（齋藤 2013）

(1) 患者のために医師が指示する治療計画を果たし、同時に各個人が衛生と安楽の点でそれぞれ満足できるように務める。
(2) 疾病の回復に必要な身体的・心理的環境を保持する。
(3) 患者とその家族に対しては、患者の回復と厚生に向けて取り組めるよう努める。
(4) 患者と健康者に対し、心身の健康法を積極的に指導する。
(5) 疾病の予防に携わる。
(6) 他の保健医療チームと看護事業が同調するよう努力する。

アメリカが第1次、第2次世界大戦後に発生した看護師不足を解決するために全国的に行われた調査結果を基に提唱されたブラウンレポート（将来の看護）を基にしていると言われている。ブラウンレポートは、包括的看護、つまり患者のあらゆる側面への看護を提唱したものであり、それを行うためには医学的知識中心の看護教育に人間理解の内容を取り入れることが必要であると示している。WHO「看護の機能」も、疾患そのものではなく人間に焦点を当てていることが分かる。

　医学的知識だけでなく人間を理解するという点に、看護の専門性を一つ見出すことができるのではないだろうか。

2）ジェネラリストとスペシャリストの側面から考える

　通常、専門職には、ジェネラリストとスペシャリストが存在すると言われる。
　看護職にも、ジェネラリストとスペシャリストがあり、それぞれの機能を発揮することによって看護の専門性が維持されている。
　「看護にかかわる主要な用語の解説（看護協会出版会）」によると、ジェネラリストの概念的定義は、「特定の専門あるいは看護分野にかかわらず、どのような対象者に対しても経験と継続教育によって習得した多くの暗黙知に基づき、その場に応じた知識・技術・能力を発揮できる者をいう」とある。同様にスペシャリストの概念的定義は、「一般的に、ある学問分野や知識体系に精通している看護職をいう。特定の専門あるいは看護分野で卓越した実践能力を有し、継続的に研鑽を積み重ね、その職務を果たし、その影響が患者個人に留まらず、

他の看護職や医療従事者にも及ぶ存在であり、期待される役割の中で特定分野における専門性を発揮し、成果を出している者である」とある。

病院で高度の専門知識が要求されるようになった1994年頃から専門看護師（Certified Nurse Specialist：CNS）や認定看護師（Certified Nurse：CN）といったスペシャリスト養成のための法制化が進められるようになった。医療がより専門化、複雑化し、脳死や臓器移植などの生命倫理に関わるような深刻な問題も増えている状況の中で、看護の分野でもスペシャリストの必要性が増し、その養成と活躍には期待が大きい。専門看護師は、2016年1月現在で11分野が日本看護協会によって特定されている（**表6-3**）。

表6-3　専門看護師の分野一覧

分野名
がん看護（Cancer Nursing）
精神看護（Psychiatric Mental Health Nursing）
地域看護（Community Health Nursing）
老人看護（Gerontological Nursing）
小児看護（Child Health Nursing）
母性看護（Women's Health Nursing）
慢性疾患看護（Chronic Care Nursing）
急性・重症患者看護（Critical Care Nursing）
感染症看護（Infection Control Nursing）
家族支援（Family Health Nursing）
在宅看護（Home Care Nursing）

また、海外では、医師に代わって診療や処方ができるNurse Practitioner（NP）という資格や高度実践看護師（Advanced Practice Nurse：APN）という資格があり、日本でもNPをモデルとして発案された「特定看護師」導入に向けて検討が続いている。医師不足や地域による医師の偏在という問題がある中で看護師の役割拡大がどこまで進むのかがこれからの検討事案である。

このように専門分化が進む看護の世界であるが、では、ジェネラリストの存在は不要なのかというとそうではない。スペシャリストは、ジェネラリストが存在して初めて自分の専門業務に打ち込むことができる。スペシャリストとジェネラリストがバランスよく活躍できてこそ、質の高い看護が提供できるのである。

このように、ジェネラリストとスペシャリストから看護の専門性を考えてみると、そこには「看護実践範囲の広さ」と「看護実践分野特定性の高さ」があることが分かる（**図6-1**）。

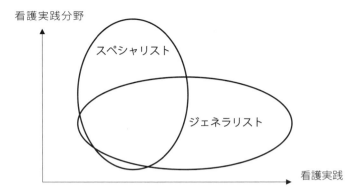

図 6-1　「実践範囲の広さ」と「実践分野特定性の高さ」におけるスペシャリストとジェネラリストの関係略図

3）看護過程（ナーシングプロセス）を通して考える

　看護の専門職であるスペシャリストもジェネラリストも共通して行っていることがある。それは、看護の対象に、看護過程（ナーシングプロセス）を通してアプローチするという点である。ここではそのプロセスを通して看護の専門性について考えてみよう（図6-2）。

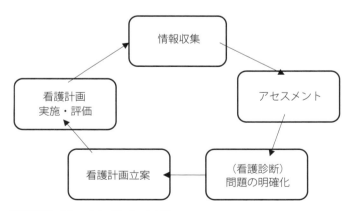

図 6-2　看護過程（ナーシングプロセス）

①情報収集

まず、看護を展開するために、コミュニケーションや面接、(聴診や触診などの)フィジカルイグザミネーション、カルテ、申し送りなどから得られる必要なデータを収集する。対象や家族との対話を通して情報収集するときは、訴えられたことだけでなく態度や目線などノンバーバルな情報もキャッチすることが大切である。

この段階では、対象のおかれている状況を客観的に正確に把握する能力、コミュニケーション能力などが看護の専門的な力量として求められる。また、専

表6-4 理論家の看護の視点 (Roy 2002)

	人間	環境	健康	看護の目標と看護活動
ペプロウ	満足と対人関係の安定性、接触を追求して発達していく存在	文化的・社会的文脈	建設的・生産的な個人や地域社会の生活に向かって人格やその他の前向きの人間過程が前進的に動くことを表す言語的象徴	4つの段階をもつ重要な治療的人間関係を通じて人格やその他の人間過程を開発
ジョンソン	7つのサブシステム(親和、依存、摂取、排泄、性、攻撃、達成)からなる行動システム	保護、養育、刺激というシステムの機能的要件を与える物や出来事、状況	効率的・効果的行動機能を示す行動システムの平衡と安定	個人の最大可能性をめざして行動システムのバランスとダイナミックな安定性を回復、維持、達成する、行動の不安定性をアセスメントし、行動を刺激、保護、制限、防御、抑制、促進することによってそれを行う
オレム	普遍的・発達的・健康逸脱セルフケア能力が異なる個人	セルフケア要件と基礎的条件因子に関係する物理的・化学的・生物学的・社会的条件	治療的な性質の継続的セルフケアを必要とする発達した人間の構造や身体的・精神的機能の健全さや全体性を特徴とする人間の状態	患者が自分自身と依存的他者のセルフケア要件を充足できるよう援助する。患者が治療的セルフケアを達成し、ケア要件を実施・管理でき、自立的セルフケアに向かえるよう援助する

ロジャース	部分の知識では予見できない全体に特有なパターンや構成、特徴や行動によって確認される。統合的な多次元の負のエントロピー特性をもつエネルギーの場	パターンと構成、人間の場との統合によって確認される単純化しにくい多次元のエネルギーの場	相互に高め合い、そして生命の可能性を最大に表現するエネルギー交換の周期的なパターン	主として非侵襲的な形のパターン化の方向づけや再方向づけによって人間と環境のエネルギーの場の統合性を強化する
ロイ	4つの適応様式（生理的・物理的、自己概念・集団アイデンティティ、役割機能、相互依存）への適応を維持するために活動する認知器・調節器システムをもつ適応システム	個人と集団の発達や行動を取り囲み、影響をおよぼすあらゆる条件や状況、影響、人間や地球資源の相互性をとくに考慮する	人と環境の相互性を反映する統合された、全体としての人間であり、またそうなるためのプロセス	4つの適応様式で個人と集団の適応を促進するために、健康や生命の質、尊厳をもつ死への貢献、行動と適応能力に影響をおよぼす因子のアセスメントと、その能力の拡張や環境との相互作用を高めるように介入する
ニューマン	1つの統合体の過程として構成と解体の変化の程度によって拡張したり動いたりする意識	すべてのものの基盤や基礎となる隠された秩序、すなわち見ることができない多次元のパターンと、全体的パターンの仮の発現として周期的に起こる開かれた秩序や実体	意識の拡張、全体のパターン、疾病と非疾病の両方を含む、人間と環境の基本的パターンを示すものと考えられる	個人的変化や共同の意識形成を経たパターン認識と意識の拡張
レイニンガー	個々人の思考や意思決定、パターン化された行為を導く価値観や信念、規範、生活様式を学び、分かち合い、伝える文化的コンテクストにいる人間	特定の物理的・生態学的・社会政治的・文化的に場において人間の表現、解釈、社会的相互作用に意味を与える事象、状況、および具体的経験の総体のコンテクスト	文化的に定義され、価値づけられ、慣習化された安寧の状態。それは文化的に表現された有用でパターン化された生活様式のなかで日常的役割行動を実施する個人や集団の能力を反映する	個人や集団が文化的ケアの保持や維持、調整や取り引き、および再パターン化や再構成を使って安寧を維持し、回復するのを援助し、支持し、促進し、能力を与えるためにヒューマンケアの現象と活動に焦点を当てる

門職として対象を観察するためには看護の独自性を明文化した看護理論からなる看護の視点を持って情報を収集する必要がある。

　適応という考え方を看護モデルの中心と考えたロイ（Callista Roy）、人間関係に焦点をあてたペプロウ（Hildegard Peplau）、看護は人間に焦点をあてるべきであるという論理を明確にしたロジャース（Martha Rogers）、看護にはケアが最も重要であると提唱したレイニンガー（Madeleine M. Reininger）など、多くの理論家がそれぞれの理論を展開している。どの看護理論にも「人間」「環境」「健康」「看護」という主要な概念のとらえ方がある（表6-4）。理論を使って対象を系統立てた枠組みの中でホリスティックに捉えられるようになることも看護の専門性を高めることになる。

②アセスメント～問題の明確化（看護診断）

　この段階では、収集して得られたデータがどのような意味を持つのか分析し判断する（表6-5）。

　このアセスメントの時点では、看護上の問題を引き起こしている関連因子や症状・徴候とデータの関係を考え、今後どのような成り行きになるか予測する。この推論までのプロセスがアセスメントである。アセスメントには、解剖生理学、病態学など、あらゆる知識が必要である。知識が少なければデータの意味を正確に分析することができないため、看護の専門性を発揮するためには十分な知識が必要であることが分かる。

表6-5　そのデータは、どのような意味を持つのか（例）

例えば「Hb（ヘモグロビン）9.5g/dl」というデータを得たとしよう。
ヘモグロビンは、赤血球中の大部分を占めている血色素のことで、酸素を体内の組織に運び、かわりに二酸化炭素を受け取って肺まで運んでくるという働きがあるので、正常値より低いと酸素の運搬が十分に行われない貧血状態になっている、という意味である。
ヘモグロビンの基準値は、男性…13.0～16.6g/dl, 女性…11.4～14.6g/dl であるので、このデータは、貧血の状態になっていることを意味する。

http://www.transamerica-movie.jp

次に、データの意味を分析、予測していく中で、問題の明確化を行う。問題の明確化とは、対象や家族が持っている辛い、苦しい、困りごとがある、などの生活上の問題点をはっきりとさせることである。ここでは、目に見える（顕在的な）問題だけでなく、目に見えないけど予測される（潜在的な）問題も明らかにする。問題は一つだけでなく複数ある場合がある。また、身体的な問題だけでなく心理社会的な状況が関連したも問題点もあるので、注意が必要である。

　ここで少し、看護診断について説明する。看護診断とは、医学診断とは違い、1970年代から北米看護診断協会（the North American Nursing Diagnosis Association：NANDA）が、提唱し始めたもので、看護独自の立場から診断をするという方法である。現在も、NANDAは、看護診断の基準や命名法、分

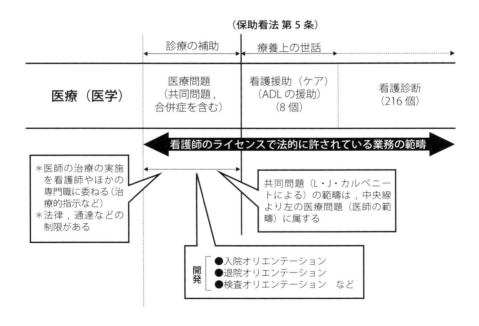

図 6-3　看護師が実践する看護援助の範囲（江川 2014; 江川編 2013 一部改変）

類学の発展や改善を行っている（Herdman 2012）。

　医学診断が診察や検査結果から病名（健康問題）を診断するのに対して、看護診断は「実在または潜在する健康問題／生活過程に対する個人・家族・地域社会の反応についての臨床判断である。

　医学診断と看護診断を比較して考える時、看護の専門性が浮き彫りになると考え、図6-3に江川隆子教授による、医学問題と看護問題、看護師の責任範疇と医師の責任範疇を明確にした図を示した。

　看護師のライセンスで法的に許されている業務の範疇は、「医療問題（共同問題）」「看護援助（看護ケア）（ADLの援助）（8個）」「看護診断（216個）」であることが分かる。看護師は医師と目標を共有する「診療の補助」と看護師が患者主体で目標を設定する「療養上の世話」を行っており、看護診断に対しては看護治療を行う。

③問題の明確化（看護診断）～看護計画立案～実践

　その人に最も適した援助方法を実践するために、具体的に計画を立てることは必須である。そしてその計画は、より個別的であり、患者の決定権（意思）患者の知識、患者の持つ力（身体的能力や社会資源）を最大限に発揮するものでなければならない。

　計画は、絵に描いたもちになってはいけない。実行可能であることが必要である。看護は実践してこそ看護である。そして実施したことを評価し、計画を修正し、また実践するのである。看護師が対象の個別性を十分に理解して行うことによって計画と実施はより個別的になり、良いアウトカムをもたらす。目標設定は、RUMBAの法則を利用すると実行可能となり易い。RUMBAの

表6-6　RUMBAの法則

Real	実現可能である＝実現できる目標とすること
Understandable	理解可能である＝理解できる目標とすること
Measurable	測定可能である＝到達度が測定できる目標とすること
Behavioral	行動できる＝行動レベルの目標とすること
Achievable	到達できるもの＝到達できる水準の目標とすること

法則は、医学教育などでよく使われる考え方である（表6-6）。

　以上、看護の専門性に関わる要素を、看護過程（ナーシングプロセス）の中で、見つけることができたと思う。看護師は、豊かな知識と根拠ある理論をもって対象を全人的に把握し、個別性に沿った看護を提供しているということがわかっていただけたと思う。

4）看護展開の場、看護の対象（個人、グループ）から考える
　人口の高齢化や生活習慣病の増加、医療費削減のための入院期間短縮化にともなって、在宅療養生活への移行が進められている。看護の場は、病院だけでなく在宅、地域へ広がっている。また、看護の対象は、対象者およびその家族であり、複数の対象をグループとして看護することが求められている。ここでは、看護を展開する場の広がり、対象を含めた家族との関わりを通して看護の専門性を考える。

①看護を展開する場の広がり
　在宅医療、在宅介護が推進されている。しかし、在宅で患者を受け入れる受

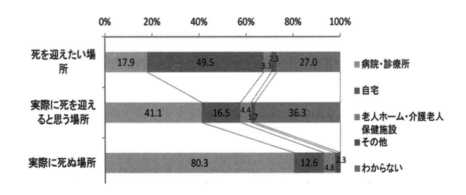

図6-4　死を迎える場所、希望と現実（厚生労働省 2014）

け皿が十分でないのも事実である。事実、入院している患者も約50％が自宅で最期を迎えたいと望んでいるにもかかわらず、現実には病院で亡くなっている方が約80％いるという報告もある（**図6-4**）。

　有効に多職種が連携し、訪問看護の活用方法が十分に周知されれば在宅で療養できる方がもっと増えると思われる。

　例えば、がん末期患者であっても、がん性疼痛に対する十分な麻薬等の薬物療法、身体的な状況に合った栄養補給、皮膚、排泄のケアなどで、本人らしく最後まで家族と有意義な時間を過ごすことができる。最後まで、一緒にケアをした家族は、「いい最期だった」と思えるし、看取りの後も心穏やかに悲しみを受け入れることができる。

　このような場合、看護の専門的な力としては、十分な薬物療法や苦痛緩和に関する知識・技術や、家族の力を十分に引き出すコミュニケーション能力、家族、かかりつけ医、介護職との人間関係能力などが求められると考える。

②対象を含めた家族との関わり

　看護の対象は個人だけでなく、家族やコミュニティで生活する人々といったグループの場合もある。ここでは患者と家族を対象にした看護について述べる。「家族は第2の患者」という表現が過去に提唱されたことがある。この言葉は、患者の家族の精神症状が7～35％という高い発現率であったことを受けてサイコオンコロジー[1]の領域から生まれた言葉のようである。しかし、「家族は第2の患者」という表現は、家族を患者と捉えるということと誤りそうである。また、「家族は第2の患者」という考えのもうひとつの盲点は、家族全体を捉えるという視点がないところである。

　例えば小児がんの子どもがなくなった後の離婚率が増えるという傾向は指摘されていることであるが、患児の死が夫婦関係を壊したという考えは、家族全体を捉えていない。子どもの死という大きな出来事の中で、もともとあった関係性が脆弱化し、修復不可能になった結果が離婚という結果を招いたのである。

　家族を捉える視点は昔と今では変わっている（**図6-5**）。長く臨床においては医療の対象はあくまで患者であり家族は患者の資源および背景とされてきたが、現在では家族システムという捉え方で看護を行うということが主流となってい

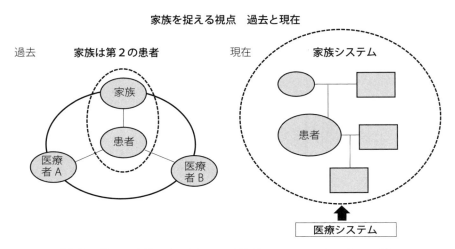

図 6-5 「家族は第 2 の家族」（過去）から「家族システム」（現在）へ（水戸原 2008; 一部改変）

る。たとえば、がんなどの不治の疾患や死は家族の機能を一気に崩壊させるほど大きな出来事ではあるが、がんが家族を壊しているのではなく、大きな変化の中で家族の関係性（家族システム）が変化しているのだと気づく必要がある。家族の不可解で混乱した言動は危機に直面している人の当たり前の反応である。家族は患者と同様にケアの対象であり、この家族システム全体が看護の対象となる。看護は、対象が本来もつ自然治癒力を発揮しやすい環境を整え、健康の保持増進、疾病の予防、健康の回復、苦痛の緩和を行い、生涯を通して、その人らしく生を全うすることができるよう支援することを目的としているため、その目標に向かって家族一人一人の力が発揮されるように援助することが大切である。

3. 看護の専門性と社会学的視点

　看護学は多くの学問を基礎にして発展してきた。社会学もそのひとつである。特に、看護師が対象を理解するためには社会的な概念が多く用いられてお

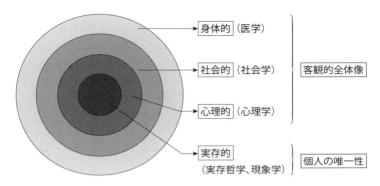

図 6-6　人間理解の 4 つの次元（石川 2012）

表 6-7　看護で使用される社会的な基本概念の例（勝又 1999）

概念	説明
コミュニケーション[1]	情報やメッセージの記号化およびその解読の過程
ジェンダー[2]	生物学的性別とは別に社会的に形成される性
自己概念[3]	自分自身が自分についていだいているイメージ
役割[4]	個人が社会に参加し一定の位置を占めることによって獲得する行為のパターン

り、人間理解を根底にしている看護学には社会学の知見は不可欠であるといえる。人間は生き物としての身体を持っているが、それと同時に社会的生き物でもあるからである（**図 6-6**）。

看護学は人間をホリスティックに捉えるために、社会学的視点に大きな影響を受けている。特に、看護師が対象を理解するためには社会的な概念が多く用いられており、「コミュニケーション」「ジェンダー」「自己概念」「役割」などは、対象を理解するために不可欠な社会学的な基本概念である（**表 6-6**）。看護が対象とする人間が社会的存在である限り、看護学と社会学は強く関連した学問であることが分かる。

また、看護の専門性をより発展させていくために必要な看護研究においても、社会学的方法論は活用されている。特に質的研究（現象学による研究やグラウンデッド・セオリー・アプローチ）という方法論は看護研究になくてはならないも

のとなっている。質的研究の目的が人間の行う行為の意味を理解する点やケアという数では表しにくい変数を扱う点に、看護学と社会学の共通する部分があるためであると考える。

看護に不可欠な概念は社会学で研究された成果から構築されたものが多い。これからも看護の専門性の追求に社会学の知見が多くの影響をもたらすことと予測される。

注
Notes

1）サイコオンコロジー Psycho-Oncology：「心」の研究を行う心理学（サイコロジー = Psychology）と「がん」の研究をする腫瘍学（オンコロジー = Oncology）を組み合わせた造語で、「精神腫瘍学」と訳され、1980年代に確立した新しい学問（日本サイコオンコロジー学会 (JPOS) HP: http://jpos-society.org/about/psycho-oncology.php

参考文献
References

江川隆子, 2014, 『かみくだき看護診断過程』日総研.

Frankel, Victor Emile, 1999, *Theorie und Therapie der Neurosen: Einführung in Logotherapie und Existenzanalyse*, Stuttgart: Utb Gmbh.（=2002, 霜山徳爾 訳『神経症〈2〉その理論と治療』みすず書房.）

Herdman, T. Heather, 2012, *Nursing diagnoses: definitions and classification*, Hoboken: Wiley-Blackwell.（= 2014, 中木高夫訳『NANDA-Ⅰ看護診断　定義と分類 2012-2014』医学書院.）

厚生労働省, 2014, 『平成26年版 厚生労働白書』日経印刷.

日本看護協会, 2007, 『看護にかかわる主要な用語の解説　概念的定義・歴史的変遷・社会的文脈』日本看護協会：25-28

Roy, Sister. Callista, 2008, *The Roy adaptation model*（*Third Edition*）New York:

Pearson., (=2010, 松木光子監訳『ザ・ロイ適応看護モデル（第2版）』医学書院.)
清水嘉与子, 2009,「保健師助産師看護師法60年史総論」『保助看法60年史　看護行政のあゆみと看護の発展』保助看法60年史編纂委員会編：2-8
柳原清子, 2008,「家族理論にもとづいた家族アセスメントの方法とそのポイント」『緩和医療学』10（4）：341-346

ディスカッションテーマ
Exercises

1　看護診断に使われている社会学の基本概念を学習してみよう。
2　家族看護学と家族社会学の関係性について考えてみよう。

読書案内
Reading guide

1　勝又正直, 1999,『ナースのための社会学入門』医学書院.
　　わかりやすく、楽しく、社会学が理解でできる。看護に必要なのは医療社会学ではなく、社会学的視点なのだと納得できる一冊。
2　井上俊, 船津衛［編］, 2005,『自己と他者の社会学』有斐閣アルマ.
　　心理学でも哲学でもなく、社会学的立場から自分自身や他者についてよく捉えて考えることができる一冊。

 **column**

患者さんの社会的背景と役割への理解の大切さ

　Aさん78歳は、小脳腫瘍という病気です。小脳腫瘍になると動作が緩慢になり、まっすぐに立てない、歩くとふらつくなどの症状があります。症状が悪化すると体が動けなくなるので寝たきりの状態になります。Aさんのように高齢になると、寝たきりの状態が続くことによって肺炎を起こしやすくなり悪くすると死に至る場合もあります。

　Aさんは、また肺炎になり入院しました。それを知った九州に住む姪のBさん60歳は、Aさんの住む東京までお見舞いに行きました。父親を早く亡くしたBさんにとってAさんは父に代わる大事な存在です。Bさんは、Aさんが高齢であることと何度も肺炎を繰り返していることから、「もう長くないのでは…。」と、心の中で思っていました。

　病院に行くとAさんは、ぐったりとベッドに寝ていました。何度も咳き込んで、頻回に看護師に吸引で痰をとってもらっていました。吸引をする時は管をのどに挿入し、息ができないのでAさんはとても苦しそうでした。咳が収まったところを見計らってBさんは、「おじさん、来ましたよ。分かる？」と聞きました。Aさんは、うん、うん、とうなずき、うれしそうな表情でした。

　Bさんは長居をしてはAさんに負担をかけると思い「おじさん、もう帰るね。元気でね」と言い、帰ろうとしました。すると、Aさんは、枕の下からお金が入ったポチ袋を取り出し、Bさんに手渡し「お前も忙しいと思うけど、無理をするなよ」と言いました。Bさんは、こんなに苦しい状況の中でも自分のことを気遣ってくれるAさんに「もう。こんな時にまで私の心配をしてくれなくてもいいのに…、ありがとう」と言い、帰って行きました。

　病気になってもAさんは、Bさんの叔父さんなのですね。しかも父親を早く亡くしたBさんのことはずっとかわいがってきたのでしょう。そのかわいい姪っ子がはるばる九州から見舞いに来てくれた。Aさんは、お小遣いを渡し、健康を気遣うという叔父としての役割を、どんなに辛い状況にあっても果たそうとしたのでしょう。

　私たち看護師は、どうしても生命の危機に関連する処置を優先して行わなければならないため、忙しい業務の中では患者さんの社会的背景を忘れがちです。しかし今、目の前にいるその患者さんは誰かのお父さんだったり誰かの子どもだっ

たりするわけです。どんなに状態が悪くても、その方は、患者である前に社会的役割を持った個人であることを忘れてはならないと思います。

（宮園　真美）

新米看護師の日々

　わたしは地域の中規模病院の外科病棟で働いている、35歳の2年目看護師です。大学を卒業したあと、8年くらい一般企業で働いていましたが、ワケあって看護専門学校へ入り直し、看護師として働き始めました。

　病棟看護師として働き始めて、ものすごく思っていることは「学校や実習で勉強したことと、病棟にやってきてからまず覚えないといけないことが、結構違う！」ということです。もちろん、専門学校の3年間で学んできたことをベースに、患者さんの状態を観察し、必要な治療やケアを提供するのがわたしたちの役割なのですが、それ以外にも「看護師ってこんなこともやらなきゃならないの!?」と思うことがあります。イメージとしては、事務的なお仕事。看護記録や看護計画の立案・評価・修正、看護サマリーなどの書き物仕事は、看護業務の一部ですよね。それ以外にもあるんです。病棟にかかってくる電話は、ほとんどが手術室や検査室、栄養課、地域連携室、他病棟など院内の他部署から看護師当てにかかってくるものなので、看護師が取ります。入院中に必要な治療や検査の同意書が揃っているか確認するのも看護師です（当院の場合。クラークさんがする病院もあるそうです）。なければ医師に依頼して本人・家族へ説明してもらい、同意のサインをもらったのを確認したら、コピーを渡し原本を保管します。医師からの病状・治療の説明（IC）の日程調整や、オムツなどの消耗品を持ってきてもらうための家族への連絡や、病棟に常時置いている薬剤や物品の補充・点検もやります。勉強会や病棟会の担当になれば、司会や講師（医師や薬剤師、認定看護師など）と日程調整し、出席者の確認をしたらレジュメを当日までに準備し、会場設営…なんてこともあります。働く前に思っていた以上に、看護師って「なんでもやる」んだなぁ、ということをこの1年ちょっとで実感しています。

　こんな調子なので、ほんとに1年目は覚えることだらけで大変でした。採血や点滴のルート確保、注射、膀胱留置カテーテルの挿入などの看護技術や、患者さんのベッドサイドで行う業務の一連の流れ（点滴の更新、術前・術後指導、検査説明、清拭などのケアなど）を身につけるので必死なのに、それに加えて、ですから。電話の取り方や患者・患者家族への対応も、当院では1時間弱の集合研修のあと、いきなりやらなきゃいけなくなります。わたしはその点、社会人経験

があったのであまり苦労しませんでしたが、それでも最初は電話の向こうがどこの誰なのか、一度で聞き取れて内容を理解できるようになるまで、半年はかかったと思います。院内にどんな部署があって、病棟にどんな用件で電話がかかってくるか、ということを覚えないと、なかなか電話の内容を理解するって難しいものです。

　基本的に、新人看護師がひとりで仕事できるようになるまで、最初は先輩看護師の見守り・チェックのもと仕事をします。先輩たちも自分の仕事をこなしながら指導をするので、早く仕事を覚えて独り立ちほしいと思っていますし、新人それぞれが何をどれだけできるか把握しているわけではありません。もたついていると「まだこれができないの!?」と言われ、傷つくこともあります。患者さんにも見られ、先輩にも見られ、慣れない手技や業務内容に緊張しっぱなしで、仕事が終わればぐったり、もう何もしたくないという日もあります。けれども、最初に述べたように「学校や実習で勉強したことと、病棟にやってきてからまず覚えないといけないことが、結構違う」から、覚えることたくさんでも、やるしかないんですよね。看護師2年目のわたしも、まだまだ分からないこと、できないことのほうが多いです。初めての時はできなくて当たり前、次にやるとき、できなかったことができるようになればいい、やってるうちに、できるようになる。そう思って、日々を乗り越えていけたらいいかな、と思っています。

（S. K. 看護師）

第 7 章

看護師・介護職のストレスと支援の社会学

介護看護現場における感情労働とバーンアウトの問題と対策

原田 奈津子

● **本章のねらい** ●

　本章では、看護師および介護職を取り巻く現状からストレスの要因を探ると共に、その対処や支援のあり方についてみていく。

　看護や福祉の現場は、感情の管理が従事者に求められる、いわゆる「感情労働」のスキルを必要とする職場だといわれている。そういったストレスを生じやすい環境であることを理解していくことが、すでに働いている専門職のみならず、養成校に所属している学生の頃から意識をしていくことが求められる。

　また、医療や福祉の従事者のストレスや過度のストレス状態とされるバーンアウトの要因には、大きくわけて二つの側面がみられる。職場環境や職務の独自性といった構造レベルでの問題と、専門職としての専門性や勤続していく上で抱える個人レベルでの問題にある。よって、これらを統合的に考慮していく必要がある。

　今後、ストレスを予防・緩和していくために、制度による職場環境の改善とあわせて、スーパービジョン等を通じた個人的なレベルにおける専門的技能の習得、それを供給するための効果的なサポートの実施が望まれる。患者や利用者やその家族への情緒的なケアということが非常に重要視されてきているが、それに関わる担い手自身へのケア、「支援者支援」としてのメンタルヘルス維持・向上への取り組みがこれから必要不可欠となってくる。

 ストレス、感情労働、バーンアウト、支援、スーパービジョン

1. 看護師と介護職が抱えるストレスの背景と要因

1）社会的なニーズの高まり

　超高齢社会や少子化といった社会の流れの中で、医療や福祉の分野への人々のニーズや期待が高まると共に、よりいっそうその重要性が増してきている（星野 1986）。つまりそれは同時に、医療や福祉の担い手である従事者、特に看護師や介護職へ向けられているといえよう。

　そういった社会的ニーズの高まりの中、看護師や介護職の中には、心身共に多大なストレスを抱えてしまい、燃え尽きるといった状況に追い込まれる人も少なくない。病院や福祉施設の果たす社会的役割、患者、利用者やその家族への身体的ケアおよび情緒的ケアといった医療や福祉サービスの質は、その職場で働く担い手の力量に大きくかかってきている（宗像 1984）。医療および福祉サービスの質の向上に向けて、それを遂行する従事者自身へのケアがなされているかどうかが、今後ますます重要な課題となってくる。

　よって、本章では近年問題となっている看護師や介護職のストレスやバーンアウトといった状況を把握し、その状況を緩和する支援について提示していきたい。

　まず、看護師および介護職が抱えるストレスの要因を探ることにする。

2) ストレスとは

　一般的に、日常生活の中で、人は朝起きるといった行為や、何かの資格を受験するにあたって勉強しなければといった軽いプレッシャーのようなストレスを普段感じて生きている。本人が耐えられないような状況に追い込まれるのでなければ、こういった軽度なストレスは緊張感をもたらすことになるためポジティブなストレスとされる（藤田 1990）。ただし、本章で取り上げる看護師および介護職のストレスはそういった軽度のストレスとは異なり、職務を遂行する上で不都合が起こる状況や最終的には離職につながるようなバーンアウト状態にまでなりうる過度なストレスを指す。

　また近年、労働安全衛生法が改正され、50人以上の職場における定期健康診断時にメンタルヘルスに関するストレスチェックの実施が義務付けられた。チェック項目として、「仕事のストレス要因」「心身のストレス要因」「周囲のサポート」に関する質問がなされ、面接指導も任意にて行うこととなっている。こういった一般の労働者においてもストレスへの関心が高まっている（坂野 2004）。

　ストレスに関して、主なものとして次の四つのストレス要因、①職場環境　②看護職・介護職という独自性：「感情労働」　③職場内での人間関係　④サポート不足　についてそれぞれ述べることにする。

3) 職場環境

　看護師や介護職のストレス要因として第一に挙げられるのが、職場環境である。もちろん、職場環境がよいところでは職員のストレス状態が高くなることはまれである。給料体系や休日といった労働条件も大きく関わってくるが、なかでも人員配置に関して、法令による職員の定数は満たしていたとしても、仕事の量や中身に対する必要な人員の確保がなされていないと感じる職場では従事者の負担は重くなる。慢性的な人不足が過重労働に拍車をかけ、残業時間の増大や休日出勤の増加等を余儀なくされた従事者は強い疲労感を持つことになる。

　医療や福祉の現場における悪循環として、従事者の不足が、過重労働を生み、

それによって従事者のゆとりがなくなり、離職や転職につながり、従事者の不足を生むという図式が浮かび上がってくる。実務に優れた従事者が離職したり、他の病院や福祉施設等に移ったりすることで、あとに残った従事者にとって職場内での職務の遂行がますます厳しくなる。

4）看護職・福祉職という独自性：「感情労働」

　看護職や福祉職に就いている人々について、その職務へのイメージがどう社会的に認識されているかは、看護師や介護職のストレスを考える上で大きな鍵となる。看護師については一つの職業として古くから社会的に認知されてきているが、介護職については現状では少し遅れているといえよう。ただ両者共にいまだ根深く残っているイメージが従事者を苦しめることもある。看護師や介護職に対してボランティア精神豊かな聖職者と見なしたり、特に介護職に関しては非営利的なものとして捉えたりといった背景から、まわりのニーズに応えようとして、従事者も過重な仕事をこなそうとすることを強いられるという独特の問題が起こってきた。皮肉なことに、患者や利用者にとって、良心的なサービスを提供しようとすればするほど、従事者に負担が重くのしかかることになる。

　長期に入院している患者や特に福祉施設に入居している利用者にとって、病院や福祉施設は「生活の場」であり、従事者にとっては「労働の場」であることからひずみが生じてしまうこともある。ここに医療や福祉の場で働くことの難しさがある。

　病院では治療の場であり身体的なケアが中心とはいえ、近年では病状の受容などに伴う情緒的なケアも必要とされている。また、福祉施設では入浴や食事、排泄といった身体的なケアだけでなく、利用者への情緒的なケアも重要な側面である。さらにそれに加えて、家族への対応、病院や福祉施設での入院患者や利用者向けの旅行や誕生日会といった行事を含む全体の年間スケジュールの実施も大きな意味を持つ職務であろう。その他、病院内や福祉施設内での従事者間のミーティング、他機関との連携等、非常に多岐にわたっている。こういった病院に入院している人々や施設に入居している利用者だけでなく、在宅で治療や介護を受ける人々もいることから、医療や福祉の職に就く上での職務内容

の広さも考慮していかねばならない。

　また、近年での「感情労働」という側面からも見ていく必要性がある。1983年にホックシールド（Arlie Russell Hochschild）が提唱した概念が「感情労働」であり、「公的に観察可能な表情と身体的表現を作るために行う感情の管理」と定義された（Hochschld 2000=1983）。ホックシールドによると、感情労働には「対面あるいは声によって人と接することが不可欠な職種に生じる」「他人の中に何らかの感情変化を起こさなければならない」「雇用者が研修や管理体制を通じて労働者の感情をある程度支配する」という特徴がある。看護や福祉の職場はまさにそういった感情労働の条件にあてはまる場といえる。

　感情労働についてネガティブな側面を取り扱うだけでなく、感情労働が職務においてどのように作用しているのか、日本においても研究がすすめられている。

　安部ら（2015）は看護師の感情労働を測定し、仕事の満足度と継続意志との関連を明らかにしている。調査結果から、感情労働が職務満足度を低下させるというネガティブな側面がある一方、職場のソーシャルサポートを高め人間関係を改善するという肯定的な側面を持つことが示されている。

　重本ら（2015）は、看護師の感情労働尺度（ELIN）を用いて、感情労働スキルの獲得プロセスについて検討している。看護師と看護学生について調査を実施し、感情労働を「共感的理解」（相手の気持ちに寄りそう）・「感情演技」（看護師自身が感じた感情を意図的に操作し、相手に合わせた感情表出を行う）・「感情抑制」（看護師が自分の感情を抑えることや感情を隠す行為）の３因子構造とした分析を行っている。看護師経験５年を境にした変化、また、経験年数５年未満と看護学生との比較について論述している。「共感的理解」については学生のほうが意識して取り組んでいる様子が見て取れるが、「感情演技」と「感情抑制」については学生のほうが点数も低く、感情のコントロールがうまくいかないことが推察される。専門的な知識や技術だけでなく、自分自身の感情のコントロールを学ぶ場が求められているといえる。

　この他、藤岡（2011）によると、「共感疲労」という概念も出てきており、トラウマを伴うような経験をした方々にかかわることで、援助者自身が「二次的トラウマティックストレス」を受けることを示唆しており、「支援者支援」

の構築について必要性を述べている。対象者に向き合い傾聴することで影響を受けてしまったり、抱えていた援助者自身の課題があぶり出されてしまったりと、シビアなケースにかかわる際に、注意が必要となる。
　以上のような職務内容の複雑さや特性が潜在的に看護師や介護職への大きなストレスを引き起こすことにつながる。

5）職場内での人間関係
　病院や福祉施設には多種多様な専門職者がいることもあり、病院や福祉施設内での従事者との人間関係でエネルギーを費やしてしまう場合も多い。このことが、ストレスを引き起こすひとつの大きな要因となっている。患者や利用者との関係はうまくいっていても、上司や他職種の従事者との関係で行き詰まってしまうということがみられる。内容として、病院ではチーム医療の行き詰まり、福祉施設では利用者への介護方針を巡っての対立などが挙げられる。また、看護師や介護職において共通していることとして、職場内での扱い、個人的な評価が低いことも挙げられる。他職種との関係については、看護師や介護職はもちろん、その他、医師、理学療法士、作業療法士等といった多様な職種、職員が存在することによって質の高い医療・福祉サービス供給を目指してはいるものの、専門性の違いやそれぞれがうまくコミュニケーションをとれていないために、うまくいかない状況に陥ることもある。こういった仕事を進めていく上でのやりにくさがストレスをうむ状況につながる。
　従事者のストレス要因という点からだけでなく、患者や利用者に対して質の高い医療・福祉サービスを提供する上でも、従事者同士のスムーズな連携が必要であることから、早急に考慮すべき事項であろう。

6）サポート不足
　ストレスを感じた際に誰かに相談したり、または自分の専門性を磨くために研修会に参加したりといったことが十分になされない場合、看護師や介護職はストレスがたまっていき、気づいたときは燃え尽きた状態に陥ることになる。新人の看護師や介護職は、たとえ実習やその他で病院や福祉施設をみてきたといっても実際に働くとなると、今まで学んできたことが活かされないなど、リ

アリティショックという現実と理想とのギャップで戸惑いストレスを感じることがある。そういった状況で、周りの従事者からのサポートがないとなると厳しい状況に追い込まれてしまう。また、病院や福祉施設で働き出して何年か経った中堅従事者の場合、今の自分の専門職としてのあり方を省みたり、ベテランの従事者になってくるとそれなりの職務をまかされ従事者をまとめる上での苦労を感じたりと、それぞれに抱えるストレス内容も違ってくる。こういったことから、個人的なレベルで誰か相談相手に話すということだけでなく、大きな枠でのサポートが欠かせないものとなってくる。サポートのひとつとして、研修会が職場内・外でさまざまなものが実施されているが、研修に強制的に出席するということ自体がストレスになっていることもあるため、実施の中身が問われている。

2. 看護師および介護職におけるバーンアウト

次に医療や福祉の従事者の抱える今日的な課題となっているストレスであるが、ストレスのひとつであるとされるバーンアウト（burnout）について、みていくことにする。

1）バーンアウトとは何か

バーンアウトを「燃え尽き」と訳すこともあるが、本章では「バーンアウト」のまま扱うことにする。バーンアウトは、もともとアメリカの精神科医ハーバード・フリューデンバーガー（Herbert J. Freudenberger）が、病院のケースワーカーや看護師に見いだしたのが始まりである（Freudenberger 1974）。それによると「物事に対し自分のエネルギーの大半を注ぎ没頭していた人が、突然、意欲や情熱を失い、むなしさにおそわれ、物事に取り組めなくなる状態」をさす。

また、マスラック（Christina Maslach）によれば、「極度の身体疲労と感情の枯渇を示す症候群」であるとされている。ストレスの一環として位置づけられていることが多い（Maslach and Jackson 1981）。

バーンアウトとは、一言でいえば、単なる疲労とは異なった過度のストレス

状態であり、感情の枯渇を伴ったネガティブな状態であるといえよう。

バーンアウトを測定するための尺度として、MBI（Maslach's Burnout Inventory）が一般的である。数多くの研究者に採用されており、研究の蓄積もたくさんなされている。3次元の下部尺度で構成され、情緒的消耗感（emotional exhaustion）・脱人格化（depersonalization）・個人的達成感（personal accomplishment）の三つがある（田尾・久保 1996）。

情緒的消耗感とは、仕事によって、疲れ果てたという感情であり、もう働く気力がないというものである。脱人格化とは、サービスの利用者に対して距離を置き、人間性を欠くような感情や行動を指している。個人的達成感は、すべきことをやりとげたという充足感をあらわすものである。バーンアウトの状態にある人は、仕事における達成感を得られず、積み重なると、仕事での成果を上げることもなくなり、自己卑下に陥るという状態に陥る。バーンアウトの状態にあるとき、情緒的消耗感と脱人格化がすすみ、個人的達成感は、得られなくなっているということになる。

2) バーンアウトが起きやすい状況

感情の枯渇を伴った過度のストレス状態を示すバーンアウトであるが、一体どのような人が陥りやすいのであろうか。さまざまな研究結果に共通し、高いバーンアウト状態がみられるのは、病院や福祉施設勤務を数年経た20歳代・30歳代の未婚者であるとされている。他にも、新卒者やベテランに関してもみられることがある。

バーンアウトの起こる背景には、先のストレスのおきやすい状況と同様、労働環境の問題として、従事者の不足や過重労働といったものや、職場の人間関係が挙げられる。対人関係については、患者や利用者および同僚との関係はうまくいっていても、他職種の職員や特に上司との関係がうまくいっていない時に高いバーンアウト状態を示す。他にも個々人の生活状況や意識レベルでの問題や専門的スキルといった個人レベルの問題もあげられる。

つまり、個人のレベルでの問題と職場環境を含む医療・福祉現場の構造上の問題がそれぞれ関わってくると共に、さらに両者があわさった時バーンアウトが起こりやすくなるといえる。

このように医療や福祉の従事者のストレスやバーンアウトの要因には、大きくわけて二つの側面がみられる。職場環境や職務の独自性といった構造レベルでの問題と、専門職しての専門性や勤続していく上で抱える個人レベルでの問題である。よって、これらを統合的に考慮していく必要がある。今後、ストレスを予防・緩和していくために、制度による職場環境の改善とあわせて、個人的なレベルにおける専門的技能の習得、それを供給するための効果的なサポートの実施が望まれる。

　患者や利用者やその家族への情緒的なケアということが非常に重要視されてきているが、それに関わる担い手自身へのケア、特にメンタルヘルス維持・向上への取り組みがこれから必要不可欠となってくる。

3. ストレスおよびバーンアウトへの支援

1）職場全体としての対処

　まず、労働条件において勤務体系など変更できる点は考慮することが対処としてあげられるが、過度のストレス状態であるバーンアウトを引き起こすタイプの人にとっては、最も必要なことは周囲からのサポートである。つまり、精神的に支えとなりうる相談相手がいるかどうかが大きなカギとなる。職場内外でひとりでもいれば違ってくるが、職場内での対処としては、職場での話をしやすい雰囲気作り、コミュニケーションがとれることが必要になる。深刻なストレス状態であるバーンアウトに陥る前に、ちょっとした変化をうまく周りがキャッチできれば、早い段階で対策が取れる。ひとことねぎらわれるだけでもずいぶんと精神的な疲労は軽減されるであろう。

　また、バーンアウトへの対処として、効果的な研修の実施もしばしば課題として挙げられる。そのひとつとして、ある面一種のカウンセリングのようなものでもあり、教育的な機能、支持的機能等の面を持つ「スーパービジョン」の導入の必要性が指摘されている。

2）個人としての対処

　まずは非常にやる気のある真面目な人がこの過度のストレス状態であるバーンアウトに陥りやすいことから、自己を尊重するという態度を身に付けるもしくは強化することが必要になる。そのためにも、日頃から、自分なりのストレス発散方法を身に付ける必要がある。人と話す、ショッピングする、お酒を飲む、散歩をする、おいしいものを食べるなどといった仕事とは違った自分の時間を持つことでリフレッシュにつながる。

　バーンアウトの状態がひどくなると、食べ物をおいしいと感じなくなったり、何をしていても実感がわかなくなったりしてしまう。その前に自分の少しの変化に気づく必要がある。「何かちょっと変だな」「疲れているな」と感じた時に、休むことも大切であろう。

　こうした日常での対処だけでなく、看護や福祉の専門職としてのスキルアップを心がけ、資格取得や研修参加などで自分の職場以外での専門職としての場を持つことも有効であろう。職場外の知り合いをつくることも大きな励みになると共に、自分の専門性を高めることができる。こういった取り組みが個人でのバーンアウト緩和・予防に役立つことであろう。

3）新卒者への支援

　新卒者のバーンアウトに関しては、リアリティショックが大きな要因となる場合が多い。いくら実習などを経てきてわかっているつもりでも、実際に仕事に就くようになって、予期せぬ苦痛や不快さを伴う現実に出くわし、身体的・心理的・社会的に様々なショック状態に陥る。これがバーンアウトに結びついてしまう。もちろんサポートがうまくいけば乗り越えられることもあるだろうが、様々な職務への期待が大きくやる気のあった人ほど、現実との折り合いがつけられないことが多い。やる気を持ち職務へ取り組むことは尊重すべきであろうが、あまり焦らずに職務をこなすことが医療や福祉の職務内容上求められる。つまり、人をケアするということは、結果がどうこうというよりも、プロセスを重んじていく場面が多いからである。患者や利用者だけでなく職場の他の従事者との信頼関係を育み、医療や福祉の専門職としてだけでなく社会人と

しての成長を本人も自覚し、周囲もサポートしていくことが求められる。

4）3～5年経験年数を経た従事者への支援

　これから……という時に辞めてしまうことの多い層であり、最もバーンアウトしやすい時期である。仕事にもなれて、果たしてこのままでよいのかという悩みと職場での人間関係や勤務体系などによる職務のしづらさによって壁にぶつかってしまうことがみられる。サポートもなく自分で抱え込んでしまうタイプの人は、気がつくとバーンアウトに陥ってしまう。要因として具体的には、上司・同僚・他職種との関係がうまくいかないことや、コミュニケーションの欠如、職務における不全感、教育環境の不備といった要素が挙げられる。職場での雰囲気作り、つまり自由に発言したり、意見を交換したりといったコミュニケーションが可能な職場であることが必要とされる。また次のリーダー世代ということでさらなるスキルアップを目指した研鑚も必要であろう。

5）ベテラン従事者への支援

　ベテラン従事者とは職場のリーダーであり、主に職場の後輩への指導にあたることになり、戸惑うことからストレスが過度にかかり、バーンアウトしてしまうという先の二つのケースとは次元の違うバーンアウト背景を持つ。自分のスキルや専門職としての業務自体でのことならうまく切り抜けられるが、指導するという立場では非常に難しいことも多くなる。人を育むもしくは組織を育むということに関しては、ある程度、「待つ」ことも必要になってくる。ここで焦って結果を出させようとするとプレッシャーがかかり、職員自身だけでなく、職場の他の職員にまで、過度に緊張がかかる。そうするとうまくいかないことに関して萎縮してしまい、悪影響が施設全体に及ぶことになる。うまくいかないことがあっても、従事者の成長のため、どうすればいいかすぐに解決策を与えるのではなく、本人に気づかせることが大切であろう。単に指示を与えるだけでなく、こういう「待ち」の場面で「待てる」信頼関係を築き、焦らずどっしりとかまえる安定感が、ベテラン職員、リーダーには不可欠であろう。

6）まとめ

　バーンアウトの要因に共通しているのは、個人レベルでの意識のあり方やスキル取得といったことに加えて、研修体制、職場環境といった医療・福祉構造レベルのものの両面にある。よって、これらを統合的に考慮していく必要がある。

　過度のストレスによって引き起こされるバーンアウトはただ単に「悪」というのではなく、無感覚・無関心といった脱人格化などのバーンアウト状態によって、崩壊しそうな自己を保っている面もあるため、じっくりと焦らず対処していくことも求められる。

　今後、バーンアウトを予防・緩和していくために、大きな枠での人員配置など制度上の問題や施設それぞれにあった職場環境の改善とあわせて、個人的なレベルにおける対処、つまり仕事とは違う時間を持つことでリフレッシュすることだけでなく、専門職としての専門的技能の習得及びそれを供給するための効果的な研修の実施が望まれる。

　次項ではその効果的な研修のひとつであるスーパービジョンについて述べることにする。

4. 支援としての研修やスーパービジョン

　看護師および介護職のストレスやバーンアウトの状況を把握し、いかに危機管理の問題として捉え、対処していくかについて述べてきた。患者や利用者へ質の高いサービスを提供する上でも、従事者自身が自己を尊重し、より深い専門性を身に付け、ひとりの人間としての成長していくことが欠かせない要件になっている。つまり他者をケアする前提として、自分自身をケアすることができることが今後ますます重要になる。そのための職場環境づくりや実習なども含めた人材育成の観点からも、効果的な研修としてよく目にする「スーパービジョン」について述べていくことにする。

1) スーパービジョンとは何か

　医療や福祉の現場を取り巻く状況が変化しつつある中で、その職域で携わるものとしての知識や技能といった専門性の研鑽が、非常に重要性を増してきている。看護師や介護職を支えていく上でも、スーパービジョンの浸透と発展が不可欠のものとなっている。
　スーパービジョンとは、専門的に優れた援助者（スーパーバイザー）が、初心者や問題を抱えた援助者（スーパーバイジー）の職務能力向上のために行う援助であり、専門家としての知識・技術を磨くと共に、一個人として、自己成長を図ることを目的としている。一種のカウンセリングのようなものであるとされている。
　つまり、スーパービジョンは、看護師や介護職の援助技術と自己成長をより高めるものであり、困難な仕事における適切な処理能力を身に付けるための教育の場ともなる。

2) 医療・福祉職とスーパービジョン

　医療・福祉の場に従事する者は、患者・利用者の処遇を進めるにあたって、患者や利用者がどのような病状や問題を抱えているのかを、まず把握することが第一段階の仕事となる。
　次に、援助の方向性を長期的にみる作業、問題解決に向けての最終目標を設定することが必要である。そして、具体的な最終目標の検討に加えて、さらに短期目標を設定し解決を積み重ねることが望まれる。例えばマラソンをイメージすると、いきなり5kmを走れといっても通常プレッシャーがかかるため（最終目標）、次の電信柱まで走ろう（短期目標）という積み重ねによって、最終的に5ｋｍ走りきることができるというものである。つまり、大きな意味での最終目標を持ちつつ、少しずつ短期課題を積み重ねていくことで、最終的な目標が達成されることになる。
　上記二つの作業をふまえて、従事者として具体的にどう患者や利用者に働きかけるか、そして、その働きかけが適切かどうか評価することが望まれる。
　このような一連の流れについて、スーパービジョンでは扱うことになる。単

なるケース報告に終わるのではなく、従事者自身が自ら考え、工夫を凝らして、どのように処遇を進めていくのかを学べる場であることが必要となる。専門的に優れた援助者（スーパーバイザー）と初心者や問題を抱えた援助者（スーパーバイジー）による一対一で行うスーパービジョンもあれば、数人によるグループスーパービジョンもある。

　患者や利用者への適切な処遇に向けて、医療・福祉に関する専門的な技能（知識・技術）を磨くだけでなく、さらに必要に応じて、職場内での人間関係がうまくいくようなコミュニケーションの能力を身に付けることや、従事者自身の個人的な悩みをも取り扱って、その人の自己成長を図ることも、あわせて取り組まなければならない点である。

3）スーパービジョンの導入状況

　現在、アメリカを中心とした諸外国でのスーパービジョンの取り組みは、単に人材育成の観点だけでなく、もちろん、バーンアウトやストレスへの対処といった情緒的な面での支援も含まれている。そのため、スーパービジョンというものが非常に重要視されており、一般的な講義などの研修に加えて、実際に具体的な内容をもとに各施設においてスーパービジョンが実施されている。

　一方、日本におけるスーパービジョンについては、これまで「スーパービジョン」でなく、単に「研修」ということで、職場内において実施されている場合もある（黒川 1992）。では、次に現在実施されている研修についてみていくことにする。なお、ここでは福祉の従事者向けの研修について取り上げる。福祉従事者の研修については、全国社会福祉協議会や地方の社会福祉協議会が主催しているものから、職業団体主催のもの、施設内でのものなど多岐にわたっている。内容にしても、講義形式が最も多くみられるが、演習形式や実習形式といった実際に参加する形のものや他施設の見学も実施されている。さらには、海外の福祉状況を視察するといったものもある。

　全国社会福祉協議会が出している「福祉職員研修テキスト」では、介護職者の研修体系をわかりやすく示している。テキストは全部で3冊あり、基礎編・指導編・管理編の三つに分かれている。

　表7-1にあるように、基礎編は、職務経験2年未満の新任職員、及び職務経

表 7-1　福祉職員研修テキストにみる研修体系（全国社会福祉協議会 2000）

名称	対象者の属性	研修内容
基礎	新任職員 中堅職員	福祉職員としての基本的知識や職務内容について （含　社会人としてのマナー等）
指導	指導的職員	チーム活動・リーダーシップ発揮について （職場の調整、職員の指導・育成）
管理	運営管理職員	全体的組織運営について

験2年以上で主任・係長等の役職にない者を対象としており、内容は福祉職員としての基礎知識や技術の習得のみならず、社会人・組織人としてのマナーにまで及んでいる。指導編では、主任・係長・事務長等の役職にある者を対象としており、内容は福祉サービスについてだけでなく、チームとしての組織管理・運営をはじめ、関係者との連携・調整、職員の指導・育成といった職務内容についてリーダーシップを持ってすすめていくことが示されている。管理編では、施設長・副施設長・事務局長等の運営管理職員を対象としており、内容は組織としての全体的な運営・管理、具体的には業務内容の点検や人材配置・計画、地域に向けたアピールといった職務が記されている。

こういった段階に応じた研修内容が一般的な研修体系・内容といえよう。また、その多くが、講義形式の座学が中心である。

今後の見通しとして、スーパービジョンと今まで行われてきた前述のような研修とがそれぞれの働きを通して、相互に作用していくことが、上記に取り上げてきた福祉従事者だけでなく、看護職に就く者においても同様に、従事者自身の質の向上、そしてそれが医療・福祉サービスの向上にもつながっていくのではないかと考えられる。

4）スーパービジョンのこれから

日本でもメンタルヘルス維持としてのスーパービジョンの取り組みが必要であると論じられることが多くなってきた。ストレスやバーンアウトを予防・緩和していくため、政策や職場環境の改善とあわせて、個人レベルでの専門的技能の修得に必要なスーパービジョンの実施ということが望まれている。

現在、日本において、主に資格取得にかかわる点において、全国的なスーパービジョンの導入が行われはじめている。社会福祉士の上位資格となる認定社会福祉士では、スーパービジョンを受けることが要件となっている。また、社会福祉士実習において、実習指導者は実習生に対してスーパービジョンの実施をしなくてはならない。ただし、どのくらいの頻度でどの程度の内容を扱うのかが実習指導者に委ねられており、効果的なスーパービジョンの実施について更なる検討が必要となる。

5. まとめ

　これまで看護師および介護職のストレスの状況およびその支援についてのべてきたが、ストレスに対処していく上で、個人として身に付けておきたい二つの認識を補足しておく。

　まず、看護や介護の現場においてもよく耳にする「がんばって」という言葉については、うつ状態にある人にこの言葉をかけてしまうと死に追いやってしまうこともある場合もあることから、気をつけなければならないフレーズであろう。特に看護や介護の職場では、聖職者意識が以前ほどではないが相変わらず強く、「もっともっと」働くということを要求される。いい病院やいい施設と評判の高いところほど、そこで働く従事者は激務をこなしている場合が多い。そのため、よくやっているというその人なりの状態を受けとめた上で、従事者を評価するような仕組みが必要であろう。

　また、医療や福祉領域の援助職者自身が日頃から自分を大切にし、ねぎらわれていることがストレス緩和においても不可欠な要素である。特に日本ではメンタルヘルスに関する教育が十分に浸透していないことから、ストレスへの対処が遅れている現状にある。定期健康診断でのストレスチェックが導入されつつあるが、実際に個人が専門家へカウンセリングを受けに行くには、まだまだ敷居が高いというのが率直な感想であろう。職場の中で「自分だってがんばっているのだから他の人もそうすべきである」という考えがあると、患者や利用者をはじめ同僚などの悩みを聴いていても「それくらいがなんだ」「わがままいうな」という気持ちが生じてしまうことになる。よって、自分をねぎらうこ

とができた時、他者へのねぎらいもできるようになるのではないかと考えられる。

以上、述べてきたように、看護師や介護職のストレスの要因の解消に向けた対処や支援として、個人で対処できる事項と組織や制度などのマクロな視点からの支援の両面での取り組みが問われている。

参考文献
References

安部好法・大蔵雅夫・重本津多子, 2015,「看護師の感情労働が仕事の満足感および継続意志に与える影響」『第45回日本看護学会論文集』: 200-204.

藤岡孝志, 2011,「共感疲労の観点に基づく援助者支援プログラムの構築に関する研究」『日本社会事業大学研究紀要』57: 201-239.

藤田雅子, 1990,『福祉カウンセリング』日本文化科学社.

Freudenberger H. J., 1974, "Staff Burnout" *Journal of Social Issues*, 30: 159-165.

Hochschild, Arlie Russell, 1983, *The managed heart: commercialization of human feeling.* Berkely, CA: University of California Press.（=2000, 石川准・室伏亜希訳,『管理される心——感情が商品になるとき』世界思想社.）

星野貞一郎・渡辺武男編, 1986,『福祉社会学』ミネルヴァ書房.

黒川昭登, 1992,『スーパービジョンの理論と実際』岩崎学術出版.

Maslach C., Jackson S. E., 1981, "The measurement of experienced burnout" *Journal of Occupational Behavior*, 2: 99-113.

宗像恒次・川野雅資編著, 1984,『高齢社会のメンタルヘルス』金剛出版.

Steve Morgan, 1996, *Helping relationships in mental health,* London: Chapmn & Hall.

坂野雄二監修, 2004,『学校, 職場, 地域におけるストレス実践マネジメント実践マニュアル』北大路出版.

重本津多子・大蔵雅夫・室津史子, 2015,「看護学生と看護師の感情労働のスキル獲得プロセスの検討」『日本医学看護学教育学会誌』24(1): 2-6.

田尾雅夫・久保真人, 1996,『バーンアウトの理論と実際——心理学的アプローチ』誠信書房.

全国社会福祉協議会, 2000,『福祉職員研修テキスト 基礎編・指導編・管理編』全国福祉協議会.

―――, 1996,『社会福祉施設職員の現状と採用に関する調査結果からみた傾向』全国社会福祉業機会.

ディスカッションテーマ
Exercises

1　普段身の周りで受けるストレスにはどのようなものがあるか考えてみよう。
2　普段ストレスを感じた時、どのように対処しているか考えてみよう。

読書案内
Reading guide

1　田尾雅夫・久保真人, 1996,『バーンアウトの理論と実際――心理学的アプローチ』誠信書房.
　　看護師への大規模な調査を行い、バーンアウトの状況を明らかにすると共に、予防と低減の重要性を説いている。
2　坂野雄二監修, 2004,『学校，職場，地域におけるストレス実践マネジメント実践マニュアル』北大路出版.
　　多様な領域でのストレスマネジメントのあり方について述べている。対象に応じた実践についても解説している。

第 7 章　看護師・介護職のストレスと支援の社会学

 column

小規模デイサービスにおける生活相談員の役割機能

　福祉・医療等関係機関（福祉施設や病院など）における相談員とは、患者／利用者の入退院／入退所の手続きから、利用可能な制度の提案、外部との連絡調整や病院、施設での生活、退院退所後の不安などへの相談援助を主な業務としています。ここでは、私自身の経験から、高齢者通所介護施設（デイサービス）における生活相談員の役割機能とその現状についてお話ししたいと思います。生活相談員としての採用条件には社会福祉士、精神保健福祉士、社会福祉主事のいずれかの有資格者か、（自治体によって異なるが）介護実務経験 5 年以上など一定の現場経験をつんでいる人等多種多様です。

　例えば私が勤めたショートステイのように利用可能な小規模デイサービス（利用定員 10 名以下）では、普段の日常業務内において介護職員のケアワーク業務（食事、排泄、入浴などの介助、レクリエーションなど）を担うことも多く、その合間をぬって生活相談員の業務を行います。大規模施設ほど、その分、一人ひとりの利用者の入退所や家族、関係機関との連絡調整、相談対応、事務業務などが増えるので、相談員業務に特化して行うところもあるようです。施設によっては管理責任者も兼務している場合もあり、そうなると相談員としての業務範囲もさらに増えてきます。

　当然ながら、小規模施設における相談員は利用者や家族との関係性はより密接なものとなります。業務は大変ですが、利用者やその家族のニーズは身近なものとなり、その把握や利用者の日々の変化がよくわかります。利用者やその家族への支援計画や大小問わずニーズをかなえることが迅速かつ容易に行いやすくなるという利点もあります。職員と利用者ともに毎日ほぼ同じ面々が顔を合わせることで、普段の何気ない日常会話から身の上話などが共有される機会が多く、信頼関係や安心感がうまれやすい点もあります。相談員をはじめとする職員間の連携によっては、ポジティブなこともネガティブなことも施設全体で共有し合える関係性となり、職員、利用者とその家族を含めたアットホームなあたたかい雰囲気が醸成されやすいのが特長です。

　利用者や家族との関係性や援助行為は介護職員と同様、直接的で即時的ですが、反応もダイレクトに返ってくることが多いことも特長です。他方、小規模ゆえの人間関係の確執も起きることがあり、生活相談員には、ケアワーク業務等を通し

て普段の不平不満、不安などを傾聴するなど、日常生活と地続きにある場面でのカウンセリング技術が重要になります。今後、施設が地域にひらかれ、社会福祉士の用いる援助技術を軸にしたソーシャルワークの力量でもって、地域と連携していけるようなコミュニティワークもますます必要となるでしょう。そして、看護師、介護職、ときに医師など他専門職員同士でのスムーズな連絡調整や課題の共有を行うためにも、医療や介護などの知識も求められているのではないでしょうか。小規模施設における相談員は、良かれ悪しかれ、「何でも屋」とも「ジェネラリスト」とも称される立ち位置にあるといえるのではないでしょうか。こうして、現場兼務の相談員には多様で総合的な力量が必要だと日々感じながら業務に携わっています。

(Y. T. 社会福祉士／生活相談員)

第7章　看護師・介護職のストレスと支援の社会学

医療ソーシャルワーカーの仕事

　私は急性期病院の医療ソーシャルワーカー（以下、MSW）として働いています。MSWの多くは、社会福祉士という資格を持っています。病院から退院・転院するにあたり、医師・看護師・リハビリスタッフ・ケアマネージャー等との連携は欠かせません。特に「医療行為があるけど、家に帰りたい」という希望は、看護師の協力があってこそ実現します。今日では「訪問看護」のサービスを利用している方も多く、インスリン自己注射の指導、家族への喀痰吸引の指導、服薬管理、在宅看取り……といったことを訪問看護師にバトンタッチする際、病院看護師の視点からの連携は必要不可欠です。ただ時に、医療者側から見えていることと、患者家族側がとらえている現実がかけ離れることがあります。そうした時にMSWとして両者の接点を探ることは難しいですが、それこそがソーシャルワークの醍醐味であるとも感じています。

　現在、厚生労働省が推進する地域包括ケアシステムがあります（第4章参照）。団塊の世代が75歳以上になる2025年以降、国民の医療や介護の需要がさらに増加することを見込み「高齢者の尊厳の保持と自立生活の支援の目的のもとで、可能な限り住み慣れた地域で、自分らしい暮らしを人生の最期まで続けることができるよう、地域の包括的な支援・サービス提供体制（地域包括ケアシステム）の構築を推進」（厚生労働省ホームページより抜粋）するものです。在宅医療を充実させ、病床数、在院日数を減らす動きがあります。2016年度の診療報酬改定にも在宅復帰を促進し、早期退院を支援する動きがありました。退院支援加算として退院支援業務を行う専従看護師・社会福祉士の配置が加わりました。病院から地域への流れの中で、看護師と社会福祉士の連携も一層必要となるでしょう。一人一人のウェルビーイングのため、一緒に働くことができたら何より嬉しいです。

（M. H. 医療ソーシャルワーカー）

第 8 章

グローバリゼーションの時代の看護と介護

経済連携協定（EPA）に基づく外国人看護師・
介護福祉士候補者の受け入れを事例として

濱野　健

本章のねらい

　本章の目的は、グローバリゼーションによって、私たちの社会や人間関係がもはや国境や地域といった基盤だけでは捉えられなくなったという点について考察する。日本では、少子高齢化がいよいよ確実なものとなろうとしている。このようなグローバルな社会変化と、ローカルな地域社会の問題が交差する地点として、現在の医療や介護の現場が大きく変わりつつある。本章ではその事例として経済連携協定（EPA 協定）に基づく、外国人看護師・介護福祉士候補者の日本への受け入れ事業を取り上げる。その上で、現在の日本において外国人労働者がどのように受け入れられているのかという観点から、現状とその課題についても触れることにする。私たちの住む日本でも言語的・文化的背景の異なる多くの人たちと共に社会を築いていくことの必要性はますます高まりつつある。そうした社会の創造の可能性について、お互いが歩み寄り信頼し合うために、看護や介護の職場ではどのような実践的な取り組みが可能なのか、その方法なども紹介する。

 グローバリゼーション、少子高齢化社会、移民、経済連携協定（EPA協定）、文化対応力

1. グローバリゼーションは私たちの社会をどう変えたのか

　21世紀の現在、私たちの日々の生活は、これまでにないほど多くの人や物や情報が密接に関わりあって成り立っている。例えば、いまこの教科書を読んでいるあなたが使っている机の上のペンや携帯電話はどこで作られたのだろうか。ここに書かれた文字を読むために必要な電気を発電するために必要なエネルギー源はどこからやってきたのだろうか（そして誰がそれを採掘し、他の誰がどのような手段でそこまで運んできたのだろうか）。つい最近、近くのショッピングモールで購入した衣服や制服はどこで製造されて、その原料はどこからその縫製工場にやってきたのだろうか。あなたが先ほど食べた食事の材料はどこから来たのだろうか。私たちは、今自分の目の前にあって当たり前に身につけたり使ったりしているものが、誰によってどのように運ばれて、加工され、届けられたのかを考える機会はほとんどない。こうした私たちの日常が、自分が見たことも聞いたことも、そしてまだ考えたこともないような地域の資源や人々の暮らしによって支えられていることを意識することもない。

　私たちの生活が今や地球規模の諸活動の上に成り立っていると考えてみると、日本も含めた地球上の全ての社会がグローバリゼーション（globalization）によって従来とは全く異なる様相を見せるようになったことが分かる。グローバリゼーションとは1990年代以降欧米諸国からやがて世界中に浸透してきた地球規模での社会変化を指す言葉である（Cohen and Kennedy、2003=2000）。私

たちが「社会」というものについて考えるとき、これまでの前提としていたのが社会＝国家というとらえ方であった。例えば、「日本社会」という言葉が用いられるとき、その範囲は日本という一つの国の国境の中に限定されたかのような前提を持っている。しかしながら、グローバルな社会はこうした国家や国境線を残しながら、その役割や意味を大きく変容させた。その新しい社会では、個々の社会の政治、経済、文化がいずれも国境をこえて否応なしに結びつけられている。例えば、海外に在留する「日本人」は「日本社会」の一員だろうか？　あるいは、現在「日本社会」で私たちと一緒に暮らしている外国人たちは？

　グローバリゼーションの程度は、地球上のそれぞれの地域や社会で様々に異なっている。例えば、日本社会のグローバリゼーションは主として1990年代後半頃からだといわれている。それに先駆けて社会のグローバリゼーションが進行していた地域もあれば、2000年代に入り、グローバリゼーションが本格的に進行してきたところもある。しかしながら、今やいずれの社会も、ロランド・ロバートソン（Roland Robertson）が述べるような「世界の圧縮化」（compression of the world）という経験を共有していることは間違いない（Robertson 1997=1992）。国境を越えた人や物や情報の移動が加速し、地理的に遠く離れた社会との間で資源や情報が共有された結果、地球規模での相互依存関係はいまやこの星に住む誰にとっても例外ではない。その環境は、私たちが日頃意識することがないくらいにしっかりと社会の基盤となっている。よって、グローバリゼーションについて考えることは、まずは自分の日常生活を、そして私たちが今現在どのような社会で生きているのかという「当たり前」を改めて問うことになるだろう。

　こうした中、世界中の人々が様々な共通体験を持つようにもなった。例えば、グローバリゼーションの特徴の一つとして、地域社会の生活習慣や価値判断といった文化の変容がある。とりわけ20世紀より世界的な規模でその影響を及ぼしてきた米国の文化は、ジョン・トムリンソン（John Thomlinson）が「文化敵国主義（cultural imperialism）」として批判したように、時としてグローバリゼーション＝米国化とも思えるほどその影響は世界の隅々にまで浸透している（Tomlinson 1997=1991）。私たち日本に住む人間にとっても、日常の消費材や、

慣れ親しんだ音楽や映画などの大衆メディア文化、そして常用する言葉の数々を思い浮かべてみるとそのことがよく分かるだろう。これをグローバリゼーションの「統合」の側面だとしたら、他方でグローバリゼーションは「分裂」の特徴も持っている。例えばグローバルな規模で広がる経済格差がある（世界の富の半分が、たった1％の人たちによって占められているという事実！）。しかし、ロビン・コーエン（Robin Cohen）とポール・ケネディ（Paul Kennedy）が「グローカリゼーション（glocalization）」という概念（global+local）を紹介しているように、グローバリゼーションとは「統合」と「分裂」を世界にもたらすばかりではなく、それぞれの社会で予測できない新たな社会を生み出す可能性も秘めている（Cohen and Kennedy 1997=1991: 68）。グローバルなものとローカルなものは、私たちの生活の中で日々出会い交渉と葛藤を繰り返しながら、これまでの社会には見られなかった人間関係や新たな社会の構想へ向けた具体的な目標を定め、目の前の問題解決に向けた具体的な取り組みの方法を私たちに向けて提供し続けているのである。

　グローバルな規模での社会の変化が、私たちの日常に深く関わっていること、そして私たちを取り巻く社会が徐々に変容していることに気がついたとき、わたしたちは自分自身が「当たり前」として受け入れてきた地域社会の様々な特徴や独自の文化の自明性を客観的にとらえ直すことになる。その結果、私たちは自分たちの「常識」「標準」「当たり前」といった前提を改めて相対化したり、客観的に受け止めたりできるようになる。あるいは「グローバル」か「ローカル」か、または「味方」か「敵」といった二者択一の思考ではなく、「グローカル」な社会のあり方、より多元的な人間関係の築き方についてより深く考える機会を獲得することになるのである。そこで本章では、21世紀現在日本で進行しつつある看護・介護の現場で起きているグローバリゼーションを象徴する近年の事例である、EPA協定に基づく日本への外国人看護師・介護福祉士候補者たちの受け入れを取り上げる。その背景、現状、そこから浮かび上がる課題について考察することで、私たちがいまどのような社会に生きているのか、そうした社会では他者との間にどのようなつながりを持つことが必要なのか、そしてその方法をより具体的に考えていくためにはどうしたらよいのか、これらの点について考えてみよう。[1]

2. 先進国社会と少子高齢化

　産業化や医療の発展が進んだ結果、人類史においてかつてない人口の増加が起きている。国連の集計によると、1950年代に25億人であった世界の人口は、2011年には70億人、そして2050年には97億人に達するとみられている。そして現在、グローバリゼーションにより、そうして増え続ける人や物や情報が世界中を行き交うような社会が誕生した。こうした世界情勢の中、日本で何が起きているのだろうか。

　地球全体では人口爆発が起きている一方、日本国内では2010年を境に人口が減少し始めた。概算すると、1年間でおよそ10数万人の人口が減少しているという。日本の人口は、2014年10月1日現在で1億2,708万人と推定されているが、そのうち65歳以上の高齢者人口は過去最高の3,300万人を記録した。今では高齢者が総人口に占める割合（高齢化率）は26.0％となり、過去最高を記録している。高齢化率については、1950年には総人口のわずか5％に満たなかったが、今やその5倍以上に達した。一方、生産年齢人口（15～64歳）は、1995年の8,726万人でピークを迎え、その後減少し、2013年には7,901万人へと低下した（内閣府 2015a）。このように高齢化と人口減少を迎えている日本の人口だが、将来推計人口の試算結果によればこうした状況は今後ますます深刻化するとみられている（国立社会保障・人口問題研究所 2012）。2048年には日本の人口はついに1億人を割り込むことが予想されている。また、高齢化人口もこの頃まで増加の一途をたどるという試算結果が出ている（図8-1参照）。

　さて、人口減少は社会にどのような問題をもたらすのだろうか。その影響として、主に3点を挙げることができる（厚生労働省 2015a）。一つめは国内経済への影響である。生産年齢人口が減少することにより、経済活動に大きく携わる人口が減少することになる。このため、消費が低下するだけでなく、労働力の低下によりそもそも商品やサービスの生産が停滞する事態が発生する。二つめは都市と地方の格差の拡大である。少子高齢化に伴い、都市部への人口集中や労働集約がますます大きくなる傾向が見られる。このことにより、地方の経済力がさらに低下することになる。先の一つめの問題と併せて、90年代の景

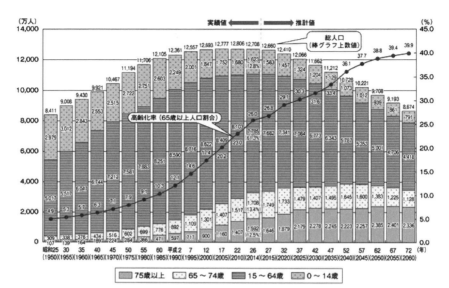

図 8-1　日本の人口の将来推計（内閣府 2015b）

気低迷以後国内経済の新たな成長に向けて様々な政策に取り組んでいる日本にとってはこうした成長が滞るという懸念が生じる。最後に、社会保障への影響である。例えば高齢者の年金制度や医療介護負担は生産年齢人口の所得を再分配する仕組みでまかなわれている。すなわち、年金制度や税制度を介し、高齢者（そして子どもや社会的に困難を抱えて就労につけない人たちのため）に年金の費用負担や各種支払いの免除などの形を通して分配されるのである。この制度を維持するためには、こうした制度をになう生産年齢人口がその受け手となる高齢者人口を大きく上回っていることが必要条件となる。しかし、1950 年には高齢者一人に対して 12.1 人の割合であった生産者人口は、2015 年には高齢者一人に対して 2.3 人までに低下した。さらに先ほどの試算では、2060 年には高齢者一人に対してわずか 1.3 人の生産者人口となる。こうした事態が着々と進行した結果、高齢者を支える社会保障制度そのものが十分に機能しなくなる

のみならず、その負担を肩代わりしている生産年齢人口に一層の負担を強いられるという可能性がでてきている。

　現代の日本では少子化もまた著しい。戦後の日本では、第一次ベビーブーム（1945〜1970年）および第二次ベビーブーム（1971〜1989年）などによって若年層の人口が大幅に増加する時期が見られたが、1970年代中頃から出生率（合計特殊出生率）は徐々に低下の兆しを見せ、2005年にはついに過去最低の1.26を記録した。その原因として、本来の親世代の人口減少、未婚率の上昇と晩婚化が挙げられているが、経済の変化や、都市化や産業構造の変化に伴うライフスタイルの変化、そして第3章でもふれたように家族や親子関係に対する意識の変化などの社会的な要因など、社会学的な視点から少子高齢化について検討することもまた重要である。

　こうした結果、将来的にも若年層の人口が回復するような兆しは見られず、日本では少子高齢化は今後避けられないだろう。現状のままではより若い世代への負担を大きくせざるをえないような状況も考えられる。また、現前する課題として、医療や福祉の負担のみならず、若年労働力人口の減少によって、増加する高齢者の看護や介護に実際に関わる労働人口が不足する事態が起きている。地方の過疎地域などではこうした人材不足が既に深刻な問題となっている。高齢者人口の増加に伴い、医療、看護や介護は私たちの社会でますます重要な役割を担うようになる。社会保障制度の改革や提供するサービスの高度化と効率化といった技術的・経営的な側面のみならず、高齢化と少子化の進行は、看護や介護における労働力の増員を期待することを困難にしている。医療や介護サービスの必要な高齢者の増加に対して、現場での看護・介護スタッフが実際にどのように対処していけるのかという現実的な問題がある。今目の前で看護や介護を必要としている高齢者の増加に対し、医療や福祉の現場は制度のみならず安定した人材の確保についても早急な対応が迫られている。

3. 先進国における高齢少子化と外国人による看護・介護

　高齢化に伴う医療・介護サービスの負担の増加、そして現場での労働力不足はいずれも先進国に共通に見られる問題となっている。**表8-1**では、いずれの

国においても合計特殊出生率は人口の自然増が期待できるといわれている 2.07 を下回っており、一部の先進国においてはそれほど深刻ではないが、多くの国が高齢化と少子化という同じ課題に直面していることが分かる。欧州諸国では、日本に先駆けて、1970 年代の初頭から合計特殊出生率の低下がはじまった。子どもの養育コスト、結婚や出産に対する価値観の変化、避妊などの普及がその原因とされている。90 年代頃からは一定の水準で下げ止まりをみせ、若干回復傾向にある国も多い。一方アジア諸国では 80 年代頃から合計特殊出生率の低下が見られ、それ以降の著しい経済発展に伴い日本を下回るような数値にまで低下している国も見られることが分かる。

　グローバルな社会では、国内の少子高齢化社会の進行に伴う高齢者の看護・介護に対する労働力問題にどのように対処しているのだろうか。ここではドイツの事例を紹介しよう。日本と同様に、少子高齢化に直面しているドイツでは、2013 年に「トリプル・ウィン・プロジェクト」と呼ばれる政策が導入された。これは、フィリピンなどの四つの国から 3 年間で 2,000 人の看護師を受け入れるという、従来の移民政策の中でもより的を絞った政策となっている。このプロジェクトに冠せられている「トリプル」という名称には、この政策が、ドイツ国内における看護師不足、雇用者に対する外国人看護師の雇用を介した十分な利益の確保（事前の十分な語学教育と職業訓練）、そして移住してくる看護師たちへ賃金を保障するだけではなく、福利厚生を保障しながらドイツへの社会統合を促進するという期待が込められている（ロペズ・大野 2015[6]）。ドイツだけではなく、欧州の多くの国では非 EU 圏からやってきた外国人看護師が就労している。ミレイユ・キングマ（Mireille Kingma）の報告によれば、従来看護師の国際

表 8-1　先進諸国における合計特殊出生率（内閣府 2015）

国・地域	年次	合計特殊出生率
日本	2012 年	1.41
アメリカ	2012 年	1.88
フランス	2012 年	2.00
スウェーデン	2012 年	1.92
英国	2012 年	1.92
イタリア	2012 年	1.42
ドイツ	2012 年	1.36
シンガポール	2012 年	1.29
韓国	2012 年	1.30
香港	2012 年	1.29
台湾	2012 年	1.27

移動は言語や社会制度に共通の基盤を持つ近隣諸国へ向かうのが大半であったが、今や看護師の国際移動はさらにグローバルになり、アジアやアフリカの様々な国で訓練を受けた看護師が欧米の様々な国で看護に携わっているという（Kingma 2010）。**図 8-2** は、各国における外国籍の看護師の占める割合である。中には外国籍の看護師の数が全体の半数以上に及ぶ国も見受けられる。韓国、台湾、香港などの東アジア諸国で中国や東南アジア諸国から多くの介護労働者が、これら少子高齢化社会における介護の担い手として今や重要な役割を果たしているという（小川 2014; 大野・小川編 2008）。このように、看護の領域で（そして介護の領域においても）、国内の高齢化社会に対処するため、「国際移民の時代」（Castles and Miller 2011=2009）と名付けられた 21 世紀現在、今や国境を越えたグローバルな規模での専門家の国際移動が世界各地で活発になっているのである。

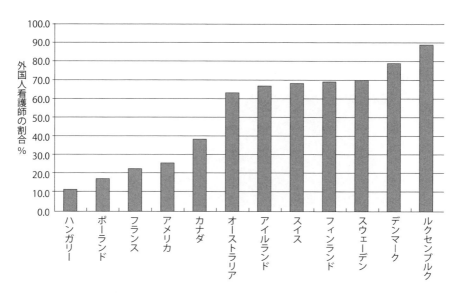

図 8-2　各国における外国人看護師の割合（Kingma 2010）

4. 経済連携協定（EPA協定）に基づく外国人看護師候補者・介護福祉士候補者の受け入れ

　グローバリゼーションの進行にともない、従来の社会単位であった国家を基盤とした政治体制や経済システム（このことを国民国家と呼ぶ）が徐々に時代遅れになりつつある。そうした世界的な情勢において、国家はこれまで同様に私たち（国民）に対する一定の政治的な力を排他的に行使しながらも、人や物や情報の移動については、それを国境によって規制するばかりではなく、むしろその動きを活性化させるための規制緩和や国際条約の締結に調整的な役割を担うこともまれではない（Sassen 1996:14）。前節で述べたように、日本が向き合わざるを得ない少子高齢化という特殊事情にともなう人材不足が、外国人労働者の受け入れの是非を巡る議論を活発にしている（塚田 2010; 鈴木 2014）。このグローバルな世界情勢と関連し、現在の日本の医療や介護の現場は日本社会の少子高齢化にどのように向き合おうとしているのだろうか。

　こうした経済のグローバル化と日本の少子高齢化社会という事情が交差したところで、今新たな動きが起き始めている。日本を含め世界の多くの国々の間では、貿易や投資などの幅広い経済活動をより活発に実施するため、「自由貿易協定」（Free Trade Agreement、FTA）や「経済連携協定」（Economic Partnership Agreement、EPA）などの取り決めがなされている。こうした協定では、２国間における特定の商品の貿易に掛かる関税（自国の生産物を護るために他国からの輸入品にかける特別な税）を緩和したり、あるいは撤廃したりするとか、外国企業や個人へのビザや法的規則を優遇したりすることなどがすすめられる。そしてグローバルな経済活動の活性化に伴い、経済活動をになう人々の動きも活性化する。このように、人や物の流通をグローバルな市場において活発化する動きのなか、日本はEPA協定に基づき、貿易、投資、関税などといった内容にとどまらない特別な協定をいくつかの国々と締結している。それは、外国人看護師候補者・介護福祉士候補者（以下、候補者）の受け入れである。

　厚生労働省によれば、EPA協定に基づく候補者の受け入れは原則的に外国人の就労が認められていない看護と介護の分野にて、二国間協定に基づき政府

の管理の下に公的に実施されると定められている。この受け入れについては、民間事業者ではなく、国際厚生事業団（JICWELS）が独占的な受け入れ調整機関として指定されている[7]。毎年の受け入れ人数は、国内の労働市場の状況を検討し受け入れ人数が決定されており、給与や労働関係法令、社会・健康保険については日本人と同等以上の条件が保障されており、候補者は日本国内の受け入れ施設で看護助手や介護職として就労しながら、看護師や介護福祉士などの国家資格の取得を目指すことになっている。希望者は、事業団を介して受け入れ先の国内の機関とのマッチングが行われた上で、自国での日本語事前研修（該当しない場合もある）や日本語の能力試験を経て来日する。来日後は改めて国内での日本語研修を受けてから契約先の機関へと配属される。協定に基づく在留期間の限度は、看護師候補者が3年間、介護福祉士候補者が4年間であるが、その期間内に国家資格を取得すれば、そのまま正規の看護師・介護福祉士として滞在を延長することが可能となる（厚生労働省 2016a）。所定の期間内に国家試験に合格することができなくても、一定の条件を満たすことでもう1年だけの在留の延長が可能となり、再チャレンジの機会が与えられることもある（それでも国家資格試験に不合格の場合は帰国を余儀なくされる）。これまで来日した候補者の数は以下の通りである（**表 8-2、表 8-3** 参照）。

2016年度現在、EPA協定に基づき日本が候補者の受け入れを行っている国

表 8-2　EPA協定に基づき来日した看護師候補者の数（厚生労働省 2016b）

		H20年度	H21年度	H22年度	H23年度	H24年度	H25年度	H26年度	H27年度	累計
インドネシア	受入れ希望人数	173	235	62	62	44	59	56	82	773
	受入れ人数	104	173	39	47	29	48	41	66	547
フィリピン	受入れ希望人数	—	141	77	100	43	78	49	87	575
	受入れ人数	—	93	46	70	28	64	36	75	412
ベトナム	受入れ希望人数	—	—	—	—	—	—	57	59	116
	受入れ人数	—	—	—	—	—	—	21	14	35
受入れ希望人数合計		173	376	139	162	87	137	162	228	1464
受入れ人数合計		104	266	85	117	57	112	98	155	994

表 8-3　EPA 協定に基づき来日した介護福祉士候補生の数（厚生労働省 2016b）

		H20年度	H21年度	H22年度	H23年度	H24年度	H25年度	H26年度	H27年度	累計
インドネシア	受入れ希望人数	291	232	87	67	78	115	154	260	1284
	受入れ人数	104	189	77	58	72	108	146	212	966
フィリピン	受入れ希望人数	—	288	102	73	84	98	152	253	1050
	受入れ人数	—	190	72	61	73	87	147	218	848
ベトナム	受入れ希望人数	—	—	—	—	—	—	241	312	553
	受入れ人数	—	—	—	—	—	—	117	138	255
受入れ希望人数合計		291	520	189	140	162	213	547	825	2887
受入れ人数合計		104	379	149	119	145	195	410	568	2069
就学コース受入れ希望人数（フィリピン）		—	158	25	—	—	—	—	—	183
就学コース受入れ人数（フィリピン）		—	27	10	—	—	—	—	—	37

は、インドネシア、フィリピン、ベトナムの3カ国である。2015年7月の時点で、3国併せて累計3,100人がこの制度を利用して日本に入国した（厚生労働省 2016a）。それぞれの国との EPA 協定による候補者受け入れ条件は毎年のように改定され、それぞれの国毎に異なる条件が課されているが、以下では各国の候補者の受け入れの経緯をそれぞれ簡潔に紹介しよう。

1）インドネシア共和国（2007年7月協定発行）

　日本が候補者受け入れに関する EPA 協定を最も早く締結したのがインドネシアであり、協定締結の同年すぐに第一期生の候補者受け入れが開始された。近年、東南アジア諸国の例に漏れず、インドネシアでも経済発展が著しい。こうした産業構造の転換にともない、日本の国土の5倍の面積におよそ2.5億人の人口を有する、東南アジアでも最も大きな国の一つである。また、若年層人口の増加も著しいが、こうした労働力を十分に受け入れるだけの労働市場が十分に育っていないため、近年こうした労働人口を海外へ送り出すことに積極的な政策を採ってきたという背景がある（安里 2006）。看護師候補者として日本で就労するための条件には、インドネシアの看護師資格および実務経験が2年

以上必要とされるなど、看護師としての専門的能力と経験があらかじめ求められている。介護福祉士候補者については、高等教育機関（3年以上）に加えて、インドネシア政府による介護職認定あるいはインドネシアの看護学校（3年以上）の卒業資格が必要となる。インドネシアでは、日本の介護福祉士に相当する資格や業務が明確には存在しないのがその理由であろう。候補者は、国際厚生事業団を介した受け入れ機関との適性の確認を経て、インドネシアでの6か月の語学研修及び（2013年度以降は）日本語能力試験N5への合格が条件となっている[8]。その後来日、さらに国内での6か月の日本語研修を経てから契約先にて就労に従事することになっている。2008年から2015年の8年間で、547名の看護師候補者と966名の介護職候補者がこの協定に基づき来日している[9]。

2）フィリピン共和国（2008年12月協定発行）

　フィリピンからは、2009年度から候補者を受け入れている。フィリピンは、東南アジア諸国の中で最も先駆けて世界中の先進諸国へ労働者を送り出してきたという実績を持つ国である。人口はおよそ9,000万人を超えるが、そのうち1,000万人程度が海外で就労していると推定されており、こうした海外の出稼ぎ労働者によるフィリピン国内への海外送金は、フィリピンの国内総生産（Gross Domestic Product）の最たる割合を占めるといわれている[10]。出稼ぎ労働者は非熟練労働者にとどまらず、医師や看護師、エンジニア、船員、秘書等専門技術を持つ高給取りの職種に特徴がある（日本商工会議所2013）。また、日本には現在20万人を超えるフィリピン国籍者が居住しており、日本では中国・韓国（朝鮮）について割合の多い外国人コミュニティとなっている。看護師候補者の条件は、フィリピンの看護師資格及び実務経験が3年以上、介護職候補者としての条件は、4年制大学を卒業し、フィリピン政府による介護職認定またはフィリピンの看護学校（看護大学に相当）を卒業していることが条件とされている。その他の候補者の受け入れについては、いずれの場合も現時点ではインドネシアからの候補者と同様の条件が課せられている。2009年から2015年の7年間で、412人の看護師候補者と848人の介護福祉士候補者が来日した。

3) ベトナム社会主義共和国（2012年6月交換公文を発行）

　ベトナムからは 2014 年度から受け入れを開始した。ベトナムでは 1991 年から官民による労働者斡旋企業によりこれまでにおよそ 50 万人が世界 40 カ国に送り出されてきたという実績があり、看護師の送り出しは先ほど紹介したドイツとの間にも実施されているという（新見 2014）。看護師候補者の条件は、3年制または 4 年制の看護課程終了に加え、ベトナムの看護師資格及び実務経験 2 年以上、介護職候補者の条件は、3 年制または 4 年制の看護課程を修了していることが条件とされている。ベトナムからの候補者の場合、候補者の日本語能力については先の二カ国からの候補生に比べると幾分か厳格な条件が定められており、受け入れ先とのマッチングを申請する前の段階で、国内で 12 か月の日本語研修を受けて日本語能力試験 N3 を取得しておかなければならない。その上で改めて受け入れ先とのマッチングが実施されることになる。先の二つの国とは異なり、ベトナムからの候補者には日本国内での語学研修の期間が 2.5 か月に短縮されている。2014 年から 2015 年の間に、35 人の看護師候補者と 138 人の介護福祉士候補者が来日した。

　EPA に基づく候補者の受け入れ制度には、期限内に看護師国家試験及び介護福祉士国家試験に合格すると専門資格を有する外国人として日本での就労が可能となる。だが、長時間就労しながら国家試験の対策を実施することは決して容易ではない（日本語についても、国家試験に合格するためには専門用語や法令の理解も含め、訪日のとき以上により高度な能力を習得することが必要とされる）。候補者一人一人の能力や意欲以上に、こうした状況を理解した勤務先の病院や

表 8-4　EPA 協定に基づく看護師候補者の看護師国家試験合格者数（厚生労働省2015b）

入国年度別・国別累計合格者数

インドネシア							フィリピン						ベトナム
2008年度	2009年度	2010年度	2011年度	2012年度	2013年度	2014年度	2009年度	2010年度	2011年度	2012年度	2013年度	2014年度	2014年度
24	42	14	10	4	4	0	15	8	19	3	8	2	1

施設から異文化での生活支援も含めた包括的な支援が得られるかどうかが重要である[11]。2015 年 3 月の時点で、EPA 協定において来日した看護師候補者の看護師各科試験合格者数は以下の通りである（**表 8-4** 参照）。合格者数の合計は 154 名であるが、ここ数年の合格率は、各年度の EPA 候補者受験生のわずか 10％前後となっており、年々合格者は増えつつあるが、候補者たちにとって国家資格の取得はきわめて難関である。

5. 日本における外国人労働者の現在

現在、日本国内には特別永住者と中長期滞在者を合わせておよそ 212 万人が暮らしているという（法務省 2016）。EPA 協定に基づき来日し、日本国内の様々な医療や介護施設で就労している（そして将来的には日本で看護師や社会福祉士の国家資格の取得を目指している）候補者について、少子高齢化社会の日本はいよいよ「移民」を受け入れるようになったのだろうか。2015 年 10 月現在日本国内に居住する外国人の労働は以下の五つの分野の枠内でのみ可能となっている。その総数 90.8 万人の内訳は以下の**表 8-5** の通りである。

これを見ると、日本は現在いわゆる「移民政策」を採用しているようにも見える。しかしながら、日本国政府は一般的な労働者としての「移民」の受け入れについては、一部の特例をのぞき国全体の政策としては導入しているわけではない。2014（平成 26）年 4 月 1 日付けで公表された、厚生労働省による「雇

表 8-5　日本における外国人の就労カテゴリー（厚生労働省 2016c）

1．就労目的で在留が認められる者（約 16.7 万人） 　いわゆる「専門的・技術分野」に属する外国人労働者
2．身分に基づき在留する者（約 36.7 万人） 　「定住者」（主に日系人）、「永住者」「日本人の配偶者」等
3．技能実習（約 16.8 万人） 　技能移転を通じた開発途上国への国際協力が目的。
4．特定活動（約 1.3 万人） 　（EPA 協定に基づく候補者・ワーキングホリデー等）
5．資格外活動（留学生のアルバイト等）約 19.2 万人

用政策基本方針」では、外国人労働者の受け入れについての独特の見解が述べられている。少々長くなるが、以下その方針を引用する。

外国人材の活用により我が国の経済活性化を

　日本経済の活性化や国際競争力強化という観点から、高度外国人材の受入れ及び定着を支援することが重要であり、就労環境、生活面などの環境整備について、政府全体で取り組む。(中略)外国人留学生の就職・定着について、関係機関、大学、企業が連携しつつ効果的な支援を行う。

　また、定住者(日系人など)、日本人の配偶者等、我が国における活動制限のない外国人の就業を推進するため、企業における雇用管理の改善を促進するほか、日本語能力の改善等を図る研修や職業訓練の実施、社会保険の加入促進等を通じて安定した雇用を確保し、意欲と能力に応じた働き方を実現する。

　外国人技能実習制度は、実践的な技能・技術・知識の開発途上国等への移転を図り、開発途上国等の経済発展を担う「人づくり」に貢献している。人権侵害等の不正行為等が発生しないよう、技能実習制度の適正化を図る。(中略)

　なお、外国人労働者の受入れ範囲については、出入国管理及び難民認定法(昭和二十六年政令第三百十九号)上、「我が国の産業及び国民生活に与える影響」を総合的に勘案して決定されているところであり、範囲の拡大については、労働市場や医療・社会保障、教育、地域社会への影響や治安等国民生活への影響も踏まえ、国民的議論が必要である(厚生労働省2014:27、傍点は筆者による)。

　この基本方針では「高度外国人材」、あるいは結婚や留学などを経て日本に定住している(しようとする)外国人については、その雇用促進をはかることが定められている。だが、厚生労働省が配布する資料には「候補者の受け入れは、看護、介護分野労働力不足への対応ではなく、2国間の経済活動の連携の強化の観点から、経済連携協定(EPA)に基づき、公的な枠組みで特例的に行うものである」と明記されている点に注目したい[12]。外国人労働者の受け入れに

ついてこの原則を遵守するため、政府は候補者たちの日本国内での医療現場や介護現場での労働をあくまでも「特定活動」と位置づけ、「就労」と見なしていないのはこうした理由によると考えることができる。その結果、EPA による候補者の受け入れ制度には、かのような微妙なニュアンスを伴う文言が付け加えられている。それが以下のような表現である。

> これら３国からの受入れは、看護・介護分野の労働力不足への対応として行うものではなく、相手国からの強い要望に基づき交渉した結果、経済活動の連携の強化の観点から実施するものです（厚生労働省 2015a、傍点は筆者による）。

　2016 年現在、政府は看護や介護などといった一般的な労働者としての外国人の受け入れについては、まだ議論が十分に練られていないというのが結論である。一方で現在では、労働力不足が著しいとされる介護・建設・製造などの分野で期間を限定した「技能実習」などの制度拡大による外国人労働者の受け入れを目指すことが議論されているが、現時点では日本政府は定住を前提とした「移民」政策を採っていないと理解をすることができる。ただし、EPA 協定については、これまでも（今のところも）移民政策を採らない日本においても、未だに多くの問題を抱える「技能実習制度」などに比べ、厚生労働省や JICWELS などにより制度の整備と徹底した管理が早急に進められてきた背景があるのではないか、という指摘もある。

　しかし、「就労」ではなく「特定活動」と見なされている EPA 協定に関していえば、当事者である候補者たちにとっても、高いコストを負担して候補者を受け入れる日本国内の病院・施設側にとっても、EPA 協定による候補者の受け入れは日本の看護・介護現場における実質的な労働力（とそれへの成長への期待）として受け止められているのが現状であろう。そうした現場では、政策論争を超えたところで看護や介護の現場のグローバリゼーションが現在も進行中なのである。そこで、EPA 協定に基づく外国人看護師・介護福祉士候補生を実際に受け入れた現場では候補者をどのようにとらえているのだろうか。受け入れ先の病院や施設を対象に実施された調査結果から、これらの先駆的な

現場では候補者たちがどのように受け入れられているのか。まず始めに、2009年にインドネシアからの看護師・介護福祉士候補者第一陣を受け入れた全国の病院や施設を対象に、一年後の受け入れ状況について調査した調査結果を見てみよう（小川 2010）。この調査では、回答を得た 27 の病院と 19 の施設にて、候補者の日本語能力については、制度的な支援が必要だということに共通の回答傾向が見られたものの、おおむね 70％以上が候補者を受け入れて良かったと回答しているという結果を得ている。そこでは候補者の知識は技術の水準が高い（看護師候補者）や、忍耐強く協調性が高い（介護福祉士候補者）などの評価が高かったという。EPA 協定による候補者の受け入れは、日本における外国人労働者の受け入れにつながるような制度としてはまだまだ検証の余地があるといえるが、海外からきたスタッフと同じ職場で働くということについて、現場ではおおむね肯定的にとらえられていると見て良いだろう。それでは、将来看護や介護の現場においてますますグローバル化が進んでいく中、私たち一人一人、そして組織や機関全体でどのようにしてグローバルな職場作りが実現できるのだろうか。

6. グローバルな職場における「文化対応力」の重要性

　今後、日本の看護や介護の現場のグローバリゼーションはさらに進んで行くことになるだろう。そして、現在日本で看護学や介護を学んでいる人間一人一人に、様々な言語や文化の違いを意識しながらも共に働くことのできる職場づくりや、共に生きていくための社会づくりへの対応が求められていくだろう。世界中から集まった移民により多文化社会が形成されているオーストラリアでは、「多文化主義政策」という国家の方針のもとで社会の多様性や文化的特殊性を配慮し尊重する様々な取り組みが実施されている。そのオーストラリアで高齢者介護に携わっているエイダ・C・チャンは、日本における看護や介護現場での外国人労働者の受け入れについて議論を実施したシンポジウムにて、言語や文化的背景が異なるスタッフと共に働くために現場で必要とされるスキルを「文化対応力」（cultural competence）と呼んで、その一部を以下のように紹介している（チャン 2009）。

チャンによれば、文化とは私たちにとっての「常識」「当たり前」の価値判断に関わるものである（社会はこうした文化の総体として捉えることができる）。病気の診断やその治療に対する判断基準、専門家への信頼とそのために必要な他者とのコミュニケーション手段、あるいは「よく生きること（well-being）」の判断基準、こうした全てが実は私たちの文化に深く根ざしているのである。異文化に向き合うということは、言語的な差異を克服することだけを意味しない。私たちが職場の同僚や患者などに対し「無意識に期待する」または「無意識に期待されている」ことが、互いの文化的な背景で異なることを理解しておく必要がある。文化対応力とは、その文化の違いを認識し、なによりその違いを前提とし、信頼のもとに対人関係を築いていくための能力なのである。例えばチャンは職場において異文化間でのコミュニケーションをより効率的に図るための方法について、以下の**表 8-6** のような例を挙げている。

表 8-6　異文化間における意思疎通を効果的に実践する方法の例（チャン 2009:36）

- ゆっくり、かつはっきりと喋る
- 文章は短く簡潔にする
- 標準的な音量を保つ
- 同じ考えを表すのに違う言葉を使う
- 指示を出すのに優先順位をつけ順番を守る
- 専門用語は避ける
- 感情表現に応える
- 表現の真意を考える。ある文化では、嘘をいってでもいざこざを回避する
- 質問や説明には時間をかける

チャンが文化対応力について基礎的な要件として取り上げる異文化コミュニケーションのための方法は「異文化」コミュニケーションに限定されない。私たちの職場では、多くの異なる立場や職業意識を持った人たちと一緒に現場を支えているというのが通常の姿である。こうした環境での情報のやりとりや共有に対する効果的なコミュニケーション方法を意識するということは、とりもなおさずそうした具体的な実践が多言語や多文化環境でも誤解や伝達ミスを軽減し、さらにはお互いが協力し、信頼を持って働ける職場を実現することがで

きるだろう。

　その上で、ここから文化対応力の高い職場で私たちに求められる働き方について見ていこう。文化対応力を高める上で、現場の個々人がスキルアップするだけでは不十分である。私たちが共に働く職場、共に生きる生活の場において、制度的にも環境的にも文化対応力を高めなければならない。この、個人と組織の両方での文化対応力の実践について少し例を挙げてみよう。まずスタッフの中に避けられない文化的な相違があるという認識がある。それは、お互い「同じ」背景や考え方を共有しているという前提ではなく、むしろ互いが「異なる」という前提を持つことである。しかし、お互いにこうした差異があるからといって共通理解が得られないという結論にたどり着くのは早計である。お互いが助言を必要とする機会や、あるいは要望やクレームを申し立てる必要が発生したとき、言語や地位に関係なくそれを公平に利用できる制度を準備しておく必要がある。そのために、職場の仲間の言語や文化に慣れ親しんだスタッフが重要な役割を果たすだけではなく、そうした人を介して誰もがお互いの文化的な違いをきちんと理解し、そこから生まれる可能性のある誤解やミスについては、きちんとその原因や解決策を全員で共有することが必要となる。また、何か困った事態が起きたときに誰に相談すれば良いのか、どこに相談に行けば良いのかを明確にしておくことも重要である。とりわけ新しい社会や文化に慣れるまでに時間を要する外国人看護師や介護職については、定期的にカウンセ

表8-7　偏見や差別を廃城するための方策の例（チャン 2009:38）

・多文化で構成されたチームの形成
仲間意識の学習
・文化的意義を高める活動
スタッフ・ミーティングにおける分かち合い
健康、家族の役割や価値、お互いの暗黙知から学ぶという姿勢
多文化的な祭りや祝い
・文化的に無神経な組織でないということの保証
・文化的に配慮されたチームの意思決定
・多文化を包含する環境の推進

リングを行うなどの配慮も重要である。そうした上で、多言語・多文化な職場における偏見や差別を解消するための具体的な方法として、**表 8-7** に挙げられているような取り組みを勧めている。

　これらの例で興味深いのが、多言語や多文化な職場において、それぞれの言語や文化的な習慣に基づく小集団が生まれるような状況を徹底して避けることである。あえて多文化なチームを結成し、さらにはお互いの文化的な差異を十分に知るための機会を頻繁に設けるということである。通常、私たちは文化や言語が異ならない人たちが共に集い、働くことや生きていくことがより安心で効率的であるかのような印象を持っている。しかし、グローバリゼーションによって多元化した社会では、私たちは常に異なる文化や言語と隣り合わせに生きているのであり、そこで相手とはわかり合えないからと「背を向け合う」のではなく、衝突を繰り返しながらもお互いを少しでも理解し合おうとする「対話」が重要なのだ。このように相手の差異を理解しようとすることは、同時に相手にとっては異文化である自分の言語や文化的習慣についても尊重をしてもらうという、看護や介護の領域で重要とされる「互恵性」（互酬性）の伴うコミュニケーションのあり方であることを理解しよう。「わたし」か「あなた」のどちらかが他方に寄り添うのではなく、お互いが顔を合わせ、継続的な対話を続け、信頼関係を紡ぎ合うことなのである。

7.　おわりに

　この章では、2009 年に始まった EPA（経済連携協定）に基づく外国人看護師・介護職候補生の受け入れを事例として、日本社会の、とりわけ看護・介護の現場においてグローバリゼーションがどのように進行しつつあるかという点について検討した。現在、グローバリゼーションによって人や物の移動はますます流動化、加速化している。その中で少子高齢化社会の到来に直面している日本では、目の前で看護や介護を必要としている人たちのために、海外からの労働者を受け入れるか否かという議論がますます真剣に行われるようになってきた。今回紹介した EPA 協定は、こうした事態について理解するための具体的な事例として、その制度的な議論とともに紹介した。この制度が今後日本の

医療現場や介護現場にどのような影響を及ぼしていくかについては、まだまだ始まったばかりであり、もう少し長い目で見ていく必要があるだろう。とはいえ、日本の看護・介護の現場では、実際にはずいぶんと以前から日本国内で定住している外国人などが様々な形で現場での仕事に従事してきたというのが実態なのである（高畑 2009）。このように、日本社会はいまや新しい時代に向けて着々と変容しつつある。専門的な知識と技術を身につけて現場の第一線で活躍する看護師や介護福祉士は、先に紹介した文化対応力のように、職場における文化の多様性に応じるだけではなく、そこからさらに一歩進んで、こうした環境を積極的に高めていくことのできる発想や企画力が求められることになるだろう。

注
Notes

1 ）この本の序章でも述べられていたように、私たち現代人のこうした意識は、「常識」の自明生を検証しようとする社会学にとっては重要なスキルでもある。日々様々な人や物や情報が行き交うグローバルな社会にて、自分自身の日常生活や地域社会そのもののダイナミックな動きと変容をとらえるために、自分や社会を反省的にとらえ続ける「再帰性」（Beck, Giddens and Lash. 1997=1994）、あるいは「社会学的想像力」（Mills 1965=1959）は私たちにとってますます必要になりつつある。
2 ）政府もこうした事態を深刻にとらえ、社会保障制度や税制の見直し（負担増）によって、高齢化社会に対処しようとしている。
3 ）合計特殊出生率とは一人の女性が一生に産む子どもの数を試算したものである。日本で「出生率」と呼ばれるのは、この数値を指す場合が多い。政府統計でもこの数値が用いられている。
4 ）現代社会におけるライフスタイルとそれに伴う価値観の変容が、家族構成や結婚・出産といった意識にどのような変化をもたらしたのかという説明は、本書のテーマを超えるのでここでは詳細には論じない。本書第 2 章や第 3 章を参照のこと。
5 ）政府のこうした懸念に対して、人口の回復を前提とせず、むしろ人口減少を前提とした新たな経済政策や社会保障制度の構築、地域作りなどが日本には必要ではな

いかという主張も増え始めている。この議論には納得いくところも多い。しかし、少子高齢化に伴う看護や介護の負担という問題は今現在目の前で起きている問題であり、医療や介護の現場はまずはこの課題に取り組まねばならない状況にある。

6) この政策において外国人看護師の社会統合を促進することに重点が置かれていることに注目しておこう。移民の社会統合についてあらかじめ十分な対応をめざすその背景に、近年欧州諸国で起きている様々な社会問題への反省がある。後述する日本における EPA 事業は、将来的に定住者となる可能性を持つ外国人候補者に対する定住促進や社会統合に関する政策が不十分であることを指摘している（ロペズ・大野 2015: 127）。

7) 現在、事実上の短期間外国人労働者受け入れ制度となっている「外国人技能実習制度」がある。これは、「技能研修」という名目で最長 3 年間日本の職場で外国人が就労することが可能な制度である（国際研究協力機構 2016）。この制度は 1993 年に創設されたが、受け入れを希望する日本側（主に労働力不足に悩む製造業や農業の分野での需要が多い）と外国人研修生の間を両国の民間の仲介者（あるいは企業）が担う場合が大半である。しかし、民間の仲介業者との契約にまつわるトラブルや、日本での受け入れ先での過酷な就労環境や低賃金労働などがたびたび問題となり、国内だけではなく米国などからもこの制度の問題点を指摘されるという事態となった。2010 年度には、違反者などへの厳格な対処を盛り込んだ制度改正などがなされたが、この制度にまつわるトラブルは後を絶たないのが現状である。

8) 日本語能力検定試験とは、日本への留学などの際に国内外で活用されている語学能力試験である。認定の目安としては、N1（幅広い場面で使われる日本語を理解することができる）から N5（基本的な日本語をある程度理解することができる）までの 5 段階の認定が設けられている（国際交流基金・日本国際教育支援後援会 2016）。

9) 病院や施設がインドネシアやフィリピンからの候補者を受け入れることを検討する理由については川口他（2009）を、候補者の社会経済的属性や来日動機については平野他（2010）を参照。

10) 国内総生産（GDP）とは、一定の期間内（一年間の場合が多い）のうち、ある国において生産された財やサービスの総額のことである。家事労働やボランティア活動など、市場で取引されないものは含まれない。

11) 候補者への国家試験対策への支援については、現時点では所属先にゆだねられている。日本人スタッフなどを活用し、候補者に対しての国家試験対策を組織的に指導しているような病院や施設も存在する。

12)「女性の社会進出」を支援して、日本国内の潜在的な労働力を活用することが、外国人労働者の受け入れ以前に採られるべき政策であるという議論もある。この点については、第2章や第3章も参考にしてほしい。しかしながら、外国人が住みやすいく働きやすい社会づくりと、女性が働きやすい社会づくり（若者が、障がい者が）、多くの共通の課題が見受けられるのではないかと筆者は考える。

参考文献
References

安里和晃, 2006,「東アジアにおける家事労働の国際商品化とインドネシア人労働者の位置づけ」『異文化コミュニケーション研究』19: 1-34.

Beck, Ulrich, Anthony Giddens and Scott Lash, 1994, *Reflexive modernization: politics, tradition and aesthetics in the modern social order.* Cambridge: Polity Press（= 1997, 松尾精文・小幡正敏・叶堂隆三訳『再帰的近代化 近現代における政治, 伝統, 美的原理』而立書房.）

Castles, Stephen and Mark J. Miller, 2009, *The age of migration: international population movements in the modern world.* New York: Guilford Press.（= 2011, 関根政美・関根薫訳『国際移民の時代［第4版］』名古屋大学出版会.）

チャン, エイダ・C., 2009,「多文化における介護スタッフのコミュニケーションとマネジメント」安里和晃・前川典子編『始動する外国人材による看護・介護――受け入れ国と送り出し国の対話』笹川平和財団, 36-39.

Cohen, Robin and Paul Kennedy, 2000, *Global sociology.* Hampshire: Palgrave Publishers.（= 2003, 山之内靖［監訳］・伊藤茂訳『グローバル・ソシオロジーⅠ・Ⅱ』平凡社.）

平野裕子・小川玲子・大野俊, 2010,「2国間経済連携協定に基づいて来日するインドネシア人およびフィリピン人看護師候補者に対する比較調査――社会経済的属性と来日動機に関する配布票調査結果を中心に」『九州大学アジア総合政策センター紀要』5: 153-162.

法務省, 2016,「平成26年末現在における在留外国人人数について」,
（2016年4月14日取得,
http://www.moj.go.jp/nyuukokukanri/kouhou/nyuukokukanri04_00050.html）.

上林千恵子, 2015,「介護人材の不足と外国人労働者受け入れ―― EPA協定による介

護士候補者受け入れの事例から」『日本労働研究雑誌』57(9): 88-97.
川口貞親・平野（小原）裕子・大野俊，2009,「日本全国の病院における外国人看護師受け入れに関する調査（第 2 報）——病院および回答者の属性別分析」『九州大学アジア総合政策センター紀要』3: 59-66.
Kingma, Mireille, 2010, *Nurses on the move: worldwide migration.* Berlin: Berlin Institute.
国際協力機構 公益財団法人, 2016,「外国人技能実習制度のあらまし」,
 （2016 年 3 月 22 日取得，
  https://www.jitco.or.jp/system/seido_enkakuhaikei.html）.
国際交流基金・日本国際教育支援講演会, 2016,「日本語能力試験 JLPT」,
 （2016 年 3 月 24 日取得, http://www.jlpt.jp/index.html）.
厚生労働省, 2014,『雇用対策基本方針』厚生労働省.
————, 2015a,『平成 27 年版厚生労働白書』厚生労働省.
————, 2015b,「第 104 回看護師国家試験における経済連携協定（ＥＰＡ）に基づく外国人看護師候補者の合格者数と受入施設名を公表します」,
 （2016 年年 3 月 22 日取得, http://www.mhlw.go.jp/stf/houdou/0000079081.html）.
————, 2016a,「インドネシア、フィリピン及びベトナムからの外国人看護師・介護福祉士候補者の受入れについて」,
 （2016 年 3 月 22 日取得, http://www.mhlw.go.jp/stf/seisakunitsuite/bunya/koyou_roudou/koyou/gaikokujin/other22/index.html）.
————, 2016b,「経済連携協定（EPA）に基づく外国人看護師・介護福祉士候補者の受入れ概要」,
 （2016 年 4 月 29 日取得, http://www.mhlw.go.jp/file/06-Seisakujouhou-11650000-Shokugyouanteikyokuhakenyukiroudoutaisakubu/epa_base5_270825.pdf）.
————, 2016c,「日本で就労する外国人のカテゴリー（総数約 90.8 万人の内訳）」,
 （2016 年 4 月 14 日取得，
  http://www.mhlw.go.jp/stf/seisakunitsuite/bunya/koyou_roudou/koyou/gaikokujin/gaikokujin16/category_j.html l）.
国立社会保障・人口問題研究所, 2012,「日本の将来推計人口（平成 24 年 1 月推計）」,
 （2016 年 4 月 15 日取得, http://www.ipss.go.jp/syoushika/tohkei/newest04/sh2401top.html）.
Mills, C. Wright, 1959, The sociological imagination. Oxford: Oxford University Press.（＝ 1965, 鈴木宏訳『社会学的想像力』紀伊國屋書店.）

内閣府, 2015a『平成 27 年度版少子化社会対策白書』内閣府.

────, 2015b『平成 27 年度版高齢社会白書』内閣府.

新見達也, 2014「ベトナム人の海外就労──送出地域の現状と日本への看護師・介護福祉士派遣の展望」『アジア研究』60(2): 69-90.

日本商工会議所, 2013,「【海外情報レポート】好調なフィリピン経済をけん引する海外出稼ぎ労働者の送金事情（フィリピン）」,
(2016 年 3 月 24 日取得, http://www.jcci.or.jp/news/trend-box/2013/1010110405.html).

小川玲子, 2010,「全国の受け入れ病院・介護施設の意識──インドネシア人看護師・介護福祉士候補の受け入れから 1 年を経て」大野俊・小川玲子編,『国際シンポジウム：東南アジアから日本へのケアワーカー移動をめぐる国際会議──政策担当者と研究者の対話』九州大学アジア総合政策センター, 18-28.

────, 2014,「東アジアのグローバル化するケアワーク──日韓の移民と高齢者ケア」『相関社会学』24: 3-23.

大野俊・小川玲子編, 2008,『国際シンポジウム グローバル化する看護と介護──医療・福祉分野への外国人労働者参入をめぐって』九州大学アジア総合政策センター.

Robertson, Roland, 1992, *Globalization: social theory and global culture.* London: SAGE.（= 1997, 阿部美哉訳『グローバリゼーション──地球文化の社会理論』東京大学出版会.）

鈴木江理子, 2014,「人口政策としての外国人政策　将来推計人口から考える」『別冊環』20: 70-85.

高畑幸, 2009,「在日フィリピン人介護者」『現代思想』37(2): 106-118.

Tomlinson, John, 1991, *Cultural imperialism: a critical introduction.* London: Pinter.（= 1997, 片岡信訳,『文化帝国主義』青土社.）

塚田典子, 2010,「序章　はじめに」塚田典子編,『介護現場の外国人労働者　日本のケア現場はどう変わるのか』明石書店, 12-14.

ディスカッションテーマ
Exercises

1　本文で紹介した「文化対応力」で示された様々なアプローチに基づいた職場作りについて、グループで話し合ってみよう。

2 あなたが外国人の立場として看護師や介護福祉士として就労することになったとしたら、同僚や職場にどのような支援を求めるべきだろうか。グループで話し合ってみよう。

読書案内
Reading guide

1 移住労働者と連帯する全国ネットワーク編, 2012, 『移住者が暮らしやすい社会に変えていく30の方法』合同出版.

　日本に暮らす外国人という立場から、福祉と医療、日本生まれの次世代への教育、東日本震災における被災者と支援者としての立場など、日本の共生社会のあり方を考えるための身近な話題が多く取り上げられた一冊。

2 塩原良和, 2012, 『共に生きる 多民族・多文化社会における対話』弘文堂.

　文化や背景が異なる人たちと共に生きるということに、私たちは不安や戸惑いを覚えることもある。だが、グローバルな社会の中で互いに背を向けあうことなく対話を続けることの意味と大切さとは何か、それを考えるための一冊。

日本人看護師としてオーストラリアで働く

　私が看護師になった理由は、就職には困らないだろうと思ってのことで、特にナイチンゲールのような素晴らしい看護師になりたいなどという、大きな夢は持っていませんでした。その為、看護学生時代あまりやる気のない学生だったと、自覚しています。それでも看護師になるのだという目標は常にあったので、辛い実習や国家試験も乗り越えられたのだと思います。卒後1年目はとにかく業務を覚えることが精一杯で、時間が流れて行きました。とりあえずお礼奉公の3年間だけは我慢し、その後は転職しようと心に決めていました。でも何をやりたいのかわからず、現実逃避でオーストラリアに語学留学をしてみました。

　そんな私が、まさか異国の地で看護師になるとは！

　特に英語力があったわけでもなく、英語学校での勉強はとても大変でした。なかなか上達しない英語力、試行錯誤している時に、ある人物から「ただ英語を学ぶのではなく、自分自身が興味のあることを英語で学んでみると、英語上達につながる」とアドバイスを受けました。その時ふと「全く新しい分野よりも看護のことなら多少なりとも知識があるから、英語でも理解しやすいかもしれない」と思い立ったのが、オーストラリアで看護師を目指す始まりでした。それから大学付属の英語学校へ転入し大学進学を目指す為の英語の猛勉強をし、見事最終試験に合格の末、大学の看護科に進学。しかし、現地の生徒たちと同等に受ける看護の授業について行くのに、とても必死でした。でも、授業中理解できなかった内容も、自宅でオンラインテキストで復習することにより「ああ、あのことを言っていたのか」などと、なんとかついて行くことができました。

　日本での病院実習は、怖い先輩看護師たちがいていつも緊張していましたが、意外にもオーストラリアでの実習はなんとも楽しい時間でした。オーストラリアでは看護師の年齢や経験年数も人それぞれで、元々違う職種で何十年も働いてきたのに、その後看護師になったという年配の方もいて、年齢や看護経験による上下関係が日本ほどありませんでした。英語のハンディーは相変わらずでしたが、日本での3年間の勤務経験のお蔭で、やっぱり現場はやりがいがあるなあと実感しました。

　それから念願だったオーストラリアの看護師となり、総合病院に就職が決まりましたが、働き始めた頃は、苦労の連発でした。まず第一にスタッフと患者さん

との英語でのコミュニケーションにつまずきました。また年配の患者さんの中には根強い白豪主義を持っている方もいて、初対面ではアジア人の私に対して怪訝な表情をされたこともあります。しかし、せっかくここまでたどり着いたのだから諦めるわけにも行かないと思い、毎日一つでもいいから何かを学ぶ、そして当たり前のことながら時間を守る、失敗した時は言い訳をしない、同じ失敗は繰り返さないということを常に考え、精一杯頑張りました。その成果あって、周りとも信頼関係を徐々に築くことができなんとか一人前の看護師として働けるようになってきました。

　日本とオーストラリアでの看護経験を通して、今看護の勉強をしている皆さまに一番お伝えしたいことは、自分に自信を持つことと常に誠実に仕事に取り組むことです。自信のなさそうな看護師の態度は患者さんに不安を与えます。自信を持つにはやはり常に「なぜこの患者さんにはこの治療やケアが必要なのか？」と疑問を持ち、それについて勉強することです。そしてスタッフや患者さんに対し誠実に接していれば、必ず信頼関係が築けます。どんな看護師になりたいかという目標がなくても、上記二つのことを忘れずにいれば、必ず道は開けます。

　　　　　　　　　　　　　　　　　　　　　　　　　（M. N. 看護師）

第 9 章

死の社会学

鈴木　健之

●　**本章のねらい**　●

　わたしたちの社会には、死があふれている。新聞には毎日のように死亡広告が載り、テレビのニュースは死を伝えている。死があふれているにもかかわらず、そうした死は他人事でしかない（三人称の死：抽象的で無名の死・一般的な他者の死）。しかし、身近なひとが死にかけているとき、あるいは死んだとき、否応なしに死と向き合わざるをえず、死は他人事ではなくなる（二人称の死：親しい他者の死）。そして、必ず訪れる自分自身の死（一人称の死：自己の死）。ひとは必ず死ぬ。死は徐々にやってくるかもしれない。突然やってくるかもしれない。わたしたちはやがてやってくる死に対して、漠然とした不安・恐怖を感じざるをえない。自分自身の死に対して何か準備をしなければならないのだろうか。しかしわたしたちは慌ただしい日常の中で死を忘れている。死はやがて必ず自分にも訪れるものなのに、どうしてわたしたちは自分自身の死に対してこれほどまでに無頓着でいられるのだろうか。

　ここでは、まず、わたしたちの社会にはひとの死があふれている一方で、具体的な死は自宅から病院に移り、病院はひとの生と死にかかわる重要な場所であり続けていることを確認する。そして、病院で死ぬということの理論的意味について、タルコット・パーソンズの古典的な議論を参照しながら考察する。

 死のポルノグラフィ、死のテキストブック、一人称の死、二人称の死、三人称の死

1. はじめに

　「今」「ここ」に生きているわたしの「思い（主観的な現実）」、ここが社会学の出発点である。そしてわたしがあなたとつながるとき、社会が始まる。ひととひとをつなぐもの（メディア）とひととひととのつながり（社会関係）を社会学は扱う。お金（貨幣）やモノ（商品）でつながる関係（経済的社会関係、それを専門的に扱う経済学・経営学）、力でつながる関係（政治的社会関係、それを専門に扱う政治学・法律学）、価値や信仰でつながる関係（文化的社会関係、それを専門的に扱う人類学・宗教学）とは異なり（広義にはそれらすべてが含まれるが）、社会学が扱うのは（狭義には）、信頼・友情・愛情でつながる関係、社会的社会関係である。

　わたしたちは、この世に生まれ、様ざまなひとびととのかかわりの中で生き、そして死んでゆく。社会学は、わたしたちのライフ（life：生命・人生・生活＝生）を描き出し、ライフにかかわる様ざまな問題を解き明かそうとする。＜ひとは家族において生まれ、家族において死んでゆく＞。あなたとわたし、好きで一緒で、そして結婚。日本では、法的には、婚姻届を出して、家族として認められる。しかし、社会学的には、婚姻届を出していようがいまいが、同性同士であろうが、当事者がこれが家族だといえば、それが家族なのである。一般的には、男女が婚姻届を出して夫婦と認められて家族となる。しかしそれが唯一絶対的な家族かといえばそうではない。ライフが営まれる家族の形は多様で

ある。

　好きで一緒で、この関係がずっと続く場合もあろう。好きで一緒になったけれど、別れてしまう場合もあるだろう。好きでもなく一緒になったけれど、ずっと続く場合もあるだろう。好きで一緒になったわけではないけれど、別れたくても別れられない場合もあるだろう。しかし、好きであろうがなかろうが、わたしたちは、否応なしに今ここにいるひととの関係を、死という避けることのできない事実によって終わらせねばならなくなる。このとき、他人事でしかなかった死の問題が切実な問題として立ち現れてくる。大切なひとの死は日常生活で忘れていた死という不可避な事実を否応なしに想起させるものとなる。家族において、死は、ふつう、祖父母、父母、兄姉、そして自分といった具合に順番にやってくる。今ここ日本においては、自然死が一般的であり、家族は何らかの病気で年齢順に死んでゆく。日本では三人に一人ががんで死ぬ。だが末期のがんであってもひとはすぐには死なない。末期がんであることと不治であることの告知を受けたならば、そのひとは死と向き合わざるをえなくなる。逆に、家族における死の順番が逆転してしまう場合もある。子どもが重篤な病気にかかり、父母よりも早く亡くなってしまったり、事故で亡くなったり、自死したりする場合がそうである。

　ひとは家族において生まれ、家族において死んでゆく。しかし現実は、多くのひとが病院において生まれ、病院において死んでゆく。病院は今でもひとの誕生と終わり、まさに＜ライフ＞に深くかかわる必要不可欠で重要な場所となっている。ここでは、まず、わたしたちの社会にはひとの死があふれている一方で、具体的な死は自宅から病院に移り、病院はひとの生と死にかかわる重要な場所であり続けていることを確認する。そして、病院で死ぬということの理論的意味について、タルコット・パーソンズの議論を参照しながら考察する。

2. 死の氾濫

　わたしたちの社会には死があふれている。メディアではひとの死が氾濫している。メディアは、有名無名を問わず、毎日のようにひとの死を伝え、テレビドラマでは、誰かしらが死んだり、殺されたりしている。死の氾濫と言った状

況である。テレビはニュースで暴力的な死を伝え、ドラマで暴力的な死を描き出す。アメリカにおいては放送コードによって厳しく規制されているため、テレビドラマに暴力的な死にかかわるシーンが出てくることはないが、日本においてはテレビドラマのなかに暴力的シーンはしばしば登場する。加えて、日本人は死にかかわる「泣ける」恋愛ドラマが好きである。そのドラマのストーリーは、重篤な不治の病を患った若い女性（死にゆくもの）とそれをみとる若い男性（死をみとるもの）が織りなす恋愛ドラマとなっている場合が多い。こうした「死の恋愛ドラマ」はフィクションであったり、事実に基づいたものであったりと様ざまだ。2000年代（この本の初版が刊行されたのが2006年）、泣けるドラマが流行った。たとえば、2001年に刊行された片山恭一の小説、「世界の中心で、愛を叫ぶ」は、2004年にドラマ化、映画化され、「セカチュー」は流行語にもなった。また2007年に放送されたテレビドキュメンタリー、「余命一ヶ月の花嫁」は大きな話題となり、映画化もされた。しかし、「セカチュー」や「余命一ヶ月」以前にも、「死のメロドラマ」は作られていたし（筆者が記憶しているところでは、実話に基づくミコとマコの純愛物語「愛と死を見つめて」）、それ以後にも「死のメロドラマ」は作られてきた。また、死にゆくものと死をみとるものとの相互作用ではなく、死者の旅立ちの手伝いをする「おくりびと」（2008年）も話題になった。

　澤井敦によれば、メディアのなかの死はまず大きくは二つ、「A 架空の死と死別」と「B 実在の死と死別」に分類される。Bの実在の死と死別は、さらに二つ、「Ba 他者の死と死別」と「Bb 自己の死と死別」に分類される。そして「Ba 他者の死と死別」は、さらに三つ、「Ba 1 著名人の死と死別」「Ba 2 一般人の非日常的な死と死別」「Ba 3 一般人の日常的な死と死別」に分類される。この分類に先立ち、澤井はメディアのなかの死の情報の質的な差異に注目して、まずはジェフリー・ゴーラー（Jeffrey Gorer）に従いながら「死のポルノグラフィ」という概念と、そして「死のガイドライン」という概念を導き入れる（澤井 2005）。

　ゴーラーのいう「死のポルノグラフィ」の＜ポルノグラフィ＞とは「秘められたものをイメージ化しひそやかな興奮と快楽を呼び起こす情報」を意味する。一方、「死のポルノグラフィ」の＜死＞とは暴力的な死のことだ。わたし

たちの社会において、暴力的な死、たとえば殺人について語ることははばかられる。だが、死がタブーとされればされるほど、性（セックス）と同様に、「秘められたものをイメージ化しひそやかな興奮と快楽を呼び起こす情報」がテレビ、映画、インターネット、小説において氾濫する。テレビや映画、オンラインゲーム上では、ひと殺しは許される。インターネット社会は「死のポルノグラフィ」（同時に「性のポルノグラフィ」）を好むと好まざるを問わず日常生活のすみずみに浸透させてきた。死のポルノグラフィにおいて、死は何度でもリセットされ、訪れては去っていく。

他方、「死のガイドライン」とは、「死や死別にさいしてのあるべき受容のあり方や行動様式を教示する情報」を意味する。ここでは「死のテキストブック」と呼ぶことにしよう。架空の話であっても、その愛と死のドラマは恋人の死に対してその彼（彼女）がどのような行動を取るのかを描き出すことによって、愛し方と愛され方、そして将来起こりうるかもしれない大切なひとの早すぎる死への＜対処法＞を教えてくれるかもしれない。あるいは、医師によるがん闘病記、がんで若くして逝った一般人のドキュメンタリーは、共感できる「死に方＝生き方」のテキストブックとして読むことができよう。

わたしたちの社会において、「死のポルノグラフィ」と「死のテキストブック」は量産され消費される。前者を「悪い死」＝タブー化される死、後者を「良い死」＝推奨される死として、前者には何らかの規制が、後者にはさらなる普及が望まれると主張するひとがいるかもしれない。だが死の社会学に死の道徳は不要である。わたしたちは必要に応じて、死のポルノグラフィと死のテキストブックを読み分けるのであり、あるいは、どちらもまったく見ない、読まないひともいる。死は死なのであり、死に良いも悪いもない。

さまざまな死の情報が氾濫するわたしたちの社会の一方で、リアルな死（二人称の死）はわたしたちの生活（ライフ）から遠ざけられる。「ひとは家族において生まれ、家族において死んでゆく」。しかし現実には「ひとは病院において生まれ、病院において死んでゆく」。自宅で亡くなるひとの数と病院で亡くなるひとの数が逆転したのは1971年のことであったが、現在、亡くなるひとの8割ほどが病院で亡くなっている。生まれる場所と死ぬ場所が自宅から病院に移って久しい。病院はわたしたちの人生の始まりと終わりにかかわる重要な

場所であり、病院で働くスタッフ、とくに医師と看護師は後述するように、しばしば家族より先にひとの死に直面する（せざるをえない）。彼・彼女らにとって、死は、遠いところにあって突然に訪れるものではなく、つねに隣り合わせで日常的に直面せざるをえないものなのだ。

　遅かれ早かれわたしは必ず死ぬ（一人称の死）。そして、あなた（友人、恋人、父、母、兄、姉、弟、妹……）も必ず死ぬ（二人称の死）。しかし、一人称と二人称の死は、死の情報の氾濫という状況において、ときに否定され、ときに抑圧される。それはあまりにリアルな「見たくない現実」だからだ。しかし、その一方で死の情報は、人称を問わずメディアによって、ときに「ポルノグラフィ化」され、ときに「テキストブック化」され、毎日のように家庭に届けられる。それは、リアルな一人称・二人称の死と違って、（不謹慎な言い方になるが）「他人の不幸は蜜の味」なのであり、もっと知りたい、もっと「見たい現実」であったりする。わたしたちは、客観化された死（たとえば、新聞記事の死）、あるいは、ときに戯画化されときに誇張された死（上述した「死のドラマ」）を見、ときにひとの死に涙することによって抑圧された死をときに解放させて「安心」する。自分の「身代わり」となって死んでくれる人びと。だからまだ死なないわたし。こうしてわたしたちは死に対する不安や恐怖を先送りにし、死が直前に迫るまで死と向き合うことをしないのである。

　ここで死の社会学の領域を確認しておくのがよいだろう。ひとは死ぬ。死は個人的なもの。しかし同時に死は社会的なものでもある。ひとはひと（家族、友人、医師、看護師……）とのかかわりのなかで死ぬのだから。①「今・ここ」にいるひとが死にかけている（あるいは死んだ）。見たくない現実。受け容れ難い現実。死の社会学はここから始まる（これを「死のミクロ社会学」と呼ぶことにしよう）。②「今、そこ」にいる（あるいはいると仮定されている）ひとが死にかけている。あるいは「かつて、そこ」で戦争や自然災害によってもたらされた社会における大量の死。死の社会学はここからも始まる（これを「死のマクロ社会学」と呼ぶことにしよう）。③「今、ここ」にいる他人が死にかけている。できれば見たく現実。しかし、職業上、見ざるをえない現実。死の社会学はここからも始まる（これを「死のメゾ社会学」と呼ぶことにしよう）。②の「死のマクロ社会学」は別稿に譲るとして、ここでは、まず日常的に「死」と直面せざ

るを得ない場所として＜病院＞を取り上げ、死のメゾ社会学から見ていくことにしよう。そして否が応でも直面せざるをえないリアルな死と死別（一人称の死と二人称の死）、死のミクロ社会学についてみていくことにしよう。

3. 生と死の場としての「病院」

　ふつう平和な社会では、病気は死に先行する。そこで、死は病人役割（sick role）と深く結びつけられる。したがって、死の不安が大なり小なり生じているという点が重要である。……医師はしばしば臨終の床に居合わせており、人びとが自分の死が近いことを不安に思うとき、「先生、でどうなんでしょう？」と最初に尋ねるのは医師である。……医師という職業は、わたしたちの社会「アメリカ社会」では……死に繰り返し直面せざるをえない数少ない職業集団の一つなのだ（Parsons 1974=1951:440、訳語は筆者により適宜修正を加えてある）。

　20世紀を代表するアメリカの社会学者、タルコット・パーソンズ（Talcott Parsons）は、「誇大理論（グランドセオリー：壮大ではあるが中身がない、巨大なショッピングセンターではあるが、欲しいものがないといった感じの理論）」として批判された社会学者である。けれども、パーソンズの関心は、終始一貫、ひとのライフ＝生に注がれていた。この『社会体系論』はまさしくC・W・ミルズ（C. W. Mills）が「誇大理論」としてこき下ろした著作（刊行は1951年）であるが、この著作において、第二次大戦後、病院（ホスピタル）がひとのライフ（生と死）を見守る場所として理解されている点が注目される。ひとは、家族において生まれ、家族において死んでいく。しかし、現実には、ほとんどのひとは病院において生まれ、そこで死んでいく。だとすれば、生と死という人生の始まりと終わりの環境である「病院」は意味深いところとなるはずだ。しかし、誕生の場・臨終の場としての病院は、母となるひとにとって、また父となるひとにとっても、とりわけ死にゆくひとにとって、近代的、効率的で、よそよそしく感じられ居心地がよい場所ではないだろう。

　1940年代、社会学者、パーソンズはフィールドワークの対象として、医療（medicine）を選ぶ。具体的には、医療実践の場としての病院。その病院におけ

る医師、その医師を取り巻く医療スタッフと、患者、その患者を取り巻く家族の関係に焦点を当て、病院という近代的効率的な制度で働く医療スタッフと患者・家族の行動を明らかにすることで、この「よそよそしさ」の理由を解き明かしている。

　まず医師。医師は、たとえ担当の患者が死んだとしても、心の中で泣くことさえあれ、遺族の前で泣くことはできないし、許されない。医師はつねにクール、パーソンズの言葉を借りれば「感情中立的」であることが要求される。また、医師は、患者の足元（社会学の用語で言えば、地位〈status〉や威信〈prestige〉）を見て、（その日の気分で）医療行為を手加減することもできないし、許されない。医師はつねに「公平無私」であることが要求される。しかし、医師は、ときとして、「患者の『個人的な友人』のパターンに自らの役割を同化することに『引き寄せられる』立場に置かれている」(Parsons 1974=1951:453-454)。しかしこうした同化が起こるのを許すのは好ましくない。なぜならば、医師の仕事の「客観性」と「正しい判断」を維持するのが困難になるからだ。だから、医師はつねにクールであることが要求される。また、医師は「患者が、医師に投影するのが愛情であれ、憎悪であれ、期待されたとおりには交互にやりとりすることができない。かれは、依然として客観的であり、感情的に中立的である」(Parsons 1974=1951:455)。「患者は、健康の分野以外の個人的な事柄で医師とかかわりをもとうとするが、医師は、かれの診察室で定まった時間を除いて患者と会うことを拒否し、交互的な反作用のための機会を避けるように、患者の前に姿を見せないようにしている」(Parsons 前掲)。ときに、こうした医師、加えて看護師の「冷たい」態度が、結果として、病院をよそよそしくさせてしまうことになる。

　しかし、パーソンズは、元来、生と死の場である病院を「よそよそしい」場所と考えてはいない。1940年代に実際に病院という場でリサーチを試みたパーソンズは、医師と患者の関係から、新しい家族関係の有り様、ひいては新しい関係の原理を議論してくることになるからだ。医師は感情中立的であることが要求されている。けれども、医師は、その要求に十全に応えられず、感情的になり、泣いてしまうかもしれない。あるいは、低所得者より高所得者の方を大切に扱ってしまうかもしれない。パーソンズは、医師が患者とその家族との関

係において、厳しい「緊張」にさらされていることを適切に指摘している。ここで、パーソンズが言いたいのは、患者に深い情を注ぎつつも、冷静に病気を見つめ、その病気に患者とともに立ち向かえる「科学者」としての「医師」の役割の重要性である。かつてイギリスの経済学者のアルフレッド・マーシャル（Alfred Marshall）は、経済学者にとって必要なのは「熱い心と冷たい頭」であると語ったが、パーソンズが語る「医師」の理想はこれであり、それは医師にとどまらずすべての「科学者（学者）」に共有されるべきエートス（行動規範）ともパーソンズも考えていた。パーソンズにとって、病院（ホスピタル）は、典型的に、熱い心と冷たい頭をもったプロフェッショナルが集う場なのであり、それは学校（とくに高等教育＝大学）にも当てはまる。そしてこの「プロフェッショナリズム」という新しい行動原理が病院、大学、そして家族にまで浸透していく点を、『社会体系論』（1974=1951）と『家族——核家族と子どもの社会化』（2001=1955）、そして『アメリカの大学（The American University）』（1973）において明らかにしていった。

　パーソンズは、その初期の議論より一貫して、現代社会におけるプロフェッションの地位と役割に関心を注ぎ続けた。プロフェッション。これは「ビジネス」の対極にある。ビジネスの世界では、ひとは自己利益の合理的追求に指向している。これに対して、プロフェッションの世界では、ひとは「公平無私」であらねばならない。医師は「患者が無力な状態、専門的能力が欠如した状態、そして不合理な行動に陥らないように、患者を」（Parsons 1974=1951:456）守らなければならない。

　パーソンズはこうした病院における医師−患者関係を 1940 年代後半から 50 年代前半のアメリカの家族関係に重ね合わせた。パーソンズは「パターン変数」という難解な概念を使ってこの関係を説明したが、言い換えると「感情中立性」＝感情を表に出さない＝医師＝父、「感情中立性」＋「感情性」＝ときに感情的になるけれども、ふだんは愛情をもって接してくれる＝看護師＝母、「感情性」＝しばしば感情的になる＝患者＝子、という関係になっている。ジェンダーの視点から見れば、いろいろと問題がある議論ではあるが、当時の病院と家族を考えれば、ひじょうに興味深い議論である。じじつ、治る見込みがあるという状況ではパーソンズのこの図式は今でも使えそうだ。しかし、

今・ここの医療の現場、とくに「死の医学」の現場において求められているのは、死にゆくひとに、より直接的に、そしてもっと深くかかわることではないだろうか。「感情的なドクター」がいてもよいではないか。医師、看護師、患者の「役割」に縛られすぎてはいけないのではないか。死と向き合っているひと。そしてそのひとの一番そばにいるひと。両者のかかわりこそが社会学的に重要なのだ。体が痛いのであれば、痛みをコントロールし、身体的な痛みから解放してあげる。それはそのひとのそばにいるドクターにしかできないことだ。気持ちがふさいでいるのであれば、話を聞いてあげて、心理的・社会的な痛みから解放してあげる。それはそのひとのそばにいる看護師（そして医師、さらには家族）にしかできないことだ。最後のときをともに生きる。医療従事者にとって、病院で死にゆくひとは他人である。しばしば訪れる病院における死。その他人の死を自分の死として受け容れて、悲しんでいては身が持たない。しかし、家族のように、そのひととかかわることをおそれてはならないのではないか。

4. 死にゆくものと死をみとるものの社会学

　良かれ悪しかれ「医療化」「病院化」の進展により、ひとの生の始まりと終わりの場は「病院」となった。今では、ほとんどのひとが病院で生まれて、病院で死んでゆく。かつて、ひとは家族において生まれ、家族において死んでいった。日本人の場合、畳の上で生まれて、畳の上で死んでいった。だがこれは今や事実ではない。今や死ぬひとの8割が病院で死ぬ。今・ここ日本において、ここ10年、家で死ねる環境づくり、いわゆる「在宅ホスピス」も徐々に浸透してきてはいるものの、最後のみとりの場は、依然として家族（家庭）ではなく病院である。かつて、死はわたしたちの暮らし、コミュニティ、ひいては社会のなかにあった。誰かが死ねば、社会的活動を停止し、そのひとの死をコミュニティで悼んだ。だが、現在では、多くのひとは病院で死ぬ。社会的活動は停止することなく、そのひとの死を悼むのは葬儀場においてである。

　こうした事実を受けて、たとえば、社会学者のノルベルト・エリアス（Norbert Elias）は「死にゆく者の孤独」（Elias 1990=1982）という本のなかで、

最期に及んで、死にゆくものが発見するのが「家族」であること、そしてそのひとがほんとうに必要としているのは、ひととひととのつながりであることを強調してみせた。家族から離され、病院にいるという状況では、死にゆくものがほんとうに必要としているものが与えられないだろう。死を病院に隔離するのではなく、死を家族に取り戻すことが必要とされよう。たとえば、そのひとの話を聞いてあげる。そのひとの望みをかなえてあげる。痛いところがあれば、そこをさすり、手を握ってあげる。

　キュア（治療）を目的とする病院では、ケアは後回しになる。パーソンズの議論を再び持ち出せば、健康の回復に向けて努力する「病人」、あるいは、回復の見込みがなくても、自分の「死」を受け容れて、死ぬまで努力する「病人」は歓迎される。けれども、そもそも健康の回復が見込めない「病人」は歓迎されないのである。アメリカでは、健康の回復が見込めない、死にゆくものは病院を出ざるをえなかった。病院を出て、「施設ホスピス」に入るものもいれば、「在宅ホスピス」を行うものもいる。日本ではどうだろうか。重篤な病気。たとえば、がん末期と診断されたひとのほとんどが病院で最期を迎える。自分がどんな病気にかかっていてどんな状態なのか「本当のことが語られ＝告知され（英語で、告知は telling truth）」ていない場合が少なくない。いまでも「がん告知」＝「死刑宣告」という思い込みが強いからだ。たとえ「病名告知」と「余命告知」を受け、本人が家族にみとられて自宅で死を迎えたいと「在宅ホスピス」をと思っても、家族に遠慮して言い出せなかったり、たとえ言ったとしても家族がこれを拒否する。自ら病院を出て、施設ホスピスに入ろうとしても、それがそばになかったりする。これでは、本人は病院に居続けざるをえない。本人が家で死ぬことを望んでも、できれば病院にいてほしいと思う。自宅で病人を看られるひとがいなかったり、看られる時間がなかったりするからだ。本人が望んでも、家で死ぬ環境が整っていなかったり、家族の協力を得られなかったりといった現実がある。

　家で死ぬことを実践した本人やその家族、それを支えた医師たちは、病院では「自分らしい死」が不可能だ。家で家族にみとられて死ぬのが「良い死」だ。末期がんで助からないのであれば、痛みをできる限りコントロールして自宅でふつうに暮らせるようにする。ホスピタルではなく、ホスピスこそ自分らしい

死を迎えるための環境である、と主張する。「がんと闘うな」と主張する医師もいる。病院で行われる医療に対して、代替医療を実践する人もいる。ホスピタルに代わって、一切の延命治療を拒否しホスピスを実践しようが、近代医療に代わって、代替医療を実践しようがその人の自由である。ひとの死には「良い死」も「悪い死」もない。家で死のうが、病院で死のうが、死は死だ。だが、ここ最近の「死のテキストブック化」は、病院死は悪い死、自宅死を良い死と決めてかかる傾向があり、病院死はライフの管理化（＝医療社会化、病院社会化）を示すものであるのに対して、自宅死はライフの管理からの解放＝自分らしい死のありようだとする主張が見て取れる。

　病院は、多くの患者とその家族にとって、今でも「よそよそしい」場であろう。回復の見込みがない重篤な病に冒されていても、患者は医師の前では従順であることを要求される。ときとして、彼・彼女は、「余命幾ばくもない」自分に落胆し、感情を爆発させるかもしれない。しかし彼・彼女らは、治りたい一心で、医師からの治療を受ける。その家族は、患者がたとえ残された命が短かろうと、治る希望を捨てさせないように最善を尽くす。熱き心、冷たい頭の医師に対して、患者の心はときとして大いに乱れ、頭はときとして沸騰してしまう。医師ならば、こうした患者の不安を二の次に考えて、治療に専心することが許されるのかもしれない。しかし社会学者は、こうした患者の心の乱れを敏感に察知し、まず、患者とその家族の心のケアという心理学的問題に関心を注ぎ、そして、死にゆくひとと、死をみとるひと、そして死後に残されたひとびとの支え合い、そのあり方（死を取り巻く「コミュニケーション」の問題、といってよいだろう）といった社会学的問題に関心を注ぐ。

　重篤な病気にかかっている患者を治療（キュア）するのは「病院（ホスピタル）」の役割である。しかしそのひとが余命幾ばくもなく、死を覚悟し、死を受け容れたとき、そのひとに必要とされるのは、キュアではなく、ケアである。病院では、医師よりはむしろ看護師にケアの役割が振り分けられてきたように思われる。けれども、ケアに関する医師の役割も重要となるはずだ。患者が医師から「熱き＜ケア＞の心と、冷たい＜キュア＞の頭」で自分の病気について、十分な説明を受け、その後の治療について、同意し納得するならば、あとは自分の残された「生」をいかに充実させるかについて考えるに違いない。治癒が

見込めなくなったとき、死に場所としての病院を避け、主体的に家庭（在宅ホスピス）、あるいは家庭的環境（施設ホスピス）を選ぶかもしれない。多くのひとは、病院で死を迎える。しかし、ある程度の死の環境が整えば、ケアの本来の場である「家庭」に帰り、そこで家族にみとられながら、安らかな死を迎えることもできる。あるいは、最後のケア（ターミナルケア）の場として「ホスピタル」を選び、そこで大切なひとにみとられながら、安らかな死を迎えることもできる。

　現代の社会において、多くのひとは病院において生まれ、病院において死んでいく。その始まりと終わりの環境としての「病院」は、キュアは当然のこととして、何よりもケアマインドをもった医療スタッフが安らぎのある環境のもと、患者本位の木目の細かいサービスを提供する場とならねばならないだろう。たとえば、末期がんで余命幾ばくもない患者が医師より「告知」を受け、死という限界状況を自覚せざるをなくなったとしよう。これは、患者にとって、そしてその家族にとってもつらいことだ。しかし患者は、死期という人生の終着地点を自覚することで、（おそらく初めて）生を自覚し、生きる意味を問い直すことになるだろう。死という限界状況を知ることはよりよく生きることにつながっていく。死という限界（あるいは、あるひとにとっては、神という究極的実在）を知ることによって、ひとは、人間存在の弱さを自覚すると同時に、人間の生の強さを自覚するだろう。限界状況を受け容れつつ、その時どきに、己の生を尽くして精一杯生きることの尊さ。これをパーソンズは「主意主義的」と呼び、主意主義的な生き方をするひと（行為者）を議論の前提にしたのである。こうして、初期パーソンズの「主意主義的行為」者は、1940年代の医療現場の観察から、病気を治したい、病気を治そうとする患者として現れることになったのだ。

　翻って日本。パーソンズが描き出したアメリカの医療現場、病院という世界において繰り広げられる人間関係。それは、日本の医療現場、日本の病院という世界にも普遍的に当てはまるであろう。しかし、日本の病院は、アメリカの病院に比べてもっとよそよそしく冷たく感じられてしまう。とくに大病院の場合、会社のオフィスのようであり、どう見ても患者本位の作りでないと感じるのは、アメリカの病院も日本の病院も同じであるが、そこで繰り広げられる

人間関係は鋭いコントラストをなしている。上述したとおり、医師は父親的役割、看護師は母親的役割、患者は子ども的役割を引き受ける。これは、日米を問わず、普遍的である。しかし三者に働く規範が異なっている。アメリカの場合、医師は熱き心と冷めた頭を持つプロである。ケアの心を持ち合わせた医師がクールに患者と向かい合う。これに対して、日本の医師の場合、ケアの心については体得していない場合が多いように思われる。結果として、病人を看ずに病気だけを見ることになってしまう。アメリカの場合、患者に対しては、細かな説明（場合によっては説得）が行われ、これに対して患者は治療方針に同意する・しないを決める（いわゆるインフォームド・コンセント）。これに対して、日本の場合、患者に対して、かつて十分な説明は行われず、医師本位の治療方針が示され、患者はただそれに同意するしかなかった。ようやく、インフォームド・コンセントも一般化したが、医師と患者のコミュニケーションはいまだ十分なものとは言えないだろう。

5. 結論：死の社会学へ──個人的な覚書

　ひとはこの世に生まれ落ちたときから死に向かっている。生きることは死に逝くことにほかならない。ひとは皆死ぬ。しかし日々死ぬことばかり考えて暮らしているひとはいない（とは断言できないが、決して多くはないだろう）。ひとはふつう死を忘れている。けれども社会には他人の死があふれている。しかし、身近なひとが亡くなることで、死はわたしたちの生活に呼び戻される。
　死にゆくものと死をみとるものとの相互作用（死と死別）において、「死の受容」という心理学的問題も確かに重要ではあるが、それ以上に重要になってくるのは、死にゆくものと死をみとるものとの「かかわり」「つながり」である。欧米では、家族は死にゆく家族と直接向き合う（ことができる）。日本では、家族は死にゆく家族と間接的に向き合う（直接向き合うことができない）。病院死が一般的である日本においては、「病院死から在宅死へ」という欧米の事情とは異なって、「病院のなかの家族的・家庭的な死」を可能にするシステム作りを模索する方が現実的であるようだ。
　わたしたちの社会は三人称の死であふれている。他人事でしかなかった三人

称の死が身近なひとの死によって二人称の死に変換される。その身近なひとは学校の友人、会社の上司・同僚・部下かもしれない。近所のおじさん・おばさんかもしれない。しかしとりわけ切実な死は家族の、身内の死であろう。家族の死はふつう順番にやってくる。祖父母、父母、兄姉、わたしといった具合に。だが順番が逆転する場合もある。順番が逆転した死は受け容れ難い死となる。なかでも、子どもの死は受容が困難な死の一つである。若林一美が書いているように、病気や自死で子どもを亡くした親たちの悲しみは時間の流れとともに癒えるかと思いきや、逆に悲しみは日に日に募っていくという。かつて若林は「死別の悲しみを超えて」生きて行こうと、キューブラー゠ロス（Elisabeth Kübler-Ross）と同様に「死を受け容れること」、その受容後の「明日への希望」を説いていた（若林 2000）。けれども、順番が逆転した死は受容が困難である場合が多い。こうした受容困難な死に直面しているひとびとは「悲しみとともに生きる」（若林編 2001 年）。

　そして必ず訪れる自分自身の死（＝一人称の死）。わたしは死を経験することができない。宗教を持たないわたしは死後の世界を思い描くこともできない。死後の世界は経験することができないがゆえに、不安であり、恐怖ですらある。だからこそ、ひとは死という限界状況に直面したときに、ときとして神を受け容れるのであろう。エピクテトスよろしく、死は体験できない。死後の世界はわからない。だから死は恐ろしいものではない。こう考えると確かに自分の死は恐ろしいものではなくなるが、それでもふとした時自分の死を考えると不安になるし、ひとの死に直面するたびに自分のことのように哀しくなってしまう。かくいうわたしにできることは、モリー先生よろしく、死に逝く日々を語ることだろう（Albom 1998=1997）。しかし、がん死ならそれもできようが、突然死んだなら、それも叶わない。ただいつ死んでもいいように、死への準備をすること。これなら今日から始められる。「人生は短い。時間は無い」（ジョン・レノン）。だからこそ「今を切に生きる」（瀬戸内寂聴）のである。最後に「死のテキストブック」となってしまったところで、本章を終えることにしよう。

参考文献 / References

Albom, Mitch, 1997, *Tuesdays with Morrie : An old man, a young man, and life's greatest lesson.* New York: Doubleday.（= 1998, 別宮貞徳訳『モリー先生との火曜日』日本放送出版協会.）

Elias, Norbert, 1982, *Über die Einsamkeit der Sterbenden in unseren Tagen.* Suhrkamp.（= 1990, 中居実訳『死にゆく者の孤独』法政大学出版局.）

Parsons, Talcott, 1951, *The social system.* New York: Free Press.（= 1974, 佐藤勉・日高六郎訳『社会体系論』青木書店.）

Parsons, Talcott, Gerald M. Platt, Neil J. Smelser and Jackson Toby, 1973, *The American university.* Harvard University Press.

Parsons, Talcott, Robert Freed Bales, James Olds, Morris Zelditch and Philip Elliot Slater, 1955, *Family, socialization and interaction process.* New York: Free Press.（= 2001, 橋爪貞雄・溝口謙三・高木正太郎・武藤孝典・山村賢明訳『家族：核家族と子どもの社会化』黎明書房.）

澤井敦, 2005,『死と死別の社会学——社会理論からの接近』青弓社.

若林一美, 2000,『死別の悲しみを超えて』岩波文庫.

若林一美編, 2001,『亡き子へ——死別の悲しみを超えて綴るいのちへの証言』岩波書店.

ディスカッションテーマ / Exercises

1 「死」に対するイメージを書き出してみよう。そして、今、ここにいるひとと「死」について話し合ってみよう（死と向き合う。死の社会学の始まり）。
2 自分のなかにある「良い死」と「悪い死」を書き出し、話し合ってみよう（ひとはどんな基準で「良い」「悪い」の価値判断を行うか）。

読書案内
Reading guide

1 Kübler-Ross, Elisabeth, 1989, *On death and dying*. New York: Routledge.（＝鈴木晶訳,2001,『死ぬ瞬間』中央公論新社.）
　　ひとは自らの死をどのように受容していくのか。前半部分がその理論的な考察、後半部分が「患者」へのインタビューとなっている。
2 澤井敦, 2012,『死と死別の社会学』青土社.
　　デュルケム、ウェーバーに始まり、パーソンズを経てバウマンに至るまで、社会学者たちの「死と死別の社会学」が非常に手際よくまとめられている。

パーソンズが語る「老い」

　ひとが明らかに「老衰のために」死期に近づいている場合には、妊娠期間の終わりを迎えた妊婦と同じように病人扱いすることはけっしてできない。たとえ特別の保護を要し、また適切な保護に対して少なくとも部分的には「医療」という規定を与えうるとしても、高齢者や妊婦は病人ではない（Parsons 1973=1964:317. 訳語は一部修正してある）。

　タルコット・パーソンズが語る「老い」はつねにポジティブである。パーソンズにとって、老いは衰退ではなく、成長である。1960年代初頭、パーソンズは、高齢化しつつあるアメリカ社会を適切に捉え、来るべき高齢化・高齢社会に備えて、「高齢者の役割期待の再定義」という重大な議論を行っている。その再定義にあたっては、三つの重大な要因が働いているという。第一の要因は「価値システムによる圧力の方向」である。第二の要因は「高齢者のカテゴリーに属する人びとの数と全人口に占める割合の増加」である。第三の要因は「高齢者の能力の平均的レベルの向上」である。

　パーソンズが第一に指摘しているのが、アメリカの価値システムである。パーソンズによれば、アメリカの主導的価値は「道具的活動主義」であるという。道具的とは「全体としての社会にせよ、国家のような部分社会にせよ、これを『目的そのもの』にまで格上げせず、『やりがいのある』ものごとを実現するための道具とみなす」（Parsons 1973=1964: 318）ということである。一方、活動主義とは「集合体であれ個人であれ、とにかく社会の単位を成しているものが、なにか重要なものごとを業績として達成すべきこと」（Parsons 1973=1964:319）を意味する。アメリカ社会において、平均的なアメリカ人は、業績を上げるように競争を強いられているが、しかしその動機は功利的なもの（損得感情）にのみ基づくものでなく、やりがいや生きがいといったより高次の目的に志向するものであらねばならない。そしてそのアメリカ社会は、パーソンズによれば、より高度な分化を経験し、まさに高齢化社会に突入しつつある（60年代初頭）という。高齢化社会は、若い社会と比べれば、「体力」が衰え、「効率」が悪い。しかし、老いた社会は、若い社会に比べれば、間違いなく「成熟」している。老いた社会には、若い社会にはない「知恵」の蓄積があり、「優

しさ」がある。パーソンズは、現代（近代）のビジネスと鋭い対照をなすものとして、「プロフェッション」の世界を論じたことがあるが（本章を参照）、まさに老いた社会は、老「プロフェッション」の世界であり、功利（効率）を超えたところに繰り広げられる世界なのだ。

　「高齢者のカテゴリーに属する人びとの数と全人口に占める割合の増加」を経験したアメリカは、まさしく高齢化社会に突入していった。しかし、これをネガティブな状況と見ないところにパーソンズの高齢化社会論の特色がある。かつての高齢者は、日常的な経験から蓄積された「知恵」を持ち、功利を超えた優しさを持ち合わせていた。そして今、これからの高齢者は、「教育革命（高等教育の普及・発展）」のおかげでより高度で専門的な教育を受けており、知恵と優しさに加えて、豊かな「知識」をも持つことになる。したがって、パーソンズは、高齢者の役割（期待）が以前とはまったく異なるものになるであろうことを適切に指摘する。パーソンズ流に言えば、あまり分化が進んでいない段階でのアメリカ社会、言い換えれば、若いアメリカ社会において、高齢者は社会の一線から退いた（リタイアした）ひとという意味で、社会の役に立たないひととして扱われ、また自らそうした高齢者を演じ、「高齢者」してきた。これに対して、成熟した（老いた）アメリカ社会において、高齢者は、リタイアしてはいても、効率やら功利やらビジネスの価値を相対化しうる人生の「プロ」として、自らの役割を演じるように期待される。パーソンズは言う。若い社会（若いとき）ならば、がむしゃらに働いて、稼いで、でも良いのかも知れない。しかし成熟した社会になる（歳を取る）につれて、稼いで儲けることよりもむしろ生き甲斐やら遣り甲斐を求めるようになるだろう、と。とくにアメリカ社会は「道具的活動主義」を社会の主導的な価値にしている。そのアメリカ社会がかつてない高齢化社会に突入している。老いた社会・アメリカをあくまでもポジティブに描き続けることがパーソンズの使命だったのだ。

参考文献
Parsons, Talcott, 1964. *Social structure and personality*. New York: Free Press.（＝ 1973, 丹下隆一・武田良三訳『社会構造とパーソナリティ』新泉社.）

　　　　　　　　　　　　　　　　　　　　　　　　　（鈴木　健之）

第 10 章

研究発表をしてみよう

説得力のある研究発表のため円滑な要点整理と
報告の場でのテクニック

古賀 琢磨

● **本章のねらい** ●

　現在、医療や福祉が個別に完結するのではなく地域社会の中で行われることが期待されるようになり、同時にそれぞれの専門職の連携が必要とされている。看護師・介護職ともに、これまで以上に職場内・専門職内で通じる会話の仕方ではなく、より広くコミュニケーションを行う報告の場での振る舞い方を身につけなければならない。それは、情報を整理し、発表する形式を整え、質問する/されることによって構成されている。これらは義務教育のカリキュラムの中に組み込まれているものの、成績に加味される割合が小さく、それほど重点が置かれてこなかったものでもある。しかしながら、今後の医療・福祉領域では重要な技術となることが考えられる。本章では研究発表を報告のための実践的な学習と位置づけ、その準備から発表の段階で学習者が意識すべきポイントについて説明していく。

 情報カード、プレゼンテーション、ディスカッション、質疑応答、多職種連携と報告の場

1. 報告の場と研究発表

　様々な実践の場で遭遇した出来事について頭から離れず、誰かに伝えずにはいられないことがある。これを自分や身近な人々の間にとどめておく限り私的なものだが、一定のルールの下で他の人たちと共有すれば、公的なものとなる。例えば、学校のレポートや地域での話し合い、職場内での会議などでルールに従って語られる事柄である。このような場を「報告の場」と呼ぼう。報告の場の参加者は話したり、書いたりすることが求められる。教育機関における「研究発表」はその一種であり、また実践的な訓練でもある。本章ではこの報告・研究発表の場を実践する際の心構えを説明していきたい。

　だが、「社会学」を学ぶための本テキストで、なぜ報告・研究発表について説明しなければならないのだろうか。それは、専門職の情報共有が、同じ職種や職場のような従来の範囲では収まらないことが増えてきたからである。

1）専門職と連携

　これまでも看護師や介護福祉士は、専門職業人として業務に携わる上で様々な報告を必要とされてきた。これら専門職の教育カリキュラムは、実践を想定して、様々なレポート課題や卒業研究、プレゼンテーション実習などを組み込んできた。現場に出ると、それぞれの専門職同士や部局内でのカンファレンス、職場内外での事例検討会、学会報告などの報告の機会を得ることとなる。それ

は目の前のクライアントの利益を守るためということもあるだろう。ケーススタディを積み重ねることで実践上の技術を磨き、理論を深めることで将来クライアントとなる者のためであるかもしれない。それらは事実を伝え確認し、新しい理論を紹介し、理論をもとにした新たな実践の道筋を作ることによってもたらされる。ならば、既存のカリキュラムで十分なのではないか。そうではない。この「報告」が近年、質的な変化を求められている。これまでは、それぞれの専門職の所属する組織内や、同じ専門職同士での報告が主であった。しかし、医療や福祉の制度改革の中で、他の組織、他の職種の間で報告が重視されざるを得なくなったのである。

看護師であっても介護職であっても、その職業名のみから意見が自動的に生成されているわけではない。専門職は好むと好まざると理論という背景を背負うことに注意を促しておきたい。この理論という言葉が指すものは、普遍的なものだと思われがちである。理論という言葉の定義を措いても、実践の場での個別具体的な「理論」の用いられ方まで普遍的なものだとは言えないことは想像できるだろう。複数の職業がクライアントの課題を解決するために分業しているという事実は、複数の理解の仕方があることを示唆している。そして、それぞれの科学が拠って立つ理論や価値とそれをふまえたおのおのの行為者の考え方によって、一人のクライアントに対して用いられる理論やそれに従った対応は異なるのである。多職種連携の難しさはここにある。

2）専門職同士の感覚の違い

具体的な話をもとにしよう。かつて「連携のために教育機関に必要だと考えていること、求めていること、今後のあり方」について看護専門学校と社会福祉専門学校それぞれの教員に聞き取りを行ったことがある。その時に示唆的な意見があった。看護学校の教員は看護師に対して「観察する目を持ってる、理論的に考えられる」べきであると述べ、社会福祉士の教員はクライアントの発言に対して「言葉の裏を見る」いわゆる「傾聴」という姿勢を重視する発言をしていた。

これらの発言からは異なる感覚を中心に語られているということが見てとれる。看護師であれば視覚から、社会福祉士であれば聴覚から語り始めている。

分業は各人に異なる役割を持たせるということにとどまらず、仕事をどのような感覚から語り始めるかにまで違いを生み出している。そして、これらの語りの違いはそれぞれの職業や土台とする科学と結びついてもいるようである。多くの実践の場では一人の人間に対して複数の科学が領域横断的に関わることになる。

先ほどの社会福祉士専門学校教員は、連携の障壁をそれぞれの間での専門用語を互いが理解していないことに求められる、とも述べていた。看護学校教員は、それぞれの専門職がそれぞれの技術やその技術を発揮した結果に誇りを持っているが、この誇りも専門職間での分断の原因になっていると指摘していた。多職種連携の障壁は、意識の低さというよりも、専門領域での経験があるが故にこそうまくいかなくなっていることが垣間見える。つまり、分業によって個人の意思とは無関係に専門用語や技術が整えられ、専門職同士がそれらによって互いを弁別しているために、障壁が生まれている可能性があるのだ。

それぞれの専門職が「理論」を用いるが、その場合、互いに誤謬がなかったとしても、理解や対応の仕方に違いが生まれる可能性がある。そして、各人が一定の確信の下で「理論」を用いるため、他の考えを理解することが妨げられてしまうのであるということもある。

3）連携のための報告

では、これらの分業を生かしたまま、分断を取り払うにはどうすれば良いのだろうか。まずは報告の場などを通して、互いの異なる感覚によって何がどのように把握でき、把握できないのかを明確にしていく作業が必要である。本章では、様々な職種の人々が関わる看護や介護の現場の中で文書や口頭での報告や研究発表の中で必要とされる技術について解説していきたい。このためには、何よりもまず、誰もが一定程度文章という形で自分自身の意見を表明できなければならない。そこで、文章を書くための補助的な方法として、情報を整理する方法について述べていく。続いて報告・研究発表の形式を整えることについて話をしていき、これらの場で質問する／質問されることについて説明する。だが、これら二つについて詳細な技術の説明を行うには紙幅が足らない。そこで、これらの目的を示し、実際に報告・研究発表を行う際にどのような工夫を

すべきかの指針を提供していくこととする。

2. カードに書き出す

さて、まさに書くということになると「どのように書き出して良いかが分からない」と思う人もいるだろう。学校などで「どのように書くかについては人それぞれのやり方があり、正解はない」と言われることがある。だが、このような物言いをされると、なおのこと、文章を書くことが何か神秘的なものに見えてしまう。たしかに、人によって文章の書き方は異なる上に、その人の書き方が書いている内容と無関係ではないこともあり「正解」を語るのは困難だが、それでも書き始めなければ進まない物事もある。そこで本節では、カードを補助道具として利用した文章の書くための情報整理方法を概説する。おおよその手順は、カードに気になることを書き記し、それらに書かれたことを図式化し、

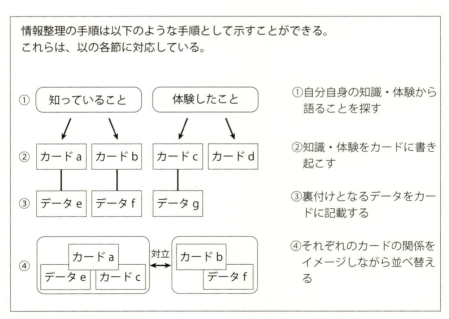

図 10-1　情報整理の手順

新たな仮説を自分なりに考え、その証拠となるデータを整理し、文章としての構成を考えるという手順で行われる。

　これらは文章を書く際に、意識している・していないにかかわらず行っていることである。文章を書くことが苦手な人にとっては、いきなり書き始めるよりも、実際に一つ一つ順を追って実践してみる方が早道である。

1）知っていることの意義を見直す

　本題に入る前に、予め知って欲しいことがある。それは、既に知っていることを軽んじないことだ。例えば、高校までの学習には「無駄」に見えるものがある。倫理の教科書を開いてみると、看護や介護という領域で働く人間にとって重要な「生命の質」「終末期医療」という言葉が出てくる。一方で、現代の思想家についての項目は何の役にも立たないようにも思える。そのような時間は無くしてしまって、「実践の役に立つこと」に絞り込んで教えた方が良いのではないだろうか。「弁証法」などという言葉を学ぶよりも、ディベートやグループディスカッションのような実際に対話する訓練にもっと時間を割くべきだと考える人もいるだろう。それらは必ずしも正しくはない。「生命の質」や「終末期医療」という言葉は、人間が人間らしく、人間が手段ではなく目的になっていることを目指す考え方である。医療が患者の命を長く維持することを目的とするとき、医療技術の発展によって、人間の身体が生命を引き延ばすための手段になる、という逆転現象が起こってしまうことへの批判と言い換えても良い。では、どうすれば良いのか、この現象に対して自分たちはどのように回答していけば良いのか。例えば、技術の発展によって人間が人間らしく生きられないという現象は医療や福祉の領域のみに発生しているものではない。むしろ、人間社会の様々な場所で起こっている。この現象について考えるためには、無駄に思えた思想が極めて強力な武器となる。これらは私たちが生きる上で直面する非人間的な事柄を素材に議論を組み立てている。自分たちが作り出した様々な技術や仕組みがその生み出された価値に従って独自の法則性を持つこと。そうして気づけば自分たちを道具のようにしてしまうこと。これらによって、生活や価値観を脅かす現象が生まれること。この現象やプロセス、解決方法について解明しようとしてきたのである。これらの考え方や知識は看護

や介護の実践の一つの形である報告に役立つ。それは特に文章を書くときに顕著である。

この他にも、自分が知っていることの中には、当たり前の常識で取るに足らないと思考の隅に追いやられているものがあるだろう。だが、実はそこにも職務や課題と関連づけられるものが存在するかもしれない（**図 10-1**）。

2）カードを使用する

自分が既に持っている知識、新たに手に入れた情報を、カードで整理する様々な技術がある。川喜田二郎の KJ 法のようにしっかりとした仕組みや手順をもったものもある。この KJ 法には様々な手順・方法があるが、その一つと

---

①グループ編成
十分な情報カードが集まったら（1）これらを小グループに分け、それぞれに小見出しをつける。（2）この小見出しをもとに中グループを作成し、更に中グループに見出しをつけて、（3）大グループへと編成する。この大グループの見出しが全体の主題となる。

② KJ 法 A 型
このグループをもとに各グループ間での関係を図式化するのが KJ 法 A 型である。以下のように棒線や矢印などで関係図が描かれる

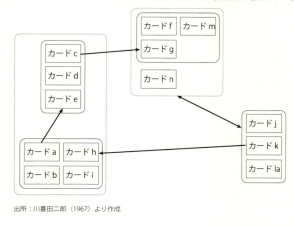

出所：川喜田二郎（1967）より作成

図 10-2　KJ 法の例

してA型図解法と呼ばれるものの概要を図10-2で紹介したい。

とはいえ、これらの整理法を紹介することが本章の目的ではない。また、KJ法は野外調査の中で帰納法を中心に組み立てられた手法であり、訓練も相当程度必要とされる。ここからは演繹法を含めることもできる、もっと簡略化した方法を説明したい。

まず最初に、様々なデータをカードに記入する。それは職場での出来事をはじめ、本に書かれていること、統計データなどから気になったことならなんでも良い。ノートや手帳の方が適切であると思われるかもしれないが、後の作業を考えればカードが適切である。そして、このためにはあまりかさばらないようにする必要があるだろう。よく用いられるのはＢ６サイズの京大式情報カー

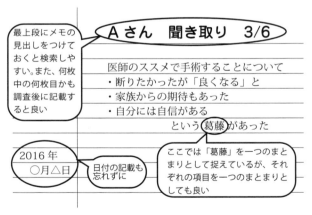

図10-3　京大式情報カードとその記載例

ドと名刺大（3×5inc）のカードである。実際に実物を使ってみて判断する方がよいだろう（**図10-3**）。

3）カード利用の注意点

カードに書き込む内容はどのようなものでも構わないが、その内容は一つの項目に絞るようにするのが一般的である。メモをとる状況によってはそれまで記入していたカードを別のカードに換える作業はわずらわしく感じることもある。インタビューの最中に書き記す場合などその好例であるだろう。しかし、インタビューが自分の家族の状況について話をしている最中に、ちょっとした要望、しかも家族に関する要望を口にすることも想定できる。これら二つの内容は関連があるかもしれないし、もしかしたら別の物事として切り離した方が良いかもしれない。憶測やその後の報告・研究発表での位置づけを想定して、どこでカードを切り替えるべきか判断しようとしていてはインタビューの流れを途切れさせてしまう。後に清書する手間を省くためにも、わずらわしくとも、少しでも異なる話題であれば、別々の事項として記載しておくほうが適切である。

3. 情報を整理する

1）証拠となる資料を整理する

報告・研究発表を行う場合、目的をもってデータを取り扱い、一定の結論を提出することになる。このとき、適切なデータを証拠として示す必要がある。カードはそのための準備となる。どのようなものが資料として提出できるだろうか。

データとして想像されやすいものに計量データがある。各種統計資料や論文などで示されているデータ、独自に調査したアンケートの結果などがこれに当たる。現在の社会環境や調査範囲での傾向を捉えるためにはこれらの資料が役に立つ。医療・福祉に関する一般的なデータであれば、厚生労働省のホームページに掲載されている統計情報・白書や総務省統計局のホームページなどか

ら入手するのが簡単だろう。なぜ報告・研究発表でそのテーマを選定したのか、発表したい対象がどのような社会環境の中に置かれているのか、社会の中での増減や分布を示す際にこれらは有効である。

　また、データには質的なものもある。代表的なものとしてはインタビュー、体験記などをもとにしたものであるが、この他に参与観察と呼ばれるものもある。参与観察とは観察対象とともに、実態や実情を体験しながら観察を行い、対象の主観的世界を把握する方法である。参与観察が許されるならば、自分自身が体験した出来事も傍証として活用できる。これらは、統計的なデータにないことを語る代わりに用いられることもあるが、統計的な手法になじまない事柄や統計を取る際の前提とするために用いる方が良い。事例を検討する際には、個々人の文化的、社会的背景を抜きにして語ることは難しく、当事者の主観がどのように構築されているのかを捉えなければならない。例えば、家族構成、収入、資産などは計量化することはできるが、家族間の関係を説明するには数値以外のデータを用いるしかないだろう。

2) 事象や概念の関係を図式化する

　資料やデータをカードに書き込めば、すぐに文章を書き始められるかと言えばそうではない。これらのデータがおのおのどのような関係にあるのかを整理していく。量的なものであれ質的なものであれ、データ一つ一つは意味を持たないこともある。例えば、ある国のGDP（国内総生産、Gross Domestic Product）の推移を示したグラフは、それだけでは「その国のGDP（Gross Domestic Product）がどのように変化してきたか」を示すだけである。変化の原因や今後についてそれだけで何かを言えるわけではない。他のデータや理論とともに解釈されて初めてデータは生きるのである。勿論、一つのデータを見るだけで多くの物事が頭に浮かび、一定の説得力のある言説を紡ぎ出すことができる人もいるかもしれない。このことは、質的データにおいて顕著であるだろう。だが、あるデータを見たときに何らかの判断が行われるのは、別の様々なデータや理論的な知見が念頭に置かれている。何より、諸々のデータを組み合わせることによって、また、それを明示することによって、新たに発見されることがあるのだ。私たちが報告を行う意義は新しいことをだけではなく、そ

第 10 章　研究発表をしてみよう

例えば「地域包括ケア」についてレポートを提出しなければならないとする。手順としては、記憶を頼りにカードにメモを書き、関連する資料をあたって、データを増やすことになるだろう。この作業が一段落したら、机の上に全て広げてみる。

ここで、カードを簡略化したものを下に示してみよう。

地域包括ケア		家族の介護疲れ	

| 医療費抑制の期待 | 終末期のニーズ | 心中事件 | 介護者7割弱が女性 | 脳性麻痺者が母に殺される |

| 疾病構造の変化 | 『平成24年度高齢者の健康に関する意識調査』 | 殺人事件 | | 全国青い芝の会の主張 |

| 長寿化 |

これらのカードは大枠で関連づけられているが、これをより細かく関係の図を描いていくが、このとき、一気に図にしてしまおうと欲張らない方が良い。

例えば、地域包括ケアは医療費を抑制することが期待できるとして登場したと言われることがある。そして、医療費を抑制しなければならない原因は長寿化・疾病構造の変化にある、といった具合に因果関係などを整理していく。これらの作業の結果、以下のような図が描けたとする。

角の丸い図形の中は一つのグループであり、矢印や棒線は因果関係や関連性を示している。補足的にそれぞれに「因果関係」「対立関係」などメモを書き添えておくと良い。

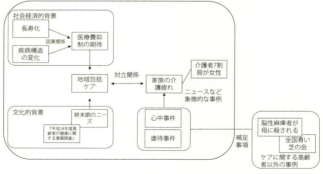

カードによる情報の整理はこのように進めていくこともできる。これらの整理を行うことで、文章を書く段になったときに何について議論をするかを考えていくことが容易になる。

図 10-4　事象・概念の関係を図式化するプロセス

243

の一つには、一般的な考え方が持つ臆見を取り除くことが上げられる。データ間の関係のとらえ方にも常識化した誤謬が入り込んでいる。ここを突破してくれるのがカードの組み合わせである。カードを机の上などに並べながら、それぞれの間にある関係を整理していく。ここで想定できる関係については「因果関係」「対立関係」「補足的な事項」「全体に対して象徴的な出来事」など様々な形がありうる。

しかし、それぞれの事象や概念それぞれの関係を図式化すると言っても具体的にどのようにすれば良いか分かりにくいかもしれない。そこで、**図 10-4** で、カードやメモを用いて報告の「序論」部分を書き上げるための例を示そう。

4. 報告のための形式

それぞれのデータを図式化することができたら、報告・研究発表の形態に合わせた形で形式を揃えることになる。文書のみの場合もあれば、口頭で行う報告をすることもあるだろう。この「報告」には様々な形式がある。以下に本章で想定している形式を例として示したい。

文書のみでの報告
(1) 職場内での報告（部署内外への報告・連絡事項の共有するもの）
(2) 授業内でのレポート（学内での課題として提出するもの）
(3) 論文（学術的な関心から作成され共有されるもの）

口頭での報告
(1) ブリーフィング（簡単な説明、報告などを行う場）
(2) 会議（予め設定された議題について職場内外の当事者同士で話し合う場）
(3) 事例検討会（クライアントや職場内での課題について関係する専門職業人や学識経験者などが集まり話し合う場）
(4) 学会など（学術的な関心をもとに行われるテーマ発表、ポスター発表）

これらについての詳細な説明は避け、本章の目的である議論のための解説に

第 10 章 研究発表をしてみよう

論点を絞っていきたい。

1) 基本的な事項の確認

最初に基本的な事項について確認しておこう。引用元と単位の記載である。報告の際には、様々な資料を用いることになるが、どこかから引用した場合、その引用元を表示しなければならない。また、これらのデータを図表として表示する場合、特に計量的なデータを紹介する際には、単位を記入することも忘れてはならない。

引用元を紹介するのは、どのような資料をどのように用いたのかを明示する

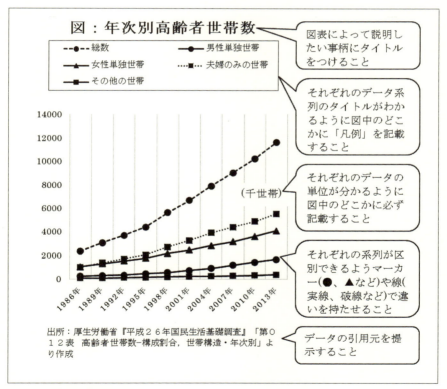

図 10-5　図作成時の注意点

ことであり、適切な資料を用いているかを判定する材料となる。同時に、報告・研究発表の他の参加者がこれらに関連する情報を集める際の指針ともなる。単位の記載はどのような場合でも必要不可欠である。口頭での発表の補助として表計算ソフトやプレゼンテーションソフトなどを利用することもあるが、この際に単位を記載し忘れて口頭で済ませてしまうと、他の参加者にとって図表の意味をとりにくくなる。

　これらの約束事には様々な意味があるが、多くの事項に共通している目的として、参加者が相互に検証することを可能にする、というものがあげられる。勿論、これら以外にも検証を容易にする工夫を奨励される。

2）全体の構成

　このことを念頭に置いた上で、これまで集め、整理してきた情報を一つのまとまりとして構成することについて説明していきたい。全体の構成は序論・本論・結論と捉えても良いし、作文で言う起承転結で考えても良い。重要なことはそれぞれのまとまりがどのような役割を持っているかを自分なりに整理しておくことである。ここでは序論・本論・結論をベースに進めていく。

　報告・研究発表の参加者は内容の全体像を見ているわけではない。そこで、序論の段階で、その目的と概要を示す。目的は報告のテーマとほぼ同義であり、これを冒頭に掲げ、何のために行うのかを提示した後で、おおよその流れを示しておくと、個々のデータの位置づけが分かりやすくなる。だが、この序論を考える上で、重要なことがまだある。「問題を設定する」ということである。そこで図10-6を見てもらいたい。ここでは図10-4を引き継いで、問題設定の指針を持つために再度カードを用いる方法を提示している。

　続いて、本論について述べていくことになるが、これらが一つの目的に応じて書かれ、説明され、表示されているということに注意すべきである。テーマに対して結論を出すだけではただの意見だが、ここで行うべきことは、その意見がどのような根拠や分析に基づいているかを説明することである。それは、やはり参加者によって結論が妥当であるかを検証するための不可欠なプロセスである。これは、報告者の説明の中で見落としがないか、別の視座から見た場合に異なる結論を導き出すことが可能ではないかといった検討を可能にする。

第 10 章 研究発表をしてみよう

図 10-4 のカードの整理では、対立関係とそれぞれの根拠などが見えてきた。おそらく、この対立について何らかのテーマを設定すると良いのだろうと予想はできるが、どのような問題設定をすれば良いか呆然としてしまうのではないだろうか。このような時に生きるのが直接関連なさそうに見えた補足事項である。この事例は介護疲れした母による殺人に対して減刑運動が起こった際の脳性麻痺者からの異議申し立ての事例である。

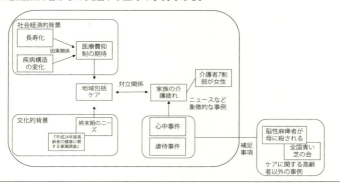

全国青い芝の会の異議申し立てを含めて考えてみると、上記の対立は「誰がケアの責任を負うか」ということに関する議論が行われているとも見えてくる。この枠内で考える限り、議論の当事者はケアの提供者のみに絞られてしまう。ケアの受け手が抜け落ちてしまうのだ。ここで議論の中心にするためには、責任の所在ではない問題設定ではないだろうか、と指摘することもできるだろう。このように図を見ながら思い巡らせたら、それらをメモとして書き付けていくのである。すると、以下のような図を作成することができるかもしれない。

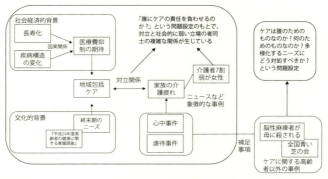

新たに書き付けられた手がかりをもとに、問題を設定することで、序論を完成させることができる。課題が見えてきたら、再度自分の手元にあるカードの中から、必要なデータを取り出し整理し直したり、関連するデータを取得するために情報収集することになる。

図 10-6　カードを利用して問題設定の指針を探すプロセス

そこで、データから言えることを論理立てて提示していくことになるが、このとき、作りだした関係を再現していくことを気にとめておくと、書きやすくなる。カード一つ一つに書かれていることは事実の羅列だが、そこから把握できることや解釈できることをもとに事実間の関係を示すことで説明が可能になる。この他にも、時間や紙幅に余裕があるならば、自分とは異なる考え方に対してあらかじめ反駁する、テーマに対して複数の考えが既にあるが却けたいときにはこれらに共通する問題点を指摘するといったことを含めても良い。

　最後に結論部分だが、再度、全体の流れを概観した後で、締めくくりとしてデータから言えること、自分たちの立場から主張すべきことを述べる方が良いだろう。受け手は報告者が分析を行うよりも短い時間でデータを受け止め、考えをまとめることになる。もう一度、全体の中で個々の資料の意味づけを考えることができれば、他の参加者が意義ある指摘をもらいやすくなる。

　これらの手順に従って、構成を終えたら文書や発表資料を作成することができるだろう。その後で、読み返しやリハーサルを行って内容を確認すると良い。内容が伝わりやすいか否かを確認することや質問を予測して応答を準備しておくことができる。

5. 報告者と質問

　報告・研究発表は文書や口頭での発表で終わりではなく、最も重要な段階として質問が残っている。もちろん、どのような報告・研究発表にも時間の制限がある。そのため、質疑応答の時間は短縮されてしまうことや、時には省略されてしまうことがある。とはいえ、どれほど入念な準備をしたとしても、内容について伝わらないのが常である。特に部局間、多職種間での会議や事例検討会ではそれぞれの慣用表現や専門職内でしか通じない術語やニュアンスなどによって誤解が生じてしまう。この誤解は、クライアントたちへの十全なサービスの提供に直結している。質問することは自分の職業上の義務を果たし、ひいてはクライアントの利益につながるのである。そこで、場を整えるコーディネーターはできる限り質問の時間を作り、報告者は質問されるために有効活用していこうとする姿勢が求められる。本節では、報告者に向けて、質問される

ための方法、質問への応答の仕方、それぞれ留意すべき点を確認する。

1）質問されるために

　質問することは非常に難しい。発表された内容について、自分が理解していない、または誤解している可能性があるかもしれない。矛盾があるように見えるところを短い時間で点検しなければならない。その上で、報告者に伝わるように言葉を選択していかなければならない。しかも、質問者には、恥の意識や不安が生じる。このため、報告者の側から質問しやすい場の雰囲気を作る必要がある。その例として「指名」と「例示」を紹介したい。

　指名とは、参加者に対して質問して貰えるように依頼することである。質問してもらいにくい状況が変化する瞬間を想像して欲しい。誰もがどこか尻込みしてしまっている。このような時に空気を読まずに質問をしてくれる者がいれば、その質問の内容とは無関係に質問が続出することがある。質問の巧拙はこの場合あまり関係ない。誰かが質問し、それに勇気づけられた他の者が質問をすると、次第に質問は増えていく。しかし、常にそのようなことを期待するのは難しい。報告者の側で意図的に流れを作り出すしかないのである。研究発表のような知己を得た者に囲まれている場では、自分と親しい者や学内でも比較的友人が多く発表の場であまり臆することのない者に指名すると、他の者たちも質問しやすくなる。いっそ、事前に質問をお願いしておくのも良いだろう。

　もう一つの例示とは、自分からロールプレイするように簡単な質問とそれに対する応答を行うのである。どのような例でも構わないが、リハーサルの際に出てきた想定される質問の中で、最も手短で分かりやすいものが良いだろう。ここであまりに複雑な質問や核心に迫るような質問であると、応答ロールプレイの時間が長くなる上に、質問者に敷居の高さを感じさせてしまうからである。

　質問者の障壁を減らすための工夫を準備しておくことで質疑応答は比較的スムーズに開始することができる。

2）質問への応答の仕方

　質問が行われるのは、内容についての誤解や矛盾を確認するためである。どちらの場合であっても、報告者のイメージしている内容と質問者の受け止めた

内容にはどこか食い違いが生じている。それは必ずしもどちらかが未熟であるためではない。報告者は回答する際には、質問の意図を確認すること、比喩や事例を用いて話をすること、ホワイトボードなどに即興で図示することでこれらを防ぐことができる。

説明の前に、ある災害事例検討会での出来事を紹介したい。

> 報告者は海外での津波の被害と救助について話をしていた。その中で、都市設計について言及され、都市は高台につくるべきである旨を語られた。ある質問者がこれに対して「その場合には、貧困層の被害が増えてしまうのではないか」と尋ねた。
> 検討会の他の参加者は怪訝な顔つきをしていた。質問の意図が通じなかったのである。だが、報告者はしばらく考えてから「質問の意図としては、どれほど都市設計を十分に行ったとしても、貧困層は仕事を得る為に都市近郊の中でも地価の安い、つまり災害のリスクのある場所に住んでしまい、しかも都市計画から外れた居住であるために救助が遅れてしまう可能性があるということか」と尋ね返した。質問者がその通りであると肯定すると、報告者は、具体的な数字は準備ができていないものの、と前置きした上で、災害のリスクと貧困とが無縁でないことについて、実際に起こっていた出来事を交えて説明をし、都市設計についての自分の考えを訂正した。

これは極端な事例であるが、報告の場には色々な観点を持つ者が集まっている。報告者は質問の背後にある意図が明らかでない場合には、確認を行う必要がある。誰もが自分自身の知っていることや前提をもとに発言してしまうものである。その質問が妥当であったとしても、前提を共有していない場合には、その質問の有益さは損なわれてしまう。そこで紹介した事例の報告者のように、質問者の意図を汲み取ろうと質問し返すことも必要となってくる。

この事例から他にもテクニックを見出すことができる。回答する際に事例を織り交ぜているのである。実質上の質問者への回答は「高台に都市を造るという計画は災害の被害を抑えるためには無意味である」という結論になっている。

しかし、これだけでは、質問者と報告者の間での質疑応答として成立するが、他の参加者にとっては伝わりにくいものになってしまう。質問の背景には災害のリスクは高所得者と低所得者の間で異なる可能性がある、という含意がある。これを了解していない者が多かったために、この質問は共有されていなかったのである。質疑応答は口頭で行われるので、聞き手にとっては理解しにくいものとなる。そこで、データを用いた論拠のある回答をするだけではなく、事例のように具体的なエピソードやたとえ話を用いて理解を促す必要がある。

この他にも、ホワイトボードなどの補助設備があれば、即興で質問の内容を図式化し、回答しながら、どのようにその質問に対して応答しているかを付記していくことで意図を伝えることができる。口頭での説明だけでは複雑な内容は伝わりにくい。随時、視覚化することによって参加者の理解を促進できる。

6. 他の参加者と質問

質問する／されるという相互行為の中で報告の場は議論が活性化する。しかし、既に述べたように、誰もが質問することに抵抗がないわけではない。言葉一つ間違えれば挑発的な意図を持っていると思われるかもしれない。自分が重大な事実を聞き漏らしたかもしれない。これは誰もが感じる質問する際のプレッシャーである。しかし、この圧力は他に誰かが質問すると雲散霧消してしまうようなものでもある。しかも、実際に質問してみれば、報告者や他の参加者から感謝されることや、同意を得たりすることがある。これらをかんがみるに、自分自身が疑問に思っていることは、他の参加者も疑問に思っている可能性が高く、そればかりか、報告者にとってもまだ十分にまとまっていない事柄であり、もしくは別の視座で現象を捉え新しいアイデアを生み出すための光となる事柄であるかもしれないのである。このように考えたときに、質問をすることは報告・研究発表の場を作ることであり、その内容がどのようなものであれ報告者への助けであるとも言える。

1）質問するために

報告の場とは報告する／されるという関係が生まれるだけの場ではない。そ

こには人々が何らかの目的を達成するために集まっているのである。それが業務に関するものなのか、それとも事例検討や技術・知識を共有するものなのか、地域やクライアントの直面している課題を解決するためのものなのか。それぞれの場によって異なるにせよ、何か目的がある。この目的に沿って課題を共に見据えることこそが、報告の場に参加するということであり、質問とはこの参加の形式の一つである。

　例えば、職場において、あるクライアントの事例をもとに、利用者の安全のための業務改善提案が行われたとする。話し合いの目的は提案された改善案を採用するか否かというところにはない。どうすれば安全性が高まるか、にある。改善案を実施すると別のケースでは安全性が低くなるのではないかと質問したいとするなら、更に、この「別のケース」について具体的な事例を挙げることや、不都合が生じるクライアントの類型を提示すると分かりやすい質問となるだろう。このような質問は安全性を高めるという趣旨に合致している。報告された内容に含まれていた見えない問題点が洗い出され、より洗練された課題解決方法を導き出したり、特定のクライアントが不利になる提案を却下できる。

2）用語や文脈について尋ねる

　研究発表の場ではそれぞれの関心に基づいて発表が行われる。自分よりも発表者の方が知識や前提となる考え方の点でより広く深いことは当然である。それはどの報告の場でも同様である。職歴、職種、専門分野といった要素は、術語やものの見方に差異を生じさせるだろう。知識の差が原因で全体の意味を取り違えることもありうる。冒頭で目的や事例について詳細な説明がなされているにもかかわらず、報告・研究発表の結論を納得できない、その価値観を疑ってしまうこともあるかもしれない。その原因は個々人にはなく、その報告の場に文脈を共有していないという瑕疵があるからかもしれない。

　勿論、単に用語の知識がないというだけであれば、手元のスマートフォンなど情報端末で調べれば良い。既に活発に質問が行われているのならば、意義のある質問をすべきだろう。用語について質問するのであれば、解説を求めるだけでは十分ではない。その語がわからないことによってどのように内容が理解できなくなっているのか、その事情を語ると報告者も回答しやすくなる。例え

ば、まず、冒頭などで開示された目的や全体から受けた印象をもとにして考えれば結論はどのように捉えるべきだと感じたかを述べる。一方で、術語の用い方や意味内容について知識が足りない、または専門外からは異なる意味ともとれてしまう可能性について示唆する。そうして、語の複数の意味を例示列挙した上で、どのような意味であるのかを尋ねるのである。追加して、それぞれの意味では研究発表全体がどのように捉え方が異なるのかを自分なりの考えをもとに説明しても良いだろう。もっと端的に、特定の言葉について、おそらく報告者が語っているのとは別の意味があって混乱した、といった自身の事情（これまでの職業・経験など）を説明しながら質問することもできる。

　もう一つの文脈についての質問であるが、用語と似たように、報告・研究発表の目的から予想される意図や結論とは異なるように聞こえた事情を説明することから始めるのである。

　これらの質問は冗長であり、同じ専門職同士の場合、迂回路を通っているだけかもしれない。しかしながら、初学者による研究発表や様々な役割を担う者が集まる報告の場では、テーマを巡るまなざしや知識が共有されていないこともあり、一つ一つ確認していく必要がある。

3）話の筋道について尋ねる

　質問を行うときには、語られた内容がどのような目的を持っているかに沿っていく必要がある。なぜなら、目的に合わせて事例が紹介され、課題解決の方法が提案されているからである。

　もう少しだけ具体的に話をしよう。患者家族に対して看護教育をより効率良く行うためにはどうすれば良いか、というテーマで報告・研究発表が行われていたとする。そこでは、症例などをもとにケースが選択され、一定の条件下での課題解決が提案されることだろう。このとき、類似の事例で、家庭環境が異なるケースを想定して、著しく効率が悪くなることが想定されるのであれば、その点についてどのような解決方法があるのかを質問することには意味がある。勿論、解決方法が想定されていないこともある。このようなときには参加者同士での議論の余地が生まれる。それは単に報告者が思いつかなかった場合もあるだろうし、視座の問題かもしれない。

同じ専門職同士でもクライアントにとって適切なサービスの捉え方は異なるだろう。多職種間では報告者と参加者の間でものごとを見るための位置が異なることが見えてくる。ある職務を遂行する上で当然の考え方も、別の職務にとっては問題含みに見えることがある。報告をもとにした議論を活発に行う必要性はここにある。医療・福祉での分業は、それぞれの専門職の間でクライアントが複数もっている異なる利益を代表していることを意味する。複数のまなざしを用いて報告を生かしていくことができるかどうかは適切な質問にかかってくる。　例えば、何らかの課題解決が示されたとする。その方法では不利益が生じるクライアントが想定できるかもしれない。だが、QOL（Quality of Life）について議論をしているときにクライアントの身体の健康を損なうおそれがあるのではと質問することに意味があるだろうか。それが深刻な健康被害について懸念がある場合や、その重要性自体を立証しようとするための発表であるならば検討する意義はある。その一方で、特定のクライアントに関する事例検討を行っている際に、クライアントの意思を妨げる介入をしたいと含意しているだけの質問は不必要である。議論全体の中で質問の適不適は異なる。
　もちろん、質問に対して回答が困難なケースでは、議論が活発化する場合と逆に場自体の発言が消沈してしまう場合がありうる。そのうちの一つに、場の思考がトレードオフの関係だけで物事を捉えているケースがある。トレードオフとは、一方を多く得ようとするときに、別のものを少なくしか獲得できないことを意味する言葉である。クライアントの健康と家族看護とが反比例の関係にあるということが前提となっているような思考をする場合、「健康と家族看護をトレードオフの関係で捉えている」と言えるだろう。このような発表の際に、具体的な事例や事例についての理解を欠いたままに「看護教育を推奨するとクライアントの健康が脅かされる」と懸念を示すだけの質問は、報告自体を否定するものになりかねない。それまで活発に議論が行われていたにもかかわらず、突然、消沈してしまった場合、トレードオフの関係が前提として共有されている可能性がある。それは場にトレードオフの関係を示した質問が問題ではない。参加者全員がトレードオフの関係を半ば受け入れつつ、その関係を解消するための方法についてうまく言葉にできない状態にあるからこそ、議論が発展しなくなっているのである。このような時には、意識的に前提を捉え直す

ることで突破できる可能性がある。例を引き継いでいくと、病院での看護や家族看護どちらかを極端に重視する考えは、医療がクライアントの健康を医療機関と家庭という二つの領域で行われるという考えをもとにして、どちらが効用を最大化しているかを検討している。この二つの領域は従来の支援と私的な支援と言い換えることができるだろう。クライアントへの支援を二つのどちらかしか存在しないと考えれば、このトレードオフの関係は成り立つだろう。前提を捉え直すことが必要だ。例えば、そのどちらにも当てはまらない支援の道を示すこともできるかもしれない。地域やNPO、ボランティアなど様々な地域資源や、企業が提供する商品によって解決をはかる道がある。あるいはこれら複数の支援を混合することを提案することもできるだろう。こうして、一旦、前提に立ち返ったあとであれば、検討されているケースが具体的であれば具体的であるほど、これらの複合的な眼差しを家族にどのように提案するかについて議論しやすくなるだろう。

7. おわりに

　これまで、文章を書くための情報の整理から始まり、職業上必要となる報告や教育カリキュラムの中での研究発表の各過程で行われる事柄を送り手と受け手の応答関係として整理しなおしてきた。一方で、一つ一つの技術についての詳細な説明は省いてきた。だが、これらの目的を達成するためには様々なテキストの中で技術的な解説が行われている。まずは実際に研究発表や講義のプレゼンテーションの中で自分自身の発表と受け手の捉え方のずれを把握することからはじめると良いだろう。自分と他人の間での違いがどのように結論の見え方を左右するのか原因を踏まえ、具体的に課題を浮かび上がらせることによって解説書から多くの学びを得られるはずである。

参考文献 References

川喜田二郎, 1967,『発想法　創造性開発のために』中央公論社.
梅棹忠夫, 1969,『知的生産の技術』岩波書店.

ディスカッションテーマ Exercises

1. 自分自身が連携する可能性のある他の職業について一つを選び、自分たちの専門領域と異なる価値観について調べ、どのような違いがあるのか、調べ、話し合ってみよう。

読書案内 Reading guide

1. 川喜田二郎, 1967,『発想法　創造性開発のために』中央公論社.
   野外調査などで得た情報をカードで整理して分析を行うKJ法について基本を解説している。
2. 梅棹忠夫, 1969,『知的生産の技術』岩波書店.
   カードを用いた情報整理に止まらず、様々な整理方法とそれに基づく出力方法について分かりやすく解説している。

 column

多職種連携における日常的な葛藤

社会福祉士に帯同して、ある入院患者の退院に立ち会った際のことである。

　病院のベッドに横臥する老年の男性を囲んで医師、看護師、社会福祉士が退院後の彼の生活について話している。医師は男性に向けて「退院後もお酒は控えて下さいね」と穏やかに述べる。社会福祉士は少し甲高い声で「どうすればお酒を呑めますか」と医療従事者たちに尋ねる。酒好きな彼の聞きたいことを代弁しているのである。白衣を着た男が鼻白んだ様子を見せ、一瞬考えて「お食事のバランスなどを」とクライアントを見やりながら応える。看護師も「あまりお食事を召し上がりませんしね」と近況報告する。

　病院ではありふれた光景だろう。複数の専門職が一人のクライアントの持つ複数の権利、利益についての葛藤を調整している場面である。この場合、医師は医学的見解を述べ、社会福祉士はデマンドを権利として擁護し、そして看護師は医師よりもよりクライアントに近い医療従事者として発言している。

　この出来事が短いエピソードで済んでいるのは、クライアントの利益のために役割分担を行っているという前提を、各専門職が把握しているためであり、同時に、それぞれが相互にどのような役割分担を行っているかも把握しているからである。医師は、社会福祉士が単にクライアントのわがままを聞きたいだけだとは考えていないだろう。そのように考えているのであれば彼は悩むことなく禁酒を宣言しただろう。そこには福祉的な観点から重要な意味があることを理解しているのである。

　問うこと、問われることは難しい。問いがあるということは、そこに両者の違いが横たわっているからである。その問いがにわかに理解しがたければしがたいほど、伝わりにくければ伝わりにくいほど、自分自身の思考の枠組みの限界に直面した気持ちになる。しかも、人間が健康に生きるために必要な要素は一つではない。そのため多岐にわたる専門職が必要となり、専門職が増えれば増えるほど、新たな問いが生まれることになる。それでもなお、人と関わるならば、問わなければならないのである。

（古賀 琢磨）

あとがき

　筆者はこれまで10年近くにわたり、看護を学ぶ学生へ社会学の講義を担当してきた。講義に際して毎回感想やコメント、質問などを自由に回答してもらうようにしている。受講生からのこのようなフィードバックは、講義そのものに対する評価だけではなく、社会学の講義を受けてそれぞれが率直に感じた「違和感」のようなものが多く含まれている。
　講義開始直後のコメントには、「社会学」という馴染みのない学問に対しての驚きばかりではなく、今後の講義についての不安が言及されていることも決して少なくはない。序章でも社会学の特徴として説明されていたように、社会学の講義を受けてみると、今まで自分が「常識」だと考えていたことについて、それから一旦距離を置くようにと勧められるからであろう。現在、看護や介護を学ぼうとする人は、それぞれの年齢や社会的背景も様々である。しかしながら、それぞれの人生で教育を通じて求められてきたことの大半は、私たちが社会生活を営む上での常識をいかに学ぶか、ということではなかっただろうか。家庭の常識、教室の常識、職場の常識、医療の常識、福祉の常識、等々。そこから距離を置くということの意味を考えないかと言われれば、そうした勧めそのものに対してはじめは何かしらの居心地の悪さを覚えるものであるらしい。
　あらためて、常識とは何か。社会学者にとっての常識とは、私たちの日常生活の営みを簡潔にするために、一定の集団の間で既成事実化した取り決めのようなものとして理解されている。この取り決めが常識とみなされるのは、私たちがその常識にそって適切な行動を選択し、それにそって他者と関わることによってのみ保証される。常識に沿って振る舞うということは、ありとあらゆる可能性を特定の意識や行動に限定し、自分自身の行動、そして他人とのやり取りを円滑に実施する。それぞれの属性（年齢・性別・地位）に即した常識的な

振る舞い、その中でかわされる常識的な言葉遣いや手続きといったものは、それぞれが異なる他人同士を結びつけるものとして暗黙のうちに機能している。社会学者による常識から距離を置くことの勧めに対する違和感の表明には、こうした私たちの日常を幾分脅かすような不穏な気配を感じるのかもしれない。

しかし、社会学者はある意味で「常識の達人」である、という序章の言葉も思い出してみよう。実は、社会には、それぞれの所属する文化的集団や、専門家たちのグループの中で、内々の間のやり取りを円滑にすすめるためにそれぞれに独自の常識のセットが用いられているのである。それぞれにとって、異なる集団の常識が非常識にしか見えないことさえある。そして、既成事実としての常識は、同じ集団の中においてもお互いのやり取りの中で、あるいは自分たちが生活を営む社会環境の変化に伴い、その時時に合わせて、ゆっくりと、そしていつの間にか変化していく。

現代社会は、異なる常識を持った人たちと否応なしに生活を共にする必要がある。それが私たちの社会に多様性をもたらし、その分業と協力の中でひとりひとりの生活をより豊かで便利にしてくれているのだから。だとしたら、自分自身の常識とは異なる常識があることに気がつくこと、それらは「異なる」だけでどちらが「正しい」と呼べるものではないこと、あるいは特定の常識の「正しさ」の押し付けが、共に生きる人々との豊かな生活の可能性を阻んでいること、そうしたことにも目を向けることができるようになるのではないだろうか。そこにこそ、常識から距離を置くことをすすめる社会学がなぜ今この世界に学問として生まれそして営まれ続けているのかを理解する手がかりがある。

自分の常識から一旦離れることの不安は、やがて社会学を学ぶうちに自分自身の世界の広がりへ、そして他者のもたらす差異に対する怖れではなく理解と関わりの可能性へと変化していくだろう。先に述べた受講生からのフィードバックでは、やがてすべての講義を終える頃になると、社会学者とこうした常識への観察方法を共有するようになった自分そのものの変化と驚きが告げられるようになる。このテキストを通して今回社会学を学んだ人の中には、ここに来てすでにそうした感覚を持つようになった人もいるかもしれない。そして私たちは、社会学を人に伝えるときいつもそのことををを大いに期待しているのである。

あとがき

2016 年 8 月
　春の訪れの近いシドニーにて

濱野 健

執筆者紹介

須藤 廣(すどう　ひろし)　担当：編集及び序章
日本大学大学院人文科学研究科博士後期課程単位取得退学。法政大学大学院政策創造研究科教授。北九州市立大学名誉教授。専攻は観光社会学。主な著書に『ツーリズムとポストモダン社会――後期近代における観光の両義性』（明石書店，2012年）、『観光化する社会――観光社会学の理論と応用』（ナカニシヤ出版，2008年）、『観光社会学』（共著，明石書店，2007年）等。

阪井 俊文(さかい　としふみ)　担当：第2章・第3章
北九州市立大学大学院社会システム研究科博士後期課程修了。博士（学術）。北九州市立大学、九州産業大学非常勤講師。専攻は文化社会学、ジェンダー論。主な論文に、高井由起子編『わたしたちの生活と人権』（分担執筆，保育出版社，2014年）等。

舟木 紳介(ふなき　しんすけ)　担当：第4章
シドニー大学大学院社会福祉・社会政策・社会学研究科修士課程修了。福井県立大学看護福祉学部社会福祉学科准教授。専門分野は、ソーシャルワーク、外国人・移民定住支援。現在の主な研究テーマは、デジタルメディアを活用した多文化ソーシャルワークとコミュニティ文化開発。主な論文に、The Diversity Digital Media Project: Engaging Migrant Youth in Japan through Creative Practice, *The Japan Social Innovation Journal*, 1, 2014年など。

作田 誠一郎（さくた せいいちろう） 担当：第5章
山口大学大学院東アジア研究科アジア比較文化専攻博士課程修了。博士（学術）。佛教大学社会学部現代社会学科准教授。専攻、少年非行論、犯罪社会学、教育社会学。これまで少年非行現象を歴史社会学的に研究し、現代の少年非行やいじめ現象分析とともに青少年を対象とした医療化の側面にも関心を寄せている。主な著書に、岡邊健編『犯罪・非行の社会学――常識をとらえなおす視座』（分担執筆，有斐閣，2014年）等。

宮園 真美（みやぞの まみ） 担当：第6章
愛知県立看護大学看護学研究科看護学専攻修士課程・九州大学大学院芸術工学府芸術工学専攻博士後期課程修了。博士。福岡県立大学看護学部看護学研究科准教授。専攻は看護学。主な研究領域は温熱刺激による生理心理反応と看護。ソーシャルサポートとQOL、在宅療養中の対象のQOLと看護等。

原田 奈津子（はらだ なつこ） 担当：第7章
社会福祉法人恩賜財団済生会済生会保健・医療・福祉総合研究所上席研究員。主な担当科目は社会福祉士養成の科目である「相談援助の理論と方法」「相談援助演習」「相談援助実習及び実習指導」「高齢者福祉論」等。主な研究は、「福祉従事者のストレス」「福祉領域における職員の研修のあり方やスーパービジョン」「福祉教育における初年次教育のプログラム開発」「福祉現場実習前の学生への支援のあり方」など。

濱野 健（はまの たけし） 担当：編集及び第3章・第8章
ウェスタンシドニー大学人文学部博士課程終了。PhD。北九州市立大学文学部人間関係学科准教授。専攻は社会学及び文化研究。主な研究領域はグローバリゼーションに伴う家族の変容など。著書に、『日本人女性の国際結婚と海外移住――多文化社会オーストラリアと変容する日系コミュニティ』（明石書店，2014年），遠藤英樹・寺岡伸悟・堀野正人編『観光メディア論』（分担執筆，ナカニシヤ書店，2014年）等。

鈴木 健之（すずき　たけし）　担当：第9章
法政大学大学院社会科学研究科社会学専攻博士後期課程修了。博士（社会学）。立正大学文学部社会学科教授。専攻は社会学理論、セクシュアリティの社会学。主な著作に、『社会学者のアメリカ――機能主義からネオ機能主義へ』（恒星社厚生閣，1997年）、『G.I.D. 実際私はどっちなの!?――性同一性障害とセクシュアルマイノリティを社会学！』（吉井奈々との共著，恒星社厚生閣，2012年）等。

古賀 琢磨（こが　たくま）　担当：第10章
九州大学比較社会文化学府博士課程短期取得退学。NPO法人ドネルモ。専攻、文化社会学。

増補改訂版　看護と介護のための社会学

2016年12月10日　初版 第1刷発行
2021年 2月20日　初版 第3刷発行

　　　　　　　　　　　編著者　　濱野　健・須藤　廣
　　　　　　　　　　　発行者　　大　江　道　雄
　　　　　　　　　　　発行所　　株式会社　明石書店
　　　　〒101-0021 東京都千代田区外神田 6-9-5
　　　　　　　　　電話 03（5818）1171
　　　　　　　　　FAX 03（5818）1174
　　　　　　　　　振替　00100-7-24505
　　　　　　　　　https://www.akashi.co.jp/

　　　　　　　　進　　行　　　　　　　寺澤正好
　　　　　　　　組　　版　　デルタネットデザイン
　　　　　　　　装　　丁　　明石書店デザイン室
　　　　　　　　印刷・製本　　モリモト印刷株式会社
（定価はカバーに表示してあります）　　ISBN978-4-7503-4448-5

　JCOPY　〈出版者著作権管理機構　委託出版物〉
本書の無断複製は著作権上での例外を除き禁じられています。複製される
場合は、そのつど事前に、出版者著作権管理機構（電話 03-5244-5088、
FAX03-5244-5089、e-mail: info@jcopy.or.jp）の許諾を得てください。

日本人女性の国際結婚と海外移住

多文化社会オーストラリアの変容する日系コミュニティ

濱野 健［著］

◎A5判／上製／288頁　◎4,600円

グローバル化に伴いますます増加傾向にある日本人の国際移動。主に女性の国際結婚と海外移住（婚姻移住）に焦点をあてオーストラリアのシドニーで行った調査結果をまとめた著作。現地の日系社会の変容と新たなエスニック・アイデンティティの形成を描き出す。

● 内容構成

第1章　日本人の海外移住の現在
　　　　──消費志向型移住・結果的移住・結婚移住

第2章　日本人のオーストラリア移住
　　　　──1880年代から2000年代にかけて

第3章　オーストラリアの在留邦人数の推移
　　　　──ビザ申請者数の集計結果から

第4章　オーストラリアの日系ディアスポラ
　　　　──全豪日本クラブ（JCA）の設立と散会

第5章　逗留から移住へ
　　　　──結婚移住と「ホーム」の再構成

第6章　移住・郊外社会・ジェンダー
　　　　──「ホーム」と自己アイデンティティの再構成

第7章　「エスニックな親密圏」の意義とその帰属をめぐって
　　　　──中間領域（in-between）としてのエスニック・コミュニティ

終章　これまでの海外移住、これからの海外移住
　　　　──まとめと今後の課題

〈価格は本体価格です〉

オフショア化する世界
人・モノ・金が逃げ込む「闇の空間」とは何か？

ジョン・アーリ 著
須藤廣、濱野健 監訳

■四六判／上製／328頁　◎2800円

1990年以降急速に進んだ新自由主義経済と移動に関する技術革新を背景に、国境を超えた労働・金融・娯楽・廃棄物・エネルギー・気候変動やセキュリティの移動が「富裕層の一人勝ち」を引き起こす「オフショア化」を分析し、そこからの脱却の道を探る。

● 内容構成 ●

第1章　オフショアリングとは何か
第2章　秘密
第3章　仕事のオフショアリング
第4章　オフショアされた課税
第5章　オフショア化されたレジャー
第6章　エネルギーのオフショア化
第7章　廃棄物のオフショア化
第8章　セキュリティのオフショア化
第9章　海へ、視界の向こうへ
第10章　すべてをホームに戻す
監訳者あとがき──脱組織資本主義社会のディストピアから

高校生のジェンダーとセクシュアリティ
自己決定による新しい共生社会のために

須藤廣 編著

■四六判／並製／216頁　◎1500円

性に関する自己決定を現代の高校生はどう捉えているのか。就業意識や男女交際、親子関係、トランスジェンダーなどについて、国際比較も交えて、日本の若者のジェンダー、セックス観を描き出す。

● 内容構成 ●

第1章　高校生のジェンダー意識についての国際比較（須藤廣）
　はじめに／1　いま、男と女は平等か？／2　女性と職業／3　ジェンダー・バイアス／4　真の自己決定に向けて／おわりに
第2章　高校生の就業意識とジェンダー（窪田由紀）
　はじめに／1　ジェンダー意識の比較／3　男女交際／7　女性観／ほか〔の強制（期待）／5　家事参加／6　男女交際／7　女性観／ほか〕
第3章　高校生のセクシュアリティの現状（劔陽子）
　1　思春期のリプロダクティブヘルスの危機／2　リプロダクティブヘルスに対する考え方／3　高校生の性行動の現状／4　高校生の性行動とジェンダー／5　高校生の性行動とコンドームを使わない高校生たち／ほか
第4章　産婦人科医から見た思春期のセクシュアリティ（池田信子）
　はじめに／1　当院における10代女性の受診内容／2　中学、高校での性教育／3　広がる性感染症／4　女性の健康教室の感想文から／5　まとめ
第5章　トランスジェンダーの社会学（鈴木健之）
　1　トランスジェンダー、セクシュアルマイノリティへのまなざし／2　ジェンダーというまなざし／3　ジェンダーというまなざしからトランスジェンダーというまなざしへ／ほか
〔グループ討議〕高校生と語るジェンダーと親子関係（野依智子／三村保子・力武由美／思春期の性　大庭智恵）

〈価格は本体価格です〉

新・福祉文化シリーズ 【全5巻】

▶日本福祉文化学会編集委員会 編　　四六判／並製／各巻2200円

「福祉を拓き、文化を創る」共生社会の実現を目指し、実践と研究をつないでいくために必要なことは何か。シリーズ5巻を通して考察する。

1 福祉文化とは何か
河東田 博（編集代表）

多彩で豊かな実践に学び、「創造的福祉文化社会」実現に向けた「福祉文化」の意義と役割を提示する。

2 アクティビティ実践とQOLの向上
石田易司（編集代表）

一人ひとりの生活の質を向上させる福祉文化活動を行うためには何が必要なのか。豊富な実践事例から探る。

3 新しい地域づくりと福祉文化
磯部幸子、島田治子、マーレー寛子（編集代表）

地域文化の再発見、新しい文化的価値による活性化、ネットワーキング活動、福祉教育との融合という4つの視点から取り組みを紹介。

4 災害と福祉文化
渡邊 豊（編集代表）

錯綜する情報の中で福祉文化が担うべき役割とは。新潟、神戸の事例を中心に、災害時における福祉文化活動の考え方・取り組みを紹介。

5 福祉文化学の源流と前進
永山 誠（編集代表）

福祉文化とは何か。地域での理念と実践を背景に福祉文化学はどう深化したのか、行政側の福祉文化理論とは、等などの視点から検証。

〈価格は本体価格です〉

シリーズ 差別と排除の〔いま〕

【全6巻】

日本社会の伝統的な差別形態が見えにくくなっている中で、インターネットといった新しい伝達手段の普及もあって、新たな差別と排除が広がっている。従来の類型を超えて「空間」「文化・メディア」「福祉・医療」「教育」「セクシュアリティ」という5つの視点から、現代の差別と排除をとらえるシリーズ。

四六判/上製

① 現代の差別と排除をみる視点
町村敬志、荻野昌弘、藤村正之、稲垣恭子、好井裕明 編著
● 2400円

② 都市空間に潜む排除と反抗の力
町村敬志 編著
● 2400円

③ 文化・メディアが生み出す排除と解放
荻野昌弘 編著
● 2200円

④ 福祉・医療における排除の多層性
藤村正之 編著
● 2200円

⑤ 教育における包摂と排除 もうひとつの若者論
稲垣恭子 編著
● 2400円

⑥ セクシュアリティの多様性と排除
好井裕明 編著
● 2200円

〈価格は本体価格です〉

ケア専門職養成教育の研究
看護・介護・保育・福祉 分断から連携へ

青木紀 著

■四六判/上製/344頁 ◎3800円

本書は、看護・介護・保育・福祉など、様々なケア専門職の養成プロセスの共通性と差異、就職後の教育課題を浮上がらせる「俯瞰図」を描くことをテーマとする。日本におけるそれらの分断の現状と原因について分析し、あるべき連携のかたちを模索していく。

●内容構成●

序　章　課題と方法——ケア関連専門職養成教育の検討のために
第1章　専門職養成基盤の形成——ケアの産業化
第2章　専門職養成ルートの多様性——階層性と「規制」
第3章　専門職養成教育のコントロール——教育の分化の困難と対置できない理想
第4章　専門職の専門性基盤と職能団体・学会——ケアのアイデンティティをめぐる分断の構造
第5章　専門職の社会的評価の現状と対応——分断のなかの資格階層化志向
第6章　専門職養成における連携教育の現状——ケアの「見えない壁」をどこまで意識しているか

いのちと家族の絆　がん家族のこころの風景
沼野尚美著　◎1500円

地域・施設で死を看取るとき　いのちの死に向き合う支援
小畑万里編著　◎2300円

障害者介助の現場から考える生活と労働　ささやかな「介助者学」のこころみ
杉田俊介・瀬山紀子・渡邉琢編著　◎2500円

はじめて読む「老いじたく」の本　エンディングノートにも使える　これで安心！　老前・老後の準備と手続き
馬場敏彰著　◎1800円

老楽暮らし入門　終の住みかとコミュニティづくり
沢部ひとみ著　社団法人コミュニティネットワーク協会監修　◎1600円

高齢者福祉概説【第5版】
黒田研二・清水弥生・佐瀬美恵子編著　◎2500円

はじめて読む「成年後見」の本　制度の仕組みから具体的な手続きまでをわかりやすく解説
馬場敏彰編著　◎1800円

介護現場の外国人労働者　日本のケア現場はどう変わるのか
塚田典子編著　◎3800円

〈価格は本体価格です〉

OECD公衆衛生白書：日本
明日のための健康づくり
経済協力開発機構（OECD）編著　村澤秀樹訳
石河久美子著
◎3800円

図表でみる世界の保健医療
OECDインディケータ（2019年版）オールカラー版
OECD編著　鐘ヶ江葉子監訳　村澤秀樹訳
◎6000円

OECD医療政策白書
費用対効果を考慮した質の高い医療をめざして
OECD編著　小林大高、坂巻弘之訳
◎3800円

図表でみる世界の最低生活保障
OECD給付・賃金インディケータ　働くための福祉の国際比較
OECD編著　日本労働組合総連合会（連合）総合政策局訳
◎3800円

医療の質国際指標 2
OECD編著　児玉知子、岡本悦司訳　OECD医療の質指標プロジェクト報告書
◎2800円

医療福祉論
退院援助をめぐる社会科学的な探究
村上武敏著
◎3000円

新版 ソーシャルワーク実践事例集
社会福祉士をめざす人・相談援助に携わる人のために
渋谷哲、山下浩紀編
◎2800円

医療・保健・福祉・心理専門職のためのアセスメント技術を高めるハンドブック【第2版】
ケースレポートの方法からケース検討会議の技術まで
近藤直司著
◎2000円

多文化ソーシャルワークの理論と実践
外国人支援者に求められるスキルと役割
石河久美子著
◎2600円

修復的アプローチとソーシャルワーク
調和的な関係構築への手がかり
山下英三郎著
◎2800円

権利擁護と福祉実践活動
概念と制度を問い直す
平田厚著
◎2600円

生活保障と支援の社会政策
講座 現代の社会政策 2
中川清、埋橋孝文編著
◎4200円

グローバリゼーションと福祉国家
講座 現代の社会政策 6
武川正吾、宮本太郎編著
◎4200円

いのちの格差社会
「医療制度改革」と患者の権利
患者の権利オンブズマン編
◎2200円

Q&A 医療・福祉と患者の権利
患者の権利オンブズマン編
◎2000円

患者の権利
患者本位で安全な医療の実現のために
ジョージ・J・アナス著　谷田憲俊監訳　患者の権利オンブズマン翻訳・編集協力
◎7600円

〈価格は本体価格です〉

医療人類学を学ぶための60冊
澤野美智子編著
医療を通して「当たり前」を問い直そう
◎2800円

生命・人間・教育
松永幸子、三浦正雄編著
豊かな生命観を育む教育の創造
◎3000円

医薬アクセス グローバルヘルスのためのフレームワーク
ローラ・J・フロスト、マイケル・R・ライシュ著
津谷喜一郎監訳
◎4500円

希望のケア学
渡辺俊之著
共に生きる意味
◎1800円

改正介護保険実務ガイド
田中尚輝、奈良環著
認定NPO法人市民福祉団体全国協議会監修
「自治体」「事業者」「利用者・市民」のための対応マニュアル
◎2800円

介護保険と階層化・格差化する高齢者
水野博達著
人は生きてきたようにしか死ねないのか
◎2700円

介護サービスへのアクセスの問題
李恩心著
介護保険制度における利用者調査・分析
◎4000円

高齢者の「住まいとケア」からみた地域包括ケアシステム
中田雅美著
◎4200円

EPAインドネシア人看護師・介護福祉士の日本体験
浅井亜紀子、箕浦康子著
帰国者と滞在継続者の10年の追跡調査から
◎5500円

異文化間介護と多文化共生
川村千鶴子、宣元錫編著
誰が介護を担うのか
◎2800円

ポスト障害者自立支援法の福祉政策
岡部耕典編著
生活の自立とケアの自律を求めて
◎2000円

援助職援助論
吉岡隆編著
援助職が〈私〉を語るということ
◎2400円

パブリックヘルス 市民が変える医療社会
細田満和子著
アメリカ医療改革の現場から
◎2600円

介護人類学事始め
林美枝子著
生老病死をめぐる考現学
◎2700円

介護職の専門性と質の向上は確保されるか
任セア著
実践現場での人材育成の仕組みづくりに関する研究
◎3300円

高齢期における社会的ネットワーク
中田知生著
ソーシャル・サポートと社会的孤立の構造と変動
◎3500円

〈価格は本体価格です〉